Marples

LE GRAND LIVRE DU MENUISIER

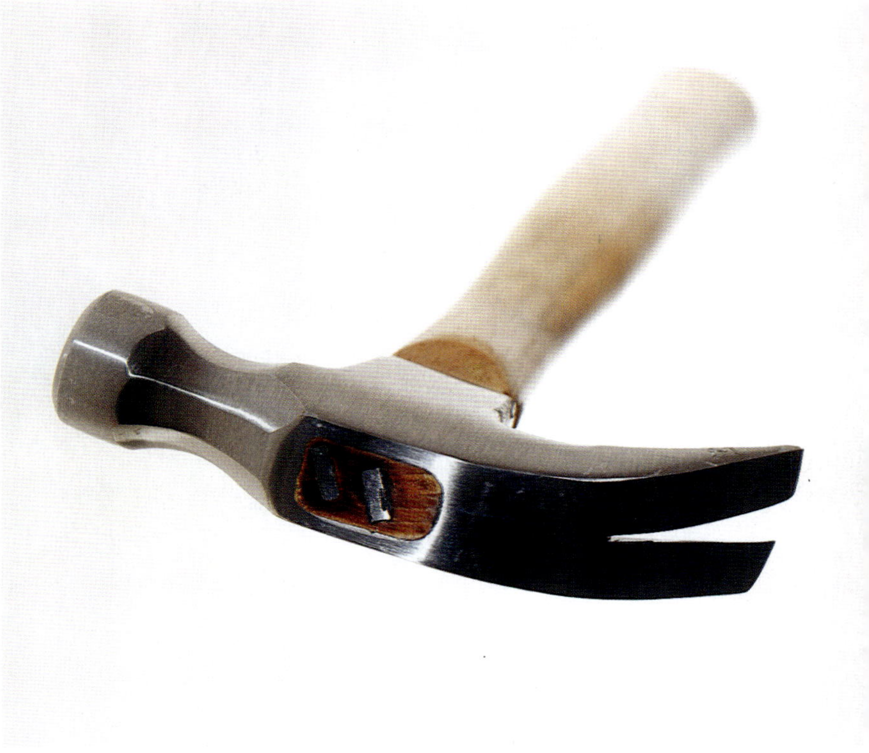

LE GRAND LIVRE DU MENUISIER

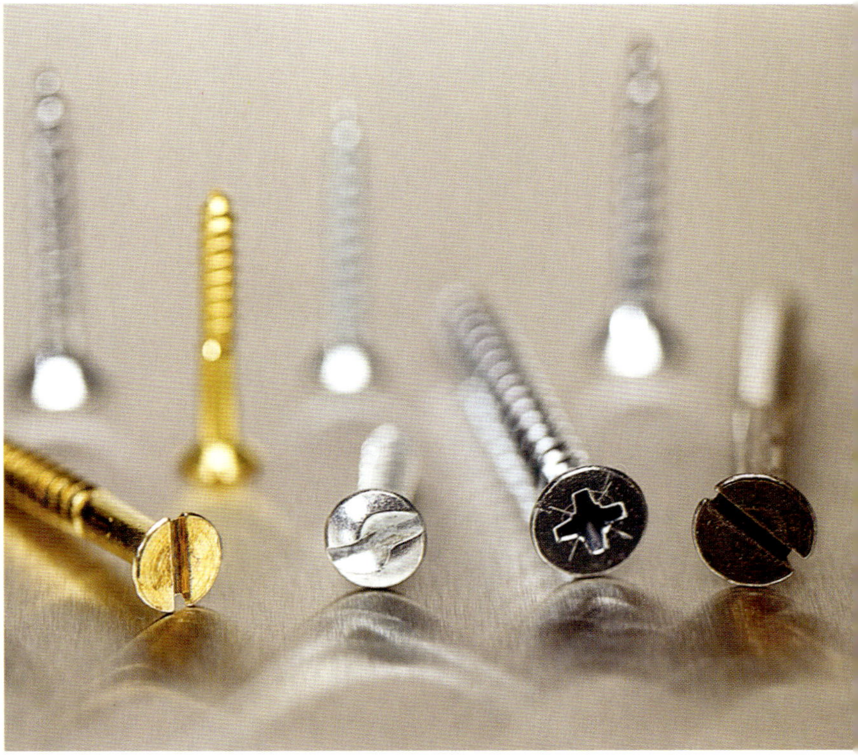

STEPHEN CORBETT

Photographies : **John Freeman**

EDITIONS FLEURUS

L'édition originale de cet ouvrage
a été publiée sous l'intitulé
The complete practical woodworker
par Anness Publishing Ltd.

Illustrateur : Julian Baker
Photographe : John Freeman
Traduction et adaptation : Hervé Lhuissier
Relecture technique et correction : Isabelle Macé
Mise en pages : Béatrice Lereclus

Avertissement

L'auteur et l'éditeur ont réuni leurs efforts
pour que les informations contenues
dans cet ouvrage soient exactes
et conformes aux règles de sécurité.
Le caractère indicatif de ces informations
ne saurait toutefois engager la responsabilité
de l'auteur et de l'éditeur en cas de dommages
de toute nature pouvant être provoqués, de façon
directe ou indirecte, par leur mise en œuvre.

Sommaire

Introduction

La consultation de cet ouvrage témoigne d'un intérêt certain pour le bois et son utilisation. Comme vous, des millions d'individus partagent cet engouement à des degrés divers. La matière première de ce livre compte du reste parmi les dérivés du bois, au même titre qu'un grand nombre de constituants de nos habitations, de nos meubles et de quantité d'autres objets ou produits que nous utilisons tous les jours. Aussi, quels que soient les progrès accomplis par l'humanité dans le travail des métaux, alliages et produits synthétiques, le bois fait et fera partie de notre quotidien pour longtemps encore.

Pourquoi le bois ?

Dans toutes les cultures, le bois s'est imposé comme matériau de construction en raison de ses qualités intrinsèques, notamment sa grande résistance mécanique et son faible poids. Ce matériau peut ainsi être utilisé pour réaliser à moindre coût des structures relativement complexes. Correctement entretenu, il dure très longtemps comme en témoignent de nombreux exemples autour de nous.

Évoluant au cours des siècles, les techniques de travail du bois ont donné naissance à de multiples outils et à un savoir-faire au service d'une grande variété de styles. Par ailleurs, l'un des grands atouts du bois est qu'il constitue une ressource naturelle renouvelable et donc inépuisable à condition d'être bien gérée. Son exploitation peut être un facteur d'équilibre écologique. Il est ainsi difficile d'imaginer un équivalent synthétique présentant autant de qualités, tout en étant aussi chaleureux et vivant au toucher.

Ci-dessus Maison en bois empilé.

Ci-contre Le bois est utilisé par les sculpteurs depuis des siècles. En voici un exemple au sein d'une forêt.

Page suivante Solide, le bois est également décoratif, y compris dans ses assemblages.

Pour réussir dans la menuiserie et plus encore dans l'ébénisterie, il est essentiel de garder présent à l'esprit le caractère organique de ce matériau. Vivant à l'origine, il peut, une fois coupé, revivre à nouveau après avoir été façonné. Comme il n'existe pas deux pièces identiques, c'est justement en jouant sur leurs différences que l'on parvient à tirer le maximum des qualités naturelles de ce matériau. Outils et techniques ne sont d'ailleurs d'aucune utilité si ce matériau ne nourrit pas l'inspiration de celui qui le travaille… Ainsi, lorsque vous aurez terminé votre première réalisation, montrez-la à d'autres personnes : si elles la prennent en main, vous aurez franchi la première étape d'un long voyage.

Comment utiliser ce livre ?

Les pages qui suivent présentent les différents aspects du travail du bois. Vous disposerez ainsi de toutes les connaissances de base nécessaires au menuisier. Se lancer sans avoir exploré toutes les options ne fait pas forcément gagner du temps, et le travail du bois n'est pas une course de vitesse ! La patience est même l'une des qualités principales d'un bon menuisier. Prenez donc le temps de parcourir les chapitres l'un après l'autre, afin de vous imprégner des informations essentielles pour mener à bien votre premier travail.

Le premier chapitre traite de ce matériau vivant qu'est le bois. Vous découvrirez ainsi qu'il continue à vivre une fois coupé et que, selon divers paramètres, il est plus ou moins réactif aux différents traitements qu'on lui applique. Il existe un grand nombre d'essences. Vous apprendrez à les identifier et à connaître leurs propriétés spécifiques pour utiliser chaque variété à bon escient. Le second chapitre traite des multiples outils nécessaires au travail du bois, des plus courants aux plus spécifiques. Vous déterminerez ainsi facilement l'équipement dont vous aurez besoin pour travailler en toute sécurité. Une fois le bois et les outils choisis, vous apprendrez dans le troisième chapitre à planifier votre travail et à organiser rationnellement l'espace de votre atelier… ou ce qui en tiendra lieu. Le quatrième chapitre fait quant à lui le tour des multiples fixations, vis, charnières et autres poignées qui participent de la finition d'un bel ouvrage. Les chapitres suivants vous présentent les techniques de base – rabotage, découpe, perçage, etc. –, les diverses options possibles pour réaliser un assemblage et enfin les techniques plus pointues indispensables à la réalisation d'un projet original – marqueterie, sculpture du bois, etc. Il ne vous restera plus alors qu'à découvrir, au huitième chapitre, les finitions indispensables à la conservation et à l'embellissement du bois.

Les réalisations proposées ensuite sont quant à elles destinées au menuisier amateur : elles vont du simple accessoire répondant à une fonction précise, au meuble plus ou moins élaboré. Chacune d'elles a été conçue, fabriquée et photographiée afin de pouvoir être réalisée sans difficulté majeure, à l'aide des informations jointes. Naturellement, il vous est toujours possible de les modifier afin de les adapter à vos propres exigences. Vous pourrez aussi vous en inspirer pour transformer une réalisation issue d'une autre source ! Même en France, quoique dans des cas très particuliers, on peut être amené à convertir les mesures anglaises. Le tableau ci-dessous vous sera alors d'une grande utilité !

Tout comme deux morceaux de bois ne sont jamais identiques, aucun menuisier n'est pleinement satisfait par sa dernière réalisation. La prochaine sera invariablement plus ambitieuse, plus aboutie… Comme vous le verrez en parcourant cet ouvrage, rien ne remplace l'expérience. En revanche, la satisfaction retirée de votre propre travail n'appartient qu'à vous.

Tableau de conversion

Multipliez	par	pour obtenir en	Méthode rapide
Pouces	25,4	mm	divisez par 4 et multipliez par 100
Pieds	305	mm	multipliez par 3 puis par 100
Pieds carré	0,093	m^2	divisez par 10
Pieds cube	0,028	m^3	divisez par 35
Livres/pieds cube	16,05	kg/m^3	ajoutez 2 zéros et divisez par 6
Livres	0,45	kg	divisez par 2 et ôtez 10 %

1

Le bois

Pour la plupart d'entre nous, le bois s'achète « prêt à l'emploi » chez un marchand de bois ou une grande surface de bricolage (GSB). Il est en effet fréquemment proposé en dimensions standard et poncé sur toutes ses faces, perdant quasiment son aspect « naturel »... Or, ce matériau n'est justement pas un produit manufacturé : sa richesse réside avant tout dans sa diversité.

En menuisier avisé, vous constaterez rapidement que le vrai plaisir que procure cette activité vient en explorant les potentialités de chaque essence et en les utilisant au mieux. Bien connaître le matériau brut et, par la suite, savoir le choisir est donc absolument essentiel. Telle est la vocation de ce chapitre qui vous invite à découvrir le bois sous toutes ses formes, entre le moment où l'arbre est débité et celui où les pièces arrivent sur votre établi.

LE MATÉRIAU BRUT

Présents sur la terre depuis des millions d'années, les arbres jouent sans aucun doute un rôle fondamental dans le cycle écologique qui permet à la vie de se maintenir sur notre planète. Comme tous les autres végétaux, ils doivent leur existence à la photosynthèse. Grâce à ce processus, ils combinent la lumière du soleil et le dioxyde de carbone (CO_2) présent dans l'air afin de produire les éléments nutritifs nécessaires à leur croissance. En contrepartie, ils produisent de l'oxygène, ainsi que de la vapeur d'eau.

Ci-dessus Un pin à bois lourd (*Pinus ponderosa*) photographié au printemps.
Page suivante en haut Un séquoia (*Sequoia sempervirens*).
Page suivante en bas Cette forêt de chênes d'Europe (*Quercus robur*) a été plantée au début du XIXᵉ siècle.

Le tronc

La partie la plus importante d'un arbre est son tronc. Ce dernier sert à la fois à acheminer l'eau (la sève) depuis les racines, à supporter le poids de l'arbre en entier et à stocker les éléments nutritifs produits par les feuilles.

Si chaque partie du tronc répond à une fonction, toutes ont en commun les mêmes cellules. Leurs parois sont constituées de cellulose, principale composante du bois. Transformée en pâte, la cellulose permet d'obtenir du papier. Utilisée à l'état naturel, elle représente l'un des matériaux de construction les plus universels.

La photosynthèse

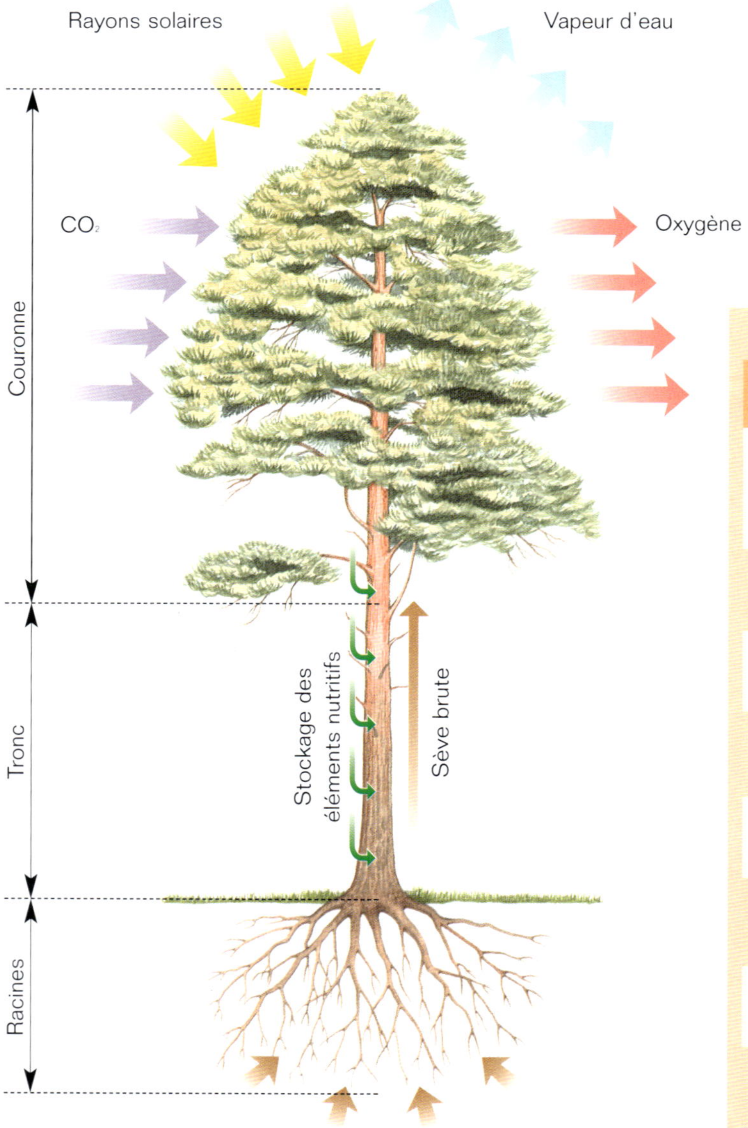

Les propriétés du bois

Bois tendres	Bois durs
Faible densité (400 à 600 kg/m³)	Forte densité (jusqu'à 1 t/m³)
Léger, mais cassant	Très résistant, mais lourd
Moins durable si exposé à l'humidité	Convient à un usage extérieur
Moins résistant aux parasites	Plus résistant au pourrissement
Teinte généralement plus claire	Teinte variée
Texture plus ouverte	Texture dense, plus difficile à travailler
Mauvaise stabilité (gonflements et retraits)	Meilleure stabilité
Économique et facilement disponible	Plus cher et plus rare

Bois tendres et bois durs

Suivant son essence et son origine, le bois dispose de caractéristiques variables en termes de résistance mécanique, de flexibilité, de durabilité et, bien sûr, d'aspect. Bien connaître ces caractéristiques vous aidera à choisir l'essence la plus appropriée à votre projet.

Les arbres se divisent en deux groupes botaniques principaux : les résineux (gymnospermes) et les feuillus (angiospermes). Les résineux sont des bois tendres tandis que les feuillus sont des bois durs. Cependant, des exceptions existent : certains résineux (comme l'if, le cèdre d'Amérique du Sud et le pitchpin) sont ainsi nettement plus résistants que certains bois tropicaux « durs », parmi lesquels le balsa, par exemple.

La dureté d'un bois est déterminée par sa densité. Celle-ci varie, au sein d'une même espèce, suivant l'origine et le rythme de croissance (rapide ou lente) du sujet. Les résineux se rencontrent principalement dans les zones au climat froid ou tempéré des deux hémisphères alors que les bois tropicaux, comme leur nom le laisse supposer, proviennent des zones proches de l'équateur. Il existe également des bois durs originaires de zones au climat tempéré. Bien adaptées à la menuiserie, ces essences offrent une grande variété de teintes et de textures. Elles sont également facilement disponibles à un prix raisonnable.

Notez que la dureté d'un bois conditionne aussi en partie (mais ce n'est pas la seule donnée à prendre en compte) son imputrescibilité. Cela dit, quelle que soit la famille d'origine d'un bois, le menuisier s'intéresse avant tout à son aptitude à être travaillé (à la main ou à la machine), à sa texture ainsi qu'à sa tolérance vis-à-vis des colles et autres produits de finition. D'un point de vue pratique, les bois tendres les plus facilement disponibles présentent des caractéristiques communes, brièvement présentées dans le tableau de la page précédente.

La structure du bois

Un bon menuisier n'a pas besoin d'être un expert en botanique, mais il ne lui est pas inutile de posséder certaines connaissances élémentaires dans ce domaine. Elles lui permettront en effet de choisir les pièces les plus appropriées à son projet et de repérer les défauts qui pourraient l'empêcher de le mener à bien.

Ci-dessus Les cernes de croissance apparaissent nettement sur les chants de ces planches.

Le comportement du bois

En séchant mais aussi lorsqu'on le travaille, le bois continue à vivre et à réagir, sous l'influence de son environnement. Le comportement d'une pièce de bois varie selon qu'elle a été prélevée près du cœur du tronc ou au contraire, à proximité de l'écorce. Il faut en tenir compte. À cet effet, la vue en coupe ci-dessous mentionne les différentes parties d'un tronc. Celles-ci se retrouvent chez les bois tendres comme chez les bois durs de climats tempérés.

De quoi se compose un tronc ?

Le tronc est protégé tout au long de sa croissance par son écorce (le suber). Sous l'écorce se trouve une couche vivante (le liber) comportant les canaux par lesquels la sève monte depuis les racines. Vient ensuite l'aubier. C'est à partir de la couche externe de l'aubier (cambium) que s'effectue la croissance de l'arbre, la zone interne de l'aubier se transformant chaque année en un cerne de bois parfait. La teinte de l'aubier est généralement distincte de celle du cœur. Plus tendre, donc plus exposé aux attaques des champignons et des parasites, l'aubier n'est en principe jamais utilisé comme bois d'œuvre.

Au-delà de l'aubier se trouve le cœur, aussi appelé duramen ou « bois parfait ». Il se reconnaît à la présence des cernes de croissance (couches d'accroissement) concentriques.

Le cœur se divise en deux zones : à l'extérieur le bois de printemps (plus tendre), et à l'intérieur, le bois d'été (plus dur). Les cellules qui le composent ne sont plus vivantes, mais elles sont imprégnées de matières assurant leur conservation.

Au cours de la croissance de l'arbre, l'aubier se transforme peu à peu en duramen, qui est généralement de teinte plus soutenue. Chaque année, un nouveau cerne de croissance se forme, permettant ainsi de calculer l'âge de l'arbre, après abattage. Chez de nombreuses essences poussant sous les climats tempérés (comme le chêne), les cernes sont immédiatement reconnaissables lorsqu'une pièce est coupée transversalement. Ceci est dû à l'existence d'un « vrai » printemps.

Le centre du cœur est occupé par la moelle qui constitue la partie la plus ancienne de l'arbre. Ce n'est cependant pas la plus dure, car elle est formée d'une matière spongieuse et instable. Elle a en effet tendance à pourrir et à se rétracter de façon irrégulière lorsque le bois sèche. C'est pourquoi elle est généralement éliminée des bois d'œuvre.

La structure du bois

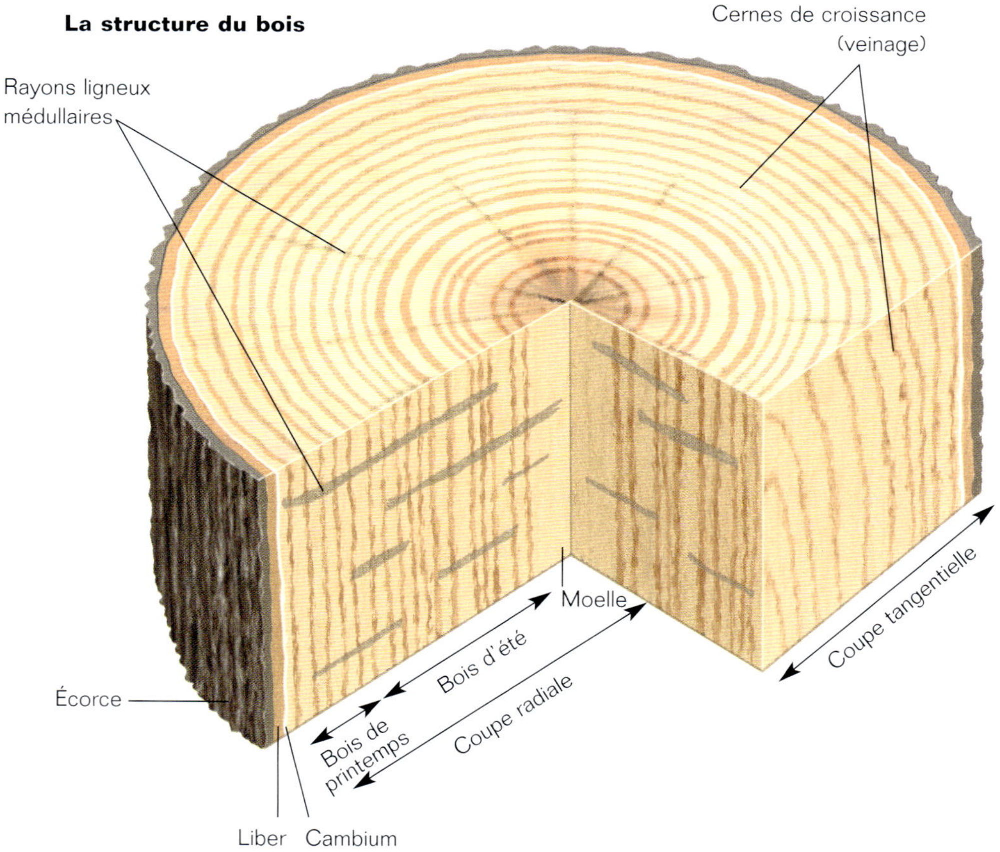

La texture
Les bois à fil droit disposent de fibres relativement rectilignes. Ce sont à la fois les bois les plus solides et les mieux adaptés aux travaux de menuiserie.

Ci-dessus Ces lames de chêne d'Amérique présentent un veinage strié, caractéristique de ce type de bois. Elles proviennent d'une coupe tangentielle, c'est-à-dire effectuée en travers des cernes de croissance (voir schéma p. 12).

Les nœuds
Un nœud provient d'un changement de direction des fibres du bois, dû à la croissance d'une branche sur le tronc. Il ne doit pas nécessairement être considéré comme un défaut : de petit diamètre, il peut en effet

Ci-dessus L'une de ces lames de noyer comporte un nœud mort (en haut) et un nœud vivant (en bas). Si ce dernier présente un intérêt esthétique, l'autre doit, autant que possible, être éliminé.

animer une surface par ailleurs monotone. Mais autant que possible, mieux vaut éviter de prévoir un assemblage ou un détail de finition à son emplacement.

Plus sombre qu'un nœud vivant, un nœud mort présente des fibres qui ne sont plus dans la continuité du reste du bois. Il a ainsi tendance à se détacher au séchage.

Les défauts naturels
Suivant son essence, sa provenance et les incidents survenus au cours de la croissance de l'arbre, un bois peut comporter des fibres dont l'orientation n'est pas rectiligne : à contre-fil, elles s'entrecroisent ; à fil tors, elles s'enroulent en spirale. Enfin, les fibres à fil ondulé suivent des trajectoires sinueuses, mais parallèles.

Ces bois sont évidemment plus complexes à travailler (lors du rabotage et du ponçage, notamment) et sont également moins solides que les bois à fil droit. Mieux vaut donc les éviter.

Ci-dessus Les fibres de ces lames de hêtre forment des motifs réguliers et peu marqués.

Gerces et fentes

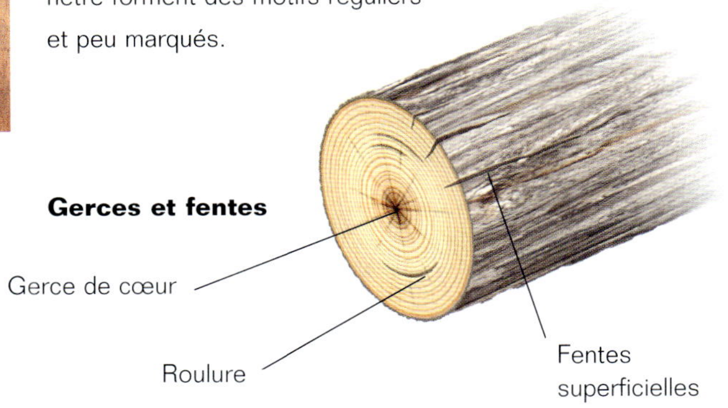

Défauts et déformations
En dehors des défauts naturels, les principales déformations se produisent transversalement (bombement) ou dans le sens du fil (voilement, gondolement, gauchissement). Beaucoup résultent d'un problème de séchage des billes avant leur débit ; un séchage inadéquat engendre en effet des tensions internes qui se manifestent ensuite nettement dans les pièces. Faciles à repérer, elles sont à éviter.

Ci-dessus Originaire d'Afrique occidentale (Gabon et Congo), le sapelli offre un bon exemple de bois dur dont le grain n'est pas facile à travailler. Qui plus est, la lame de droite présente des exemples de contre-fil.

Les fentes
Généralement orientées dans le sens du fil, les petites fentes (gerces) superficielles disparaissent sans difficulté par un dégauchissage ou un rabotage de la pièce.

En revanche, les fentes internes sont plus problématiques, d'autant qu'il n'est pas toujours possible de les repérer avant que la pièce soit débitée... Certaines, en étoile, partent du cœur tandis que d'autres (roulures) apparaissent entre deux cernes de croissance. Dans les deux cas, la pièce est inutilisable.

Exploitation et Transformation

Un arbre dont le tronc atteint 2 m de diamètre et la longueur utile, 12 m, représente un volume utilisable de 3,50 m^3. Multipliez ce volume par un milliard et vous aurez une idée de la consommation annuelle mondiale de bois ! Bien sûr, ce volume n'est pas entièrement transformé en bois d'œuvre : il est pour moitié utilisé comme bois de chauffage, et la majeure partie de ce qui reste est transformée par l'industrie en pâte à papier ou en carton d'emballage.

Ci-dessus Cette planche de chêne est resciée afin d'éliminer ses gerces de cœur.
Ci-dessous Grumes entreposées aux abords d'une scierie aux États-Unis.

Le débit des bois

Dès qu'un arbre a été sélectionné pour être abattu, il fait l'objet d'évaluations constantes visant à optimiser l'exploitation du volume de bois qu'il représente. Ainsi, par exemple, lorsque la grume ou bille (tronc séparé de la couronne et des racines) arrive à la scierie, on attend un certain laps de temps avant de la débiter afin que les tensions internes s'équilibrent. Les professionnels choisissent ensuite la meilleure façon de débiter la bille afin de l'exploiter au mieux. Comme toujours, le coût du produit est fixé en fonction de sa qualité et c'est la raison pour laquelle la manière dont une bille est débitée en sections courantes influe directement sur son prix final.

Connaître la terminologie appliquée aux différentes opérations de transformation vous aidera à choisir les éléments les mieux adaptés au projet que vous envisagez, notamment parce que vous serez en mesure de mieux anticiper leur comportement. En effet, l'aspect d'un chant et la façon dont un bois se rétracte en séchant dépendent en grande partie du type de débit.

Ce dernier se déroule de toute façon en deux temps (débit premier et débit second). Le débit premier consiste à scier la grume dans le sens de sa longueur afin d'obtenir des plateaux. Il s'effectue en plots ou sur dosses pour les bois ordinaires, et sur quartier ou maille pour les bois de qualité (voir page suivante). C'est le débit second qui permet d'obtenir des pièces de sections standard (avivés).

Le débit en plots

Aussi appelé « sciage parallèle », ce type de débit est pratiqué par la plupart des scieries. Il permet d'obtenir de la façon la plus rapide et la plus économique de grandes quantités de plateaux et de planches brutes. On l'identifie facilement en observant les faces des pièces : leur veinage adopte une forme en cône assez caractéristique.

Les nombreuses essences qui comportent un veinage marqué apparaissent à leur avantage lorsqu'elles sont débitées de cette façon : leur effet décoratif est alors garanti.

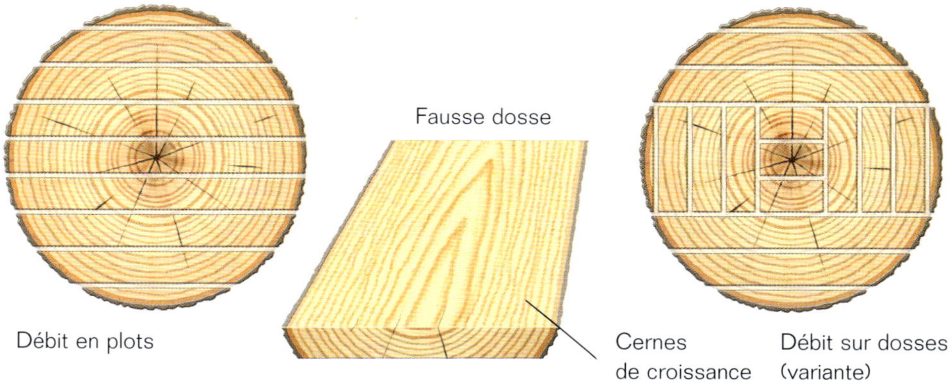

Le débit sur quartier

Aussi appelé « débit sur maille » ou « par zones », le débit sur quartier s'effectue perpendiculairement aux cernes de croissance et passe par le centre de la bille. La photo ci-contre présente un bon exemple de débit sur quartier : les rayons ligneux médullaires apparaissant nettement sur le chant de la pièce et sur la face, le veinage forme autant de fines lignes parallèles. Lorsqu'ils proviennent du centre de la bille, les planches et plateaux obtenus peuvent cependant présenter un aspect similaire à ceux débités en plots, leur veinage formant alors un angle d'environ 90° avec leurs faces.

Ce débit occasionne davantage de chutes que le débit en plots ou sur dosses. Il est également plus long à réaliser, car il suppose de repositionner la bille plusieurs fois. En contrepartie, il produit des pièces plus stables. Le débit « hollandais », effectué à 45° par rapport au centre, est uniquement employé lorsque la qualité ou la valeur décorative du bois le justifie. Le débit « approximatif sur maille » suppose de scier la bille en deux par son centre, puis de scier perpendiculairement les moitiés obtenues. Il produit davantage de planches et de plateaux dont le veinage est orienté à 45°, tout en réduisant les chutes.

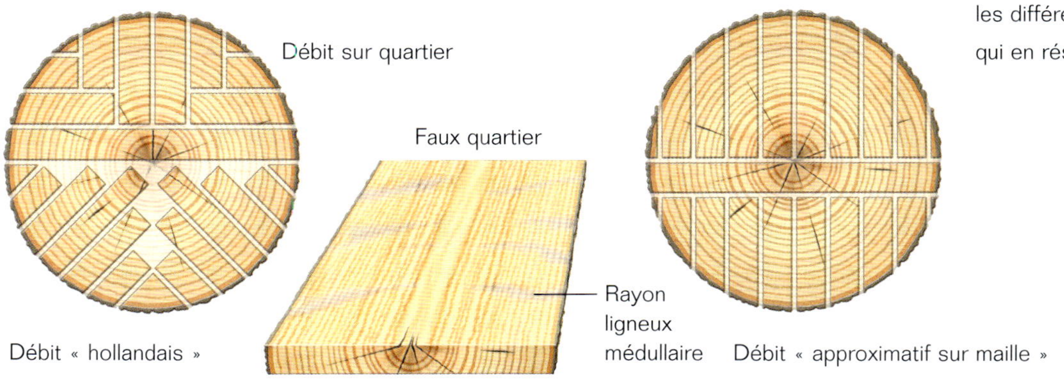

Ci-dessus Le débit en plots d'une bille de frêne.

Ci-dessus Le débit sur maille d'une bille de chêne.

Ci-dessus Ces trois lames de noyer proviennent, à gauche, d'un débit sur dosses, au centre, d'un débit sur quartier et à droite, d'un débit « approximatif sur maille ». On perçoit ici nettement les différentes orientations du veinage qui en résultent.

Le séchage

Une fois abattu, un tronc perd rapidement son humidité superficielle. L'eau contenue dans les cellules du bois demande en revanche plus de temps pour s'évaporer. Le séchage proprement dit intervient après le débit d'une bille, et il est essentiel qu'il s'effectue correctement afin de garantir la qualité future du bois.

Le retrait

Un tronc récemment abattu contient un taux d'humidité important puisqu'il s'agit de bois vert. Celui-ci est plus lourd et plus exposé au pourrissement que le bois sec, mais aussi plus flexible et plus facile à travailler. En séchant, il subit des contraintes mécaniques qui l'amènent à se rétracter et à se déformer. Le plat ci-dessous a été réalisé avec une pièce prélevée à la base d'un merisier, peu après son abattage. En l'espace de 3 mois, la pièce est devenue concave alors qu'elle était parfaitement plane à l'origine ! Intéressantes lorsqu'elles sont bien maîtrisées, de telles déformations peuvent aussi avoir de graves conséquences sur un ouvrage de menuiserie ou d'ébénisterie.

Le séchage naturel

Débité en plateaux ou en pièces de diverses sections, le bois est empilé à plat (pour limiter les déformations) et protégé de la pluie ainsi que du soleil. Des cales permettent à l'air de circuler autour des éléments, favorisant ainsi le séchage. Ce type de séchage est toutefois assez long puisque selon les bois, il exige de 6 mois à 1 an par centimètre d'épaisseur. Certaines essences claires (comme l'érable sycomore) se tachent en outre facilement à l'emplacement des cales. Pour éviter cela, les plateaux doivent d'abord être stockés sur chant.

Ci-dessus Voici l'exemple d'un mauvais stockage : les plateaux sont empilés de façon irrégulière et exposés au soleil. Il n'est pas étonnant que l'un d'eux se soit déjà fendu. Notez aussi les traces de décoloration à l'emplacement des cales.

Ci-contre Sur ce plat en merisier, on distingue nettement le cœur de l'aubier.

Ci-dessous Une pile de bois en cours de séchage à l'air libre.

Un matériau qui « travaille »

Si le bois a tendance à se rétracter en séchant, il peut aussi se dilater sous l'effet de l'humidité. Par ces mouvements naturels, on dit que le bois « travaille ».

Certaines essences travaillent moins que d'autres, et sont considérées de ce fait comme plus stables. C'est le cas notamment du sapin de Douglas (pin d'Oregon), du noyer commun et de certains bois tropicaux (iroko, palissandre, sipo, teck…). Tous ces bois conviennent particulièrement bien aux travaux de menuiserie où la stabilité est essentielle.

Essences stables

Bois tendres	Bois durs
Red cedar ou thuya géant (*Thuja plicata*)	Muninga
Sapin de Douglas (pin d'Oregon)	Teck
Épicéa	Acajou
Pin de Weymouth	Cèdre d'Amérique du Sud
Pin d'Alaska	Iroko

Le séchage artificiel

Le séchage artificiel fait appel soit à l'étuvage, soit à la ventilation. L'étuvage dure de 3 à 8 jours et s'effectue en caissons dans lesquels circule de la vapeur à basse pression. La ventilation consiste à faire circuler de l'air chaud dans un local spécialement aménagé (le séchoir). L'air chaud peut être additionné d'ozone afin de détruire les parasites et les moisissures. Aujourd'hui, la plupart des bois, et notamment les essences tendres, sont séchés artificiellement aussitôt après leur débit. C'est également à ce stade que sont appliqués les traitements chimiques de conservation. En tout état de cause, un bois insuffisamment sec ne doit pas être employé en menuiserie.

Le taux d'humidité

Le bois contient naturellement une certaine proportion d'eau, calculée en pourcentage par rapport au poids du bois sec. Ainsi, une pièce de bois tendre de 10 kg qui vient d'être débitée peut contenir jusqu'à 5 litres d'eau, et donc seulement 5 kg de bois sec…

Le taux d'humidité

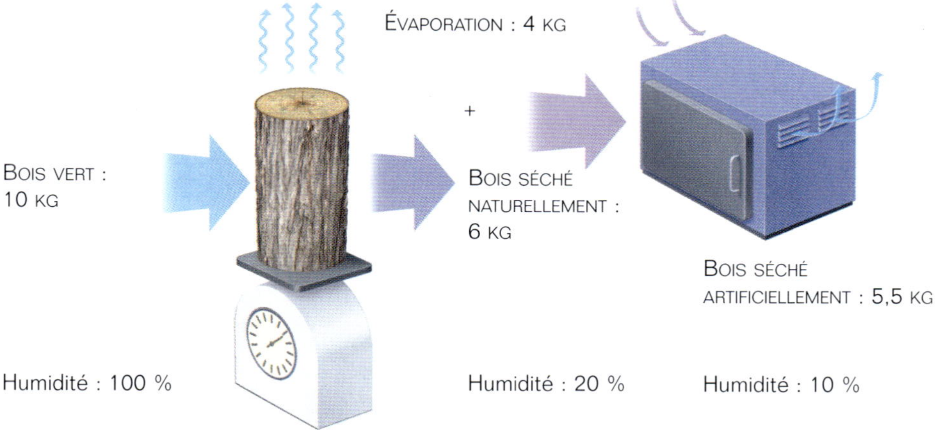

Son taux d'humidité est alors de 100 %. Le bois séché contient toujours un peu d'humidité (10 à 12 % pour le bois séché artificiellement). Cependant, ce taux deviendra peu à peu équivalent à l'hygrométrie ambiante. À l'extérieur, le bois dispose d'un taux généralement compris entre 18 et 20 %. En revanche, lorsqu'il séjourne dans une atmosphère chauffée, son taux d'humidité peut descendre aux alentours de 8 ou 9 %.

Même « sec », le bois reste vivant et réagit en permanence aux changements d'hygrométrie : les menuiseries extérieures en bois ont ainsi tendance à se « coincer » au printemps et en automne. Une porte de placard qui s'ajuste parfaitement dans l'atelier peut se déformer sensiblement lorsqu'elle se trouve dans un logement chauffé ou climatisé. C'est pourquoi on conseille toujours d'entreposer le bois pendant quelque temps au plus près de l'endroit où il sera par la suite utilisé ; c'est notamment le cas d'un parquet, par exemple.

Les professionnels déterminent le taux d'humidité et contrôlent le processus de séchage à l'aide d'un hygromètre spécial. Cet appareil prend en compte le type d'essence mais ne peut donner qu'une indication valable dans un lieu et à un moment donné.

Les effets du séchage

Suivant la manière dont il a été débité et séché, le bois peut se voiler, se gondoler ou gauchir. Ces mouvements sont prévisibles, car le bois se déforme plus volontiers perpendiculairement à son veinage. Ainsi, une planche peut perdre jusqu'à 10 % de sa largeur. Plus stables, les bois provenant de débits sur quartier sont souvent utilisés pour les lambris et les habillages. Chez un bois dont le fil n'est pas rectiligne ou qui a été mal séché, certains défauts finissent inévitablement par apparaître, au cours du séchage ou lorsqu'on le travaille. Voici les plus courants :

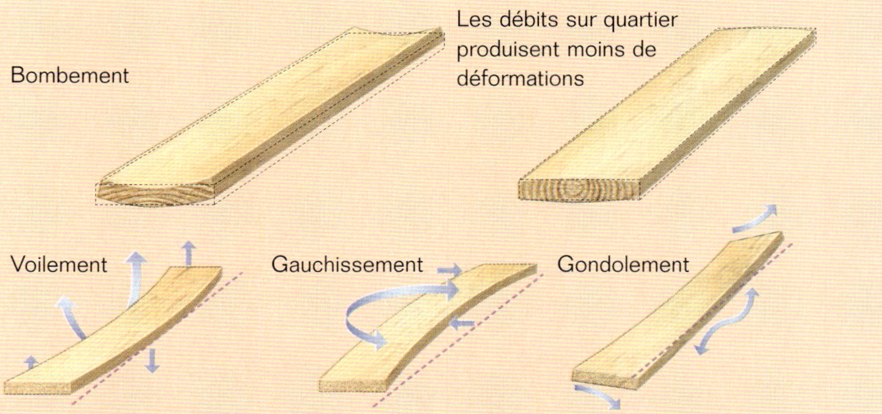

Ci-dessus Planches empilées avant leur introduction dans un séchoir ou une étuve.

CHOISIR ET ENTREPOSER SON BOIS

Les essences de bois sont si nombreuses qu'il peut sembler difficile d'en choisir une plutôt qu'une autre. Ce choix dépend en effet d'un certain nombre de facteurs, à commencer par le prix et la disponibilité. C'est la raison pour laquelle nous vous conseillons de vous en tenir à quelques bons fournisseurs qui pourront vous conseiller utilement.

Choisir son fournisseur

Une scierie n'est pas à proprement parler le meilleur endroit pour acheter du bois, les quantités et sections proposées n'étant pas destinées à satisfaire les besoins des amateurs. Mieux vaut s'adresser à un marchand de bois, une grande surface de bricolage (GSB), un négoce en matériaux ou une chaîne de magasins spécialisés. Le marchand de bois est sans aucun doute le mieux à même de vous fournir n'importe quel type de bois et, moyennant un supplément, aux dimensions qui vous conviennent !

Son seul inconvénient est de ne pas toujours être implanté à proximité de chez vous… S'ils offrent un choix assez restreint en matière de bois massifs, les GSB, négoces et autres magasins spécialisés proposent en revanche tous les dérivés du bois (agglomérés, médium, latté, CTP…) dans leurs épaisseurs courantes. Aussi, selon les cas, vous serez peut-être amené à remplacer l'essence prévue par une autre, plus facilement disponible.

L'aptitude au façonnage

La plupart des bois économiques se travaillent facilement : leur découpe ne pose aucun problème et ils n'ont pas tendance à émousser le tranchant des outils, contrairement à certains bois exotiques. Leur aspect n'est pas toujours des plus décoratifs, mais ils sont parfaits pour réaliser une structure. Ils permettent en effet des assemblages précis et restent stables. Leurs fibres rectilignes supportent les assemblages collés et ne se fendent pas lors du clouage ou du vissage.

L'aptitude à la finition

Tous les bois ne sont pas aptes à recevoir une finition élaborée. Ceux dont la texture est grossière demandent une préparation assez longue avant de produire un résultat satisfaisant. D'autres, comme le teck, sont naturellement gras, ce qui empêche la pénétration des produits de finition. À l'inverse, l'olivier se polit très bien, tandis que le merisier se cire et se vernit sans difficulté…

Ci-contre Pour limiter leur déformation, les pièces sont entreposées à plat sur cales.

Essences faciles à travailler

- Aulne
- Merisier
- Hêtre
- Samba
- Pin et sapin
- Frêne

Ci-contre Le tilleul d'Amérique présente un grain serré, facile à travailler et qui n'a pas tendance à désaffûter les outils.

Essences aptes aux belles finitions

- Frêne
- Merisier
- Chêne
- Châtaignier
- Acajou
- Palissandre
- Noyer

Ci-contre Très utilisé en ébénisterie, notamment sous forme de placage ou de marqueterie, le noyer accepte bien d'être teinté et verni.

La durabilité

Cette qualité devient primordiale lorsque le bois est exposé à l'humidité, et ce, pas seulement à l'extérieur, mais aussi dans toutes les pièces dont l'hygrométrie est élevée (cuisine, salle de bains...). Chez la plupart des bois, l'aubier, tout comme certains bois de cœur, a en effet tendance à se tacher facilement. En revanche, par nature, la plupart des bois tropicaux et des résineux résistent mieux au pourrissement.

Classement des essences courantes par ordre de durabilité

Moins durable	Très durable
Aulne	Teck
Bouleau	Iroko
Tilleul	Afrormosia
Frêne	Jarrah (eucalyptus)
Peuplier	Châtaignier
Épicéa	Chêne
	Thuya géant (*Thuja plicata*)

Ci-dessus à droite Très résineux, le cèdre du Liban est léger et durable. Il est aussi l'un des rares bois tendres qui accepte un usage extérieur sans traitement.

La densité

Exprimée en kg/m³, la densité d'un bois n'indique pas seulement son poids relatif. Elle permet aussi de se faire une idée assez juste de sa résistance et de sa durabilité. Souvenez-vous toutefois que les valeurs indiquées sont des moyennes établies en fonction d'un certain taux d'humidité. Par ailleurs, la densité n'est pas uniforme dans une même pièce de bois : elle peut varier en fonction des conditions et du lieu de croissance.

Classement des essences courantes par ordre de densité

Résineux tendres	Bois durs (régions tempérées)	Bois tropicaux durs
Thuya géant (*Thuja plicata*)	Tilleul d'Amérique	Samba
(moins dense)	*(moins dense)*	*(moins dense)*
Épicéa	Peuplier	Agba
Sapin du Canada	Aulne	Meranti, framiré
Pin sylvestre	Platane, frêne	Acajou, abura
Sapin de Douglas	Orme, châtaignier	Iroko, muninga
Mélèze	Noyer, merisier	Sipo, sapelli
Pin de Paraná	Hêtre, bouleau	Teck
Pitchpin	Chêne, érable	Afrormosia
If	Jarrah	Ébène
(plus dense)	*(plus dense)*	*(plus dense)*

Le stockage

Beaucoup ont tendance à conserver leurs chutes de bois en vue d'une utilisation ultérieure. C'est bien naturel dès lors qu'on dispose de l'espace nécessaire : le bois n'en souffre pas et peut même s'améliorer en vieillissant. Cependant, l'idéal est de pouvoir « gérer son stock » de façon rationnelle. Il faut ainsi s'efforcer de garder une trace de l'origine et de la date d'achat de chaque pièce (ou du lot) afin d'éviter les mélanges au sein d'une même réalisation.

Si vous ne disposez pas de l'espace suffisant dans votre atelier, le bois peut tout à fait être entreposé à l'extérieur, si vous respectez certaines précautions : protégez-le de la pluie, assurez-lui une bonne ventilation et pensez à le rentrer assez longtemps avant de le travailler. Chaleur et humidité favorisent le pourrissement. Or, le développement des champignons est l'un des pires maux qui puissent affecter votre stock : les spores se dispersent en effet dans toutes les directions et attendent ensuite les conditions idéales pour se développer.

Comment empiler du bois

ACHETER DU BOIS

Cumulée, la superficie mondiale des forêts représente plus du quart des terres émergées. Toutefois, le bois ne constitue une ressource renouvelable qu'à la condition de remplacer les arbres au fur et à mesure de leur abattage. Diversement perçue suivant les pays, la menace de déforestation est plus ou moins bien prise en compte par les industriels du bois. Aussi faut-il autant que possible privilégier ceux qui s'efforcent de mettre en place des politiques raisonnées et raisonnables !

Les labels de protection

Certaines associations internationales sont chargées du contrôle de l'exploitation forestière. Ainsi, le label du Forestry Stewardship Council (FSC) ou Conseil de gestion responsable des forêts garantit que les forêts dont provient tel bois font l'objet d'une exploitation responsable. Si votre bois porte ce label, vous pouvez le travailler en toute sérénité.

Le marché du bois

La filière de commercialisation du bois a une grande responsabilité, non seulement dans la gestion et l'exploitation des forêts, mais aussi dans la promotion d'une utilisation intelligente du matériau lui-même, réservé selon les cas à l'industrie de masse ou aux utilisateurs plus exigeants.

Du bûcheron au menuisier amateur, chacun a un rôle à jouer dans l'évaluation et le choix du type de bois le plus approprié à tel ou tel usage. Ainsi en achetant votre bois, n'hésitez pas à envisager une solution alternative qui permette d'éviter le gaspillage d'une ressource précieuse. Déjà, certaines essences se sont raréfiées au point de n'être plus disponibles. C'est le cas du palissandre de Rio. D'autres ne sont plus disponibles qu'en quantités limitées et sont surtout utilisées sous forme de placage. À ce propos, rien n'oblige à utiliser en permanence du bois massif. Bien que moins « nobles » parce qu'ils sont en partie fabriqués à partir de déchets ou de fragments trop petits pour constituer du bois massif, les dérivés de type aggloméré, latté, contreplaqué ou médium constituent en effet une base idéale pour un placage. Ils peuvent aussi servir à fabriquer des pièces qui demeureront invisibles une fois la réalisation terminée.

Les industriels du bois soucieux de la protection des ressources naturelles privilégient les matériaux porteurs d'un label, comme celui du FSC.

Financièrement intéressant, l'achat de planches ou de plateaux de bois bruts impose certaines contraintes : d'abord, il faut manipuler des panneaux encombrants et difficiles à transporter. Ensuite, il faut impérativement posséder un matériel spécifique permettant de découper et de corroyer le bois, c'est-à-dire de dresser ses chants à la dégauchisseuse. Pour un amateur, l'acquisition d'un tel matériel n'est rentable qu'à long terme et à la condition d'être amortie par de nombreuses réalisations. À l'inverse, en achetant du bois recoupé aux dimensions requises et déjà corroyé, vous payez évidemment plus cher, mais vous disposez d'un matériau prêt à l'emploi.

Les appellations

À chaque variété de bois correspond en principe une appellation précise.

Ci-dessus Les bois d'importation comportent une indication permettant d'identifier leur origine.

Pourtant, une même espèce possède parfois plusieurs noms et certaines appellations désignent à l'inverse des essences en réalité bien différentes ! Ces multiples appellations n'ont pas été créées pour induire délibérément en erreur le consommateur, bien qu'on soit parfois tenté de le croire. La multiplicité tient au fait que les producteurs des différents pays ont chacun élaboré un système d'identification en accord avec leur marché pour des raisons pratiques et, parfois, il est vrai, pour valoriser leurs produits ! L'appellation acajou, par exemple, s'applique à des espèces de bois très différentes selon que l'on se trouve en Amérique centrale et du Sud, en Afrique ou en Australie.

Enfin, un nom d'espèce ne décrit pas toujours exactement sa nature. Ainsi, le pin d'Oregon, de la famille des pinacées, est connu sous le nom de sapin de Douglas ; or, ce n'est pas un sapin !

La meilleure façon de se repérer et d'éviter toute confusion dans cette jungle d'appellations consiste à se référer au nom botanique de l'espèce qui, lui, est exclusif. En conséquence, n'oubliez pas de vous le faire spécifier par le fournisseur au moment de l'achat du bois : la première partie du nom indique le genre botanique, la seconde l'espèce particulière au sein de ce genre.

Ci-dessus Le sapin de Douglas est un bois tendre aux fibres caractéristiques.

Définitions et sections

Carrelet	Pièce de section carrée dont le côté est compris entre 15 et 50 cm
Lambourde	Avivé uniquement en chêne, de 26/35 x 75 mm
Avivé	Toute pièce de bois brut de sciage, de section carrée ou rectangulaire ne présentant que des arêtes vives : madriers, bastaings, chevrons...
Demi-volige	Avivé d'épaisseur équivalente à la volige (16 ou 18 mm) mais plus étroit (50 mm)
Chevron	Avivé de section carrée ou sensiblement carrée dont le côté est compris entre 40 et 125 mm
Demi-chevron	Avivé de section rectangulaire de 26/35 x 75 mm (à ne pas confrondre avec la lambourde)
Planche lorraine	Planches de 26/35 x 305
Frise	Avivé semblable à la volige de 15/18/22 x 155 ou 26 x 105 mm
Latte	Souvent confondues avec les tasseaux, les lattes mesurent 12 x 30/50, ou 14 x 40/70 mm
Liteau	Tasseau de section carrée (25 x 25 mm) ou rectangulaire (latte étroite) de 18 x 35 à 30 x 40 mm
Planche	Avivé dont le rapport des côtés est égal ou supérieur à 4 et l'épaisseur comprise entre 27 et 40 mm
Tasseau (ou tringle)	Avivé de section carrée ou sensiblement carrée dont le côté est compris entre 15 et 50 mm ; sections courantes : 26 x 26, 30 x 30 mm
Poutre	Pièce de section carrée (ou sensiblement) de côté supérieur à 120 mm
Volige	Planche légère de sapin ou de peuplier de 16/18/26 x 105 mm. Le rapport de ses côtés est égal ou supérieur à 4
Solivette ou demi-bastaing	Avivé d'une épaisseur de 32 ou 38 mm et d'une largeur de 150 mm ou plus

Pour une exploitation responsable

Fondé en 1999 par le WWF (World Wildlife Fund), le Club ProForêts rassemble les entreprises (de transformation et de distribution), organismes et pouvoirs publics, conscients de leur responsabilité quant au devenir des écosystèmes forestiers. Les membres de ce club font ainsi le choix de promouvoir une gestion responsable des ressources forestières, selon les principes et critères du FSC (voir p. 20).

Certificateur indépendant présent à ce jour dans 33 pays (soit plus de 19 millions d'hectares de forêts), le FSC évalue les conditions dans lesquelles s'effectue l'exploitation forestière, en fonction de critères sociaux, économiques et écologiques. Il impose notamment le reboisement des parcelles afin d'assurer la pérennité des essences. En contrepartie, les bois certifiés obtiennent un label qui les rend identifiables par le consommateur lorsqu'ils font l'objet d'une transformation. Près de 9 000 produits sont homologués à ce jour. Du producteur au consommateur en passant par le distributeur, chacun peut ainsi contribuer à la préservation de la biodiversité et de l'environnement. Choisir un bois certifié par le FSC permet en outre d'alléger la demande en espèces menacées et de promouvoir celles qui sont moins connues, sans renoncer à la qualité. Il s'agit de ne plus appuyer son choix sur le seul nom d'une essence, si évocateur ou prestigieux soit-il. Ainsi devrait-on parvenir à mieux équilibrer l'offre et la demande.

LES BOIS TENDRES

Ce sont pour la plupart des bois issus de conifères. Bon marché et facilement disponibles, ils sont largement utilisés comme matériau de construction. On les emploie également pour fabriquer de nombreuses pièces de structure. Lorsque les exigences d'aspect et de finition prévalent, il importe de les choisir avec soin.

Hormis le pitchpin, le thuya et l'if, les bois tendres sont généralement assez légers, moins durables et plus exposés aux attaques des insectes et des moisissures que les bois durs, mais aussi plus faciles à travailler.

Ci-contre Le coffre a été réalisé avec des chutes de lames de parquet. Le porte-revues est en pin tandis que le tabouret de comptoir est en pitchpin.

Cèdre du Liban

Mélèze

Pin de Caroline

Pin de Weymouth

Nom commun	Autres noms	Nom botanique	Origine
Cèdre du Liban		*Cedrus libani*	Moyen-Orient, Europe
Sapin de Douglas	Pin d'Oregon	*Pseudotsuga taxifolia*	USA, Canada
Pin d'Australie		*Araucaria cunninghamii*	Australie
Kauri	Kauri du Queensland	*Agathis*	Australie, Nouvelle-Zélande
Mélèze d'Europe		*Larix decidua*	Europe, Asie
Pin de Paraná	Pin du Brésil	*Araucaria angustifolia*	Amérique du Sud
Pitchpin		*Pinus palustris, P. caribaea*	Sud-Ouest des USA, Amérique centrale
Pin à bois lourd	Pin jaune	*Pinus ponderosa*	USA, Canada
Pin rimu	Pin rouge des Anglais	*Dacrydium cupressinum*	Nouvelle-Zélande
Pin sylvestre		*Pinus sylvestris*	Europe
Séquoia	Cèdre de Californie	*Sequoia sempervirens*	USA (Californie)
Sapin pectiné	Sapin blanc, des Vosges	*Abies alba*	Europe, Amérique du Nord
Pin de Caroline	Pin jaune de Caroline	*Pinus echinata*	Sud-est des USA
Épicéa	Bois blanc du Nord	*Picea excelsa, P. abies*	Europe, Amérique du Nord
Pin d'Alaska	Tsuga, western hemlock	*Tsuga heterophylla*	Ouest de l'Amérique du Nord
Thuya géant	Red cedar	*Thuja plicata*	Ouest de l'Amérique du Nord
Pin de Weymouth	Pin blanc	*Pinus strobus*	Europe, Amérique du Nord
If		*Taxus baccata*	Europe

Signification des abréviations :
FàT Facile à travailler
RM Résistance mécanique

Description	Autres caractéristiques
Bois dur beige clair, cernes de croissance visibles	Fil marqué, très résineux, FàT, durable mais RM moyenne
Jaune à beige rosé, aubier distinct	Très dur mais FàT, résistance moyenne à la pourriture
Aubier brun clair, cœur brun-jaune	Fil droit, texture fine, apte au façonnage et à la finition
Brun pâle à brun rosé	Fil droit, texture fine, apte au façonnage et à la finition
Cœur brun rougeâtre, aubier presque blanc	Bonne résistance en flexion et compression, assez FàT, très durable
Cœur pâle, cernes de croissance peu visibles	Fil droit, séchage délicat (gauchissement), très FàT
Cœur brun-rouge ou brun-jaune, aubier distinct	Très résineux, fil quasi droit, difficile à scier, clouer, coller
Aubier jaune pâle, cœur jaune foncé	Texture régulière, apte au façonnage et à la finition
Cœur brun rougeâtre avec nuances jaunes	Fil droit, texture fine, apte au façonnage et à la finition
Cœur rose ou rougeâtre, cernes de croissance visibles	Très résineux, résistant et FàT
Cœur brun, cernes de croissance visibles, aubier distinct	Peu résineux, peu résistant aux chocs, durable
Bois clair presque blanc (plusieurs variétés)	Léger, friable, peu résistant, FàT, vulnérable aux champignons
Cœur jaune à brun-rouge ; cernes de croissance marqués	Grain fin à moyen. Plus stable et durable que le pin de Weymouth
Blanc ou rose lustré, aubier non distinct (plusieurs variétés)	Léger, fil droit, peu résineux, assez résistant, FàT, peu durable
Cernes de croissance marqués (rouge sombre)	Fil droit, FàT, accepte bien les finitions mais peu stable
Bois dur à cœur brun rougeâtre, aubier blanc	Fil droit, résineux, léger, stable et durable mais cassant
Cœur beige clair ou rosé	Peu résineux, stable
Aubier clair, cœur rouge	Très dense, FàT, RM élevée, apte au polissage, durable

Sapin de Douglas

Pin sylvestre

Pin d'Alaska

If

Les bois durs des régions tempérées

Ces bois proviennent principalement d'Europe, d'Asie et d'Amérique du Nord, ainsi que de l'hémisphère Sud.

Si les essences de ce type se comptent par milliers, toutes ne se valent pas en termes de prix, de disponibilité et de « performance ». En voici donc une sélection, rassemblant celles qui présentent les meilleures qualités pour la menuiserie et l'ébénisterie.

Ci-contre La table basse a été réalisée en frêne. Le cadre est en chêne tandis que le banc est en châtaignier.

Aulne d'Oregon

Tilleul d'Amérique

Bouleau

Châtaignier

Eucalyptus

Chêne d'Europe

Platane

Nom commun	Autres noms	Nom botanique	Origine
Aulne d'Oregon		*Alnus rubra*	Ouest des USA
Frêne		*Fraxinus excelsior*	Europe
Acacia d'Australie	Mimosa à bois noir	*Acacia melanoxylon*	Australie et Tasmanie
Tilleul d'Amérique		*Tilia americana*	USA, Canada, Europe
Hêtre d'Europe	Hêtre commun	*Fagus sylvatica*	Europe
Bouleau d'Europe	Bouleau blanc	*Betula pendula*	Europe du Nord, Asie Mineure
Buis		*Buxus sempervirens*	Europe, Afrique du Nord
Noyer cendré	Noyer à beurre	*Juglans cinerea*	USA
Merisier	Cerisier noir	*Prunus serotina*	Sud et Sud-Est des USA
Châtaignier		*Castanea sativa*	Europe
Orme champêtre	Orme rouge	*Ulmus campestris*	Europe
Charme commun	Charme pleureur	*Carpinus betulus*	Europe
Eucalyptus	Jarrah	*Eucalyptus marginata*	Australie
Érable à sucre		*Acer saccharum*	USA, Canada
Érable rouge	Érable de Virginie	*Acer rubrum*	USA, Canada
Chêne rouge		*Quercus borealis*	USA, Canada
Chêne blanc	Chêne à tonneaux	*Quercus alba*	USA, Canada
Chêne d'Europe	Chêne mâle	*Quercus robur*	Europe
Platane d'Occident	Sycamore	*Platanus occidentalis*	USA
Érable sycomore	Faux platane	*Acer pseudoplatanus*	Europe (sauf nord), Asie, Caucase
Endiandra d'Australie	Noyer du Queensland	*Endiandra palmerstonii*	Australie
Noyer noir	Noyer à bois	*Juglans nigra*	USA
Noyer commun	Noyer royal	*Juglans regia*	USA, Europe
Tulipier de Virginie	Canary (white) wood	*Liriodendron tulipifera*	USA

Signification des abréviations :

DàT	*Difficile à travailler*	*Gg*	*Grain grossier*	*moyen.*	*Moyennement*
FàT	*Facile à travailler*	*G/g*	*Grain assez grossier*	*RM*	*Résistance mécanique*
Gf	*Grain fin*	*Gm*	*Grain moyen*		
G/f	*Grain assez fin*	*Gtf*	*Grain très fin*		

Description	Autres caractéristiques
Brun-rouge	Gf, assez tendre, FàT mais moyen. durable
Blanc-jaune nacré, cernes de croissance visibles	Fil assez droit, FàT, résiste à la flexion, moyen. durable
Brun doré à brun foncé	Fil assez droit, moyen. apte au façonnage, apte à la finition
Blanc jaunâtre	Gf, fil droit, tendre et léger, FàT (cintrage) ; cassant, peu durable
Blanc à brun clair, devenant brun rougeâtre	Dur, apte au cintrage et au tournage
Blanchâtre, nuances blanc rosé	Gf, fil droit, bonne résistance ; craint l'humidité
Jaune clair ou foncé	Gf et serré, fil irrégulier, DàT (sauf tournage), retrait au séchage
Cœur beige	Fil droit, texture rugueuse, apte au façonnage et à la finition
Brun-rose	FàT et à scier, moyen. durable, vulnérable aux insectes
Brun-jaune à beige clair, aubier distinct	Gm, mi-dur, fil droit, assez léger, apte au cintrage, à la finition
Rose, aubier jaunâtre	Gg, fil irrégulier, DàT (sciage, ponçage et finition)
Cœur et aubier gris pâle	Gf, fil ondulé, apte au tournage, cintrage, clouage, à la finition
Cœur rouge foncé, veinage ondulé	Mi-dur, grain moyen à grossier, fini et poli remarquables
Crème teinté de brun ou de rouge, aubier non distinct	Mi-dur, Gf, fil droit ou ondulé, FàT, RM élevée ; usage intérieur
Brun-crème	Texture et fil fins, moyen. apte au façonnage, apte à la finition
Rougeâtre ou rosé, aubier distinct (grisâtre)	Gg, fil droit, haute RM, FàT, peu durable
Cœur clair	Voir Chêne rouge, ci-dessus
Brun-jaune, aubier distinct (à éliminer)	G/g, fil droit, un peu DàT, mais résistant, durable
Brun clair à rayures rougeâtres, aubier peu distinct	Assez FàT, apte à la finition, RM moyenne ; usage intérieur
Blanc lustré ou jaune paille	FàT si fil droit, léger, mais résistant, apte à la finition
Brun clair à foncé	Fil ondulé, apte au façonnage et à la finition
Brun foncé à noir violacé	Fil assez droit, texture rugueuse, FàT, apte à la finition
Gris à veines foncées, aubier peu distinct	Gf, fil irrégulier, FàT (cintrage, polissage), apte à la finition
Vert-jaune, aubier distinct	Gf, très FàT, apte à la finition, mais faible RM et peu durable

Frêne

Hêtre

Merisier

Orme

Érable à sucre

Chêne rouge

Noyer noir

LES BOIS TROPICAUX

Depuis quelques années, l'exploitation de ces bois est devenue un sujet sensible dans la mesure où de vastes portions des forêts tropicales ont disparu sous l'effet de coupes anarchiques. Pour autant, cela ne signifie pas que les forêts tropicales sont systématiquement mal gérées, il existe heureusement des exceptions qui doivent être encouragées (voir pp. 20-21). Il convient par ailleurs de connaître les espèces menacées (voir tableau ci-dessous) et d'employer des équivalents.

Ci-contre Le plateau de la table rustique a été réalisé en orme et les pieds, en teck. La structure de la banquette est quant à elle en iroko.

Afrormosia

Bubinga

Framiré

Iroko

Makoré

Meranti

Teck

Nom commun	Autres noms	Nom botanique	Origine
Afrormosia	Assamela, kokrodua	*Pericopsis elata*	Afrique centrale et occidentale
Balsa		*Ochroma lagopus*	Amérique du Sud
Cèdre du Brésil		*Cedrela fissilis*	Amérique du Sud (Brésil)
● Bubinga	Kevazingo, essingang	*Guibourtia demeusei*	Afrique centrale et occidentale
● Cocobolo	Nicaragua rosewood, granadillo	*Dalbergia retusa*	Amérique centrale
● Ébène	Coromandel, ébène de Macassar	*Diospyros ebenum*	Indonésie
Framiré	Idigbo	*Terminalia ivorensis*	Afrique occidentale
Iroko	Kambala	*Chlorophora excelsa*	Afrique centrale
Okoumé		*Aucoumea klaineana*	Afrique centrale
Dibétou	Noyer du Gabon	*Lovoa trichilioides*	Afrique occidentale
● Jelutong		*Dyera costulata*	Indonésie, Malaisie
● Bois de violette	Jacaranda violette	*Dalbergia cearensis*	Amérique du Sud
Acajou d'Afrique	Mahonie	*Khaya ivorensis*	Afrique tropicale
● Acajou d'Amérique	Mahogany	*Swietenia macrophylla*	Amérique centrale et du Sud
Makoré	Douka	*Tieghemella heckelii*	Afrique centrale et occidentale
Meranti (dark, light red)	Lauan, seraya	*Shorea*	Indonésie, Philippines, Asie du Sud-Est
Samba	Obéché	*Triplochiton scleroxylon*	Afrique occidentale
Padouk d'Afrique		*Pterocarpus soyauxii*	Afrique centrale et occidentale
Ramin		*Gonystylus*	Asie du Sud-Est
● Gaïac		*Guaiacum officinale*	Antilles, Amérique latine
● Palissandre de Rio	Bois de rose brésilien, jacaranda	*Dalbergia nigra*	Amérique du Sud, Asie
Sapelli	Aboudikro	*Entandrophragma cylindricum*	Afrique occidentale
● Citronnier de Ceylan	Chêne soyeux	*Chloroxylon swietenia*	Inde, Sri Lanka
● Teck de Birmanie		*Tectona grandis*	Asie du Sud-Est, Amérique, Afrique
Wengé		*Millettia laurentii*	Afrique centrale et occidentale
● Sipo	Utile	*Entandrophragma utile*	Afrique centrale et occidentale

● Espèce en voie de disparition *Signification des abréviations : voir p. 24*

Description	Autres caractéristiques
Brun-jaune à brun foncé, aubier distinct	Gf, fil assez droit, stable, bonne RM, apte au polissage, durable
Beige clair	Texture poreuse, très léger, peu résistant
Cœur rose à acajou	Durable et FàT ; résineux
Brun rougeâtre	Fil droit ou ondulé, Gg, dur, dense, apte au façonnage, à la finition
Cœur jaune à brun-rouge, veiné, stries orange et noires	Gm, bois dur mais régulier, facile à façonner ; fini satiné
Marron très foncé, parfois marbré, aubier distinct (à éliminer)	Gtf, fil assez droit, stable, très dur, assez DàT, fissile
Jaune ou brun clair, cernes de croissance visibles	Gg, fil irrégulier, résistant (sauf aux chocs), FàT, moyen. durable
Brun-jaune à brun foncé, huileux, aubier distinct blanchâtre	Gg, fil torsadé, bonne résistance, FàT, peu apte à la finition
Rose saumon, aubier grisâtre	Gm, fil assez droit, RM moyenne, assez DàT, moyen. durable
Brun-gris à reflets jaunâtres, aubier distinct	Gm, fil enchevêtré, assez FàT (sauf rabotage), stable et durable
Jaunâtre, aubier peu distinct	Gf, léger, bonne RM, assez FàT et stable, sensible à l'humidité
Veinage contrasté variant du violet au brun	Se travaille bien en placage et tournage
Brun rosé, aspect satiné, aubier clair	Gm, élastique, FàT, RM moyenne, moyen. durable
Rouge à brun-rouge ou brun-jaune, cernes de croissance marqués	Fil assez droit, léger, tendre, RM moyenne, FàT, très stable
Brun rosé ou brun-rouge, aubier distinct	Gtf, fil droit, DàT, RM moyenne, apte à la finition, très durable
Rose (lauan) ou brun-rouge (dark red meranti), aubier distinct	Gg, fil enchevêtré, assez FàT, apte à la finition, ± durable
Blanc crème lustré, aubier non distinct	Gg, fil enchevêtré, faible densité, RM moyenne, FàT, peu durable
Rouge vif, parfois strié, aubier distinct	G/g, fil plutôt droit, dur, lourd, FàT, très durable
Beige pâle	G/f, fil droit, bonne RM, FàT, apte à la finition
Brun-vert ou brun-gris, huileux, aubier distinct (jaune)	Gtf, fil enchevêtré, dense, dur, séchage complexe, DàT, durable
Reflets pourpres, un peu huileux, veiné de noir	G/g, fil droit ou enchevêtré, dur et lourd, apte au cintrage
Brun-jaune ou brun-rouge ; substitut de l'acajou	G/f, fil enchevêtré, séchage délicat, FàT (sauf cintrage)
Jaune doré à brun doré	Bois lourd, durable et robuste ; Gf et régulier
Brun verdâtre puis rougeâtre à reflets cuivrés, aubier distinct	G/g, fil droit, huileux, RM moyenne, FàT
Brun foncé strié de noir	Dur, dense, apte à la finition
Brun à brun-rouge, aubier distinct	G/f, fil irrégulier, huileux, dur, fàT, apte à la finition

Cèdre du Brésil

Ébène

Acajou d'Amérique

Samba

Ramin

Palissandre de Rio

Sapelli

Les dérivés du bois

En transformant le bois en panneaux minces et solides dont les constituants sont assemblés par collage, les industriels ont mis au point des produits adaptés à de nombreux usages. Cette démarche est d'autant plus remarquable qu'elle valorise les déchets de bois et permet de fabriquer des produits à la fois économiques et facilement disponibles.

Ci-dessus Stable et facile à travailler, le médium est idéal pour tailler des gabarits.

Le contreplaqué (CTP)

Le contreplaqué ordinaire se compose de plusieurs feuilles (ou plis) de bois assez minces collées sous pression. Les fibres (fil) de chaque pli sont toujours orientées perpendiculairement les unes par rapport aux autres. Outre sa stabilité dimensionnelle, ce matériau se distingue aussi par sa solidité. Les épaisseurs courantes s'échelonnent de 5 à 22 mm.

Le CTP existe en plusieurs variantes, répondant elles-mêmes à plusieurs homologations du CTBA (CTB-S pour l'usage en milieu sec, CTB-X pour les milieux humides et non chauffés et CTB-X C4, « nautique » ou « marine », supportant l'immersion). L'aspect de surface répond aussi à un classement suivant le nombre de défauts et de joints visibles, exprimé en qualité croissante de A à E. Enfin, certains contreplaqués disposent de parements décoratifs en bois plus « noble » (acajou ou chêne, par exemple).

Le CTP à 5 plis est le plus courant. Il dispose d'une âme centrale, de 2 plis intérieurs et de 2 plis extérieurs (aussi appelés faces ou parements). Le CTP à 3 plis (triplis) dispose d'une âme centrale plus ou moins épaisse dont le fil est perpendiculaire au plan du panneau. Le CTP multiplis peut compter jusqu'à 19 plis à fil croisé. Il est de ce fait extrêmement résistant.

Le latté

Ce dérivé du bois massif dispose d'une âme formée de lattes parallèles, de part et d'autre desquelles sont collés deux parements. Chacun des parements peut comporter un pli unique (à fil croisé) ou être lui-même un CTP, d'où le terme, erroné, de « CTP-latté ». Les parements peuvent être en chêne ou en acajou.

Le lamellé-latté

Cette variante du latté présente une structure similaire, mais son âme est formée de lattes plus minces (de 6 à 10 mm), contrecollées entre elles. Cette particularité garantit une meilleure planéité des parements. Rappelons que le lamellé-latté n'a rien à voir avec le « lamellé-collé », qui produit principalement des éléments porteurs de charpente ou d'escaliers.

L'abouté

Ce principe d'assemblage consiste à coller bout à bout des pièces de bois de dimensions réduites (chutes de résineux), puis à les façonner. Au préalable, leurs extrémités sont entaillées en dents de scie (entures) afin d'augmenter la cohésion de l'assemblage. Cette technique permet d'obtenir des produits de petite section (tasseaux, lattes, moulures...) ainsi que des panneaux et des tablettes.

Les panneaux de particules

Ils sont constitués de fragments de bois, mélangés à une résine thermodurcissable (urée-formol) puis comprimés pour donner naissance à des panneaux. Suivant la taille de leurs

composants, ces panneaux prennent le nom d'aggloméré, de Triply (à ne pas confondre avec le CTP triplis), de médium ou de fibres dures.

Moins solide que le CTP, l'aggloméré ordinaire est beaucoup plus sujet à l'éclatement et résiste mal à la flexion. À moins d'être homologué CTB-H, il s'emploie exclusivement à l'intérieur (et porte la mention CTB-P). Ses faces sont parfois habillées d'un parement décoratif mince mélaminé ou en bois massif (placage). Mieux vaut alors prévoir un habillage assorti sur les chants visibles.

Le Triply est un panneau de particules pour usage extérieur. Composé d'éclats de bois, il est plus grossier que l'aggloméré, mais aussi plus résistant.

Les panneaux de fibres

Ils portent bien leur nom puisqu'ils sont composés de très petits fragments de bois qui, comme les particules d'un panneau d'aggloméré, sont collées sous haute pression. Très fines, ces fibres constituent deux types de panneaux : le « médium » et les panneaux en fibres dures.

Le médium ou MDF signifie « medium-density fiberboard ». Il s'agit donc de fibres de densité moyenne. Fortement compressées, elles reconstituent un matériau à grain très fin qui se travaille comme le bois massif si ce n'est qu'il ne comporte ni nœud ni sens du fil à respecter ! Il connaît de ce fait une grande variété d'applications, d'autant qu'il accepte n'importe quelle finition : peinture ou vernis (acryliques), placage…

Les fibres dures, quant à elles, sont très fortement compressées. Surtout connu sous son nom commercial (Isorel), le produit fini dispose d'une face lisse et d'une face « toilée ». Perforé ou non, il est apprécié pour sa flexibilité mais reste toutefois assez cassant. Son emploi est donc limité : on l'utilise surtout pour les fonds de meubles et de tiroirs.

Les dimensions standard

Les panneaux sont généralement disponibles en dimensions standard : soit 1,20 x 2,40 m, soit 1,25 x 2,50 m. Il est parfois possible de disposer de dimensions supérieures, mais à moins de pouvoir effectuer une découpe sur place, l'amateur n'y verra pas grand intérêt. L'aggloméré mélaminé et le pin abouté existent également en « petites » dimensions prédéfinies afin de constituer tout type de plateaux et de tablettes destinés à l'aménagement. Les épaisseurs standard varient suivant les points de vente, la nature des parements (aggloméré mélaminé, plaqué, CTP et latté) et les qualités (usage intérieur ou extérieur).

Les épaisseurs standard (variables selon les points de vente)

Type (en mm)	3	5	6	8	9	10	12	15	16	18	19	22	25	30
CTP		X		X	X	X		X		X		X	X	X
Latté								X		X	X	X	X	X
Latté (chêne/acajou)									X	X		X		
Aggloméré (int./ext.)						X	X		X		X	X		
Aggloméré mélaminé										X				
Triply			X			X		X		X				
Fibres dures	X													
Médium						X			X		X	X		

Moulures, Baguettes, Plinthes...

Ce terme désigne toutes les pièces de bois dont le profil a été façonné, à la main ou industriellement, en vue d'obtenir un effet décoratif. Ce façonnage comprend, par exemple, la suppression des arêtes (remplacées par un arrondi), mais peut aussi être plus élaboré et comporter plusieurs opérations. Si les détaillants en bois proposent un grand nombre de profils classiques, il est également possible d'en obtenir de plus originaux à l'aide d'une défonceuse et des fraises correspondantes.

Les composantes d'une moulure

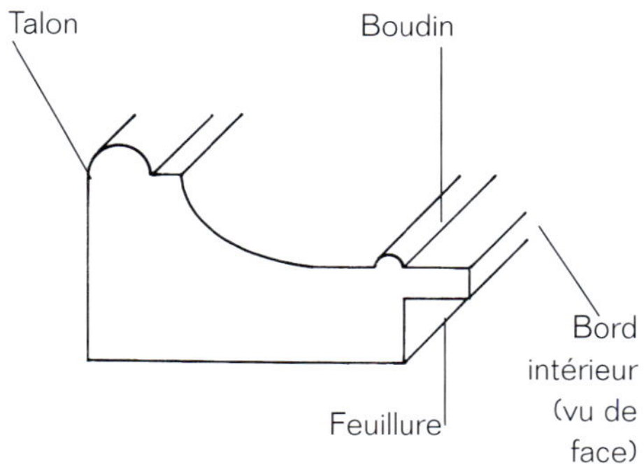

Les profils classiques

Disponibles en longueurs standard (2 m, par exemple), ces moulures sont destinées à masquer des arêtes vives et à habiller le chant des panneaux d'aggloméré et de bien d'autres dérivés du bois.

Les moulures sont généralement réalisées à partir de bois à grain serré. De ce fait, elles sont moins sensibles aux risques d'éclatement lorsque les pointes choisies pour fixer les moulures sont clouées près des bords.

Les essences habituellement employées sont le pin, ainsi que certains feuillus à bois dur (hêtre, chêne), et plus rarement des bois tropicaux comme l'ayous.

Autrefois, un menuisier ne disposait que d'outils à main (rabots spéciaux) pour profiler une pièce. Aujourd'hui, il est possible d'obtenir le même résultat à l'aide d'une défonceuse. C'est elle qui vous permettra de réaliser la moulure correspondant exactement à vos exigences : par son profil ou l'essence du bois, elle sera identique au reste de la réalisation.

Ci-dessous Un aperçu de la variété des moulures et ornements disponibles sur le marché.

Les profils courants

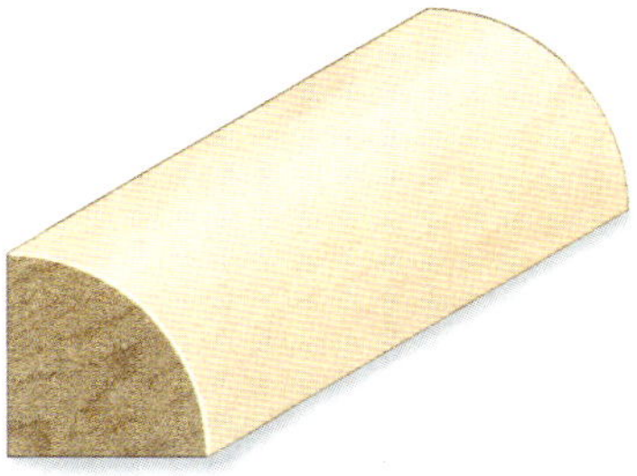

Quart-de-rond Ce type de moulure est idéal pour habiller un angle rentrant.

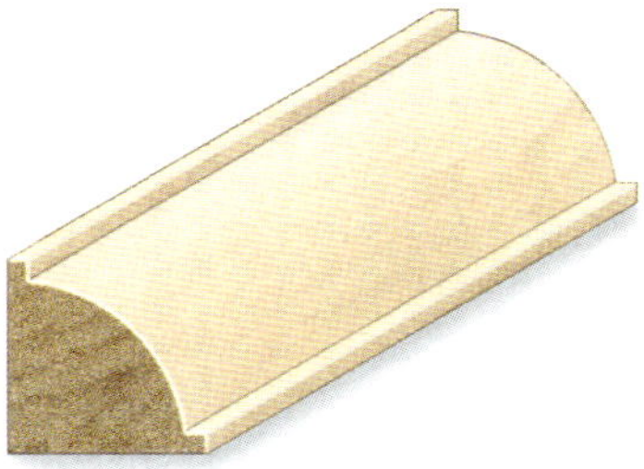

Quart-de-rond droit Cette moulure est plus originale que le quart-de-rond ordinaire.

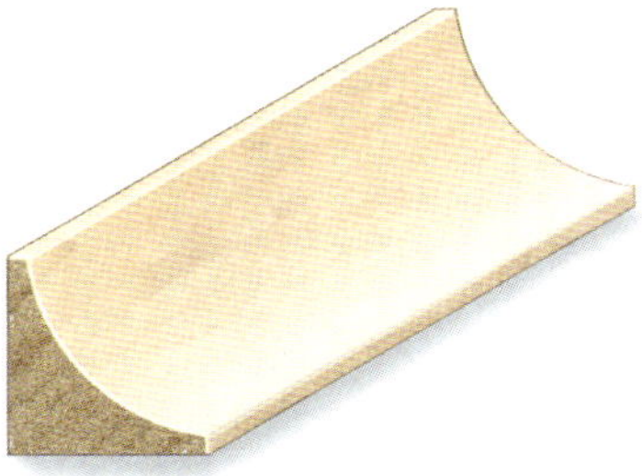

Scotie Son profil concave et asymétrique se retrouve surtout parmi les corniches.

Doucine chanfreinée Avec son profil en S inversé, elle sert fréquemment à border des panneaux muraux.

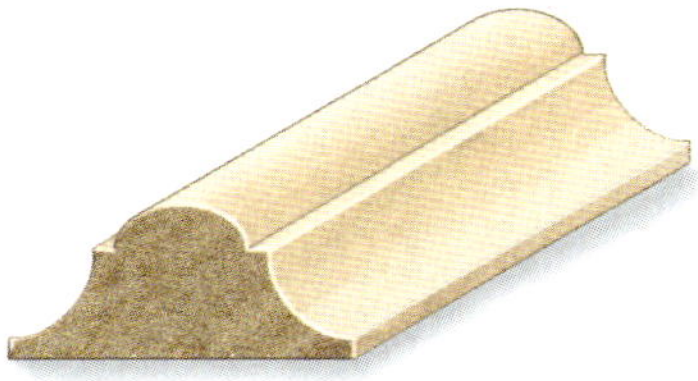

Double astragale Habituellement de faible section, elle permet de partager de vastes panneaux et sert à l'occasion de couvre-joint.

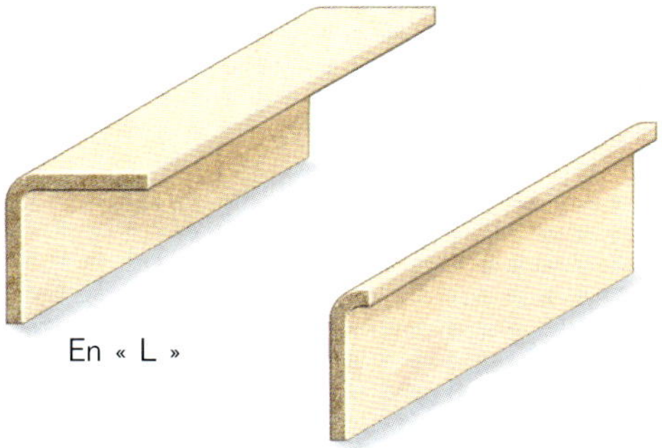

Baguettes d'angle Elles servent à habiller les angles sortants (arêtes).

Plinthe ou profil à boudin Elle peut également servir de cimaise, pour délimiter la partie supérieure d'un panneau de soubassement menuisé.

Plinthe ou profil à chanfrein Le chanfrein dispose ici d'un double arrondi, mais ce n'est pas toujours le cas.

Lames bouvetées Leurs chants à rainure et languette leur permettent d'être juxtaposées et, ainsi, d'habiller des surfaces murales. Leur profil comporte souvent un façonnage ornemental : chanfrein, mouchette, rainure en « V », etc.

Les moulures décoratives

Contrairement aux précédents, ces éléments ont uniquement pour vocation d'animer des surfaces planes : murs, portes, côtés de meuble…

Cadre à doucine

Fixées sur une surface plane, ces moulures créent l'illusion d'une fabrication traditionnelle « à panneaux ».

Moulures à relief

Par leur aspect travaillé et leurs motifs répétitifs, ces ornements produisent des effets intéressants. Ces motifs sont sculptés industriellement ou parfois « estampés » à l'aide d'une empreinte.

Moulures diverses

Lorsqu'ils sont employés en combinaison, certains éléments permettent de renouer avec la grande tradition des assemblages menuisés, notamment celle des lambris de hauteur et des lambris d'appui. De nos jours, le terme « lambris » ne désigne généralement qu'une série de lames juxtaposées parallèlement sur toute la surface d'un mur. Ce type de lambris est en fait un lambris « simple » ou « non assemblé », par opposition au lambris traditionnel qui était composé de panneaux centraux (tables) généralement embrevés dans des éléments périphériques de finition : plinthe (en bas), cimaise (en haut) et pilastres (sur les côtés). Ce lambris prenait place sur toute la hauteur d'un mur ou s'arrêtait entre 0,80 m et 1,30 m du sol. Dans les deux cas, une corniche venait souvent habiller la jonction mur/plafond et les portes étaient elles-mêmes encadrées d'un fronton et de pilastres.

Ci-dessus Quelques moulures en relief.

Ci-dessus Quelques moulures à médaillons.

Ci-dessus Éléments d'un cadre à doucine.

Ci-dessus Divers profils tors.

Pilastre

Fronton

Un exemple de combinaison classique

Cette illustration indique la position ou la fonction des éléments les plus classiques. Chacun d'eux occupe un emplacement précis et n'a d'intérêt qu'employé en combinaison avec les autres. Tous présentent également la particularité de servir d'ornement à des surfaces murales – ce qui est en soi une exception dans un ouvrage dédié à la menuiserie et à l'ébénisterie. Quoi qu'il en soit, la simplicité de leurs jonctions ne vous aura sans doute pas échappé, ces éléments étant simplement juxtaposés.

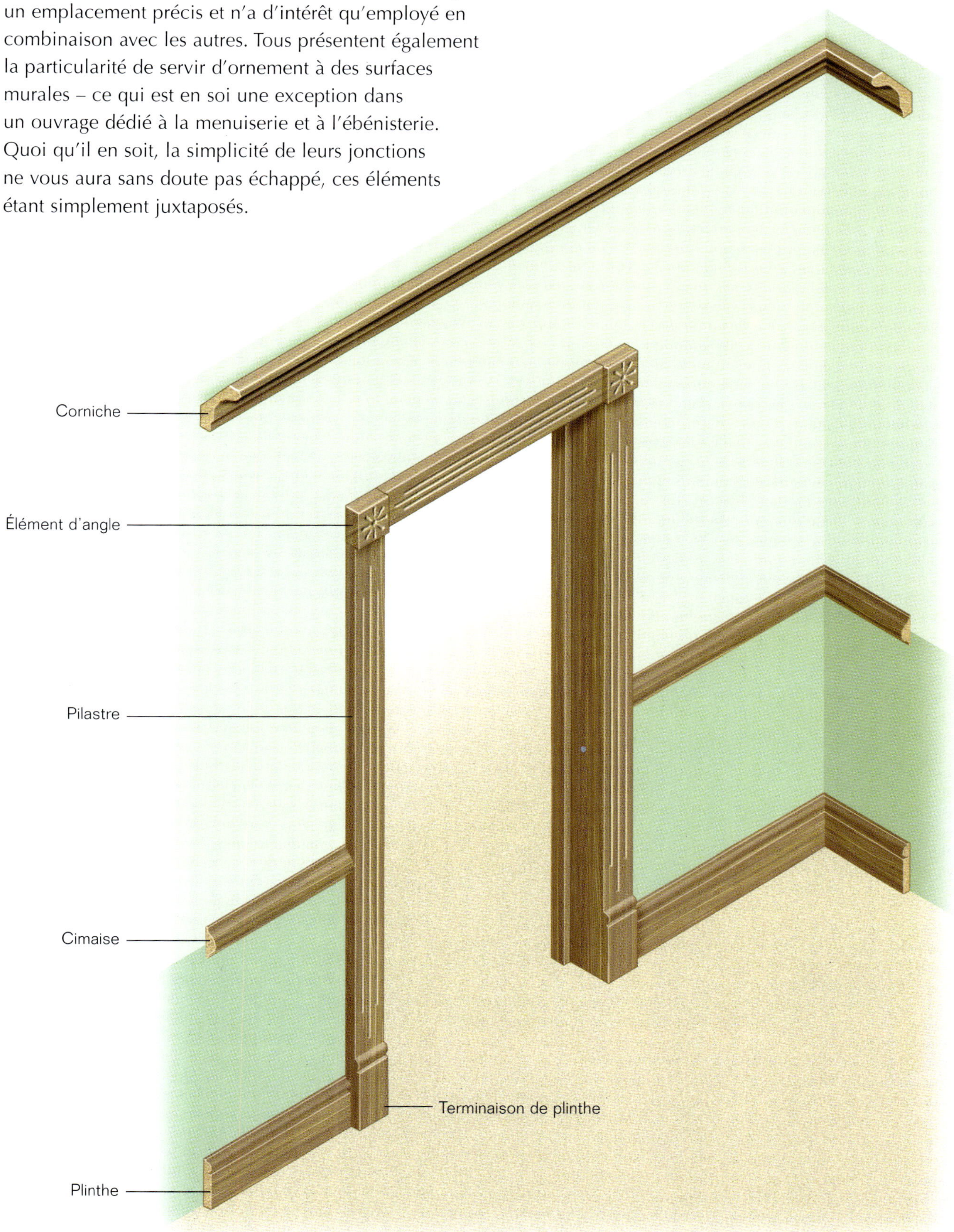

Les placages

Souvent de grande valeur, les essences les plus décoratives sont proposées sous forme de placage. Il s'agit de minces feuilles d'un bois qui a été déroulé ou tranché sur le tronc de l'arbre, permettant ainsi d'en tirer un parti maximal. Une fois collés sur des panneaux ordinaires, les placages produisent toutes sortes d'effets. Leur utilisation s'est développée en réponse à la raréfaction de certaines essences exotiques. Aujourd'hui, ils existent aussi prêts à l'emploi, c'est-à-dire enduits d'une colle thermofusible ou même déjà collés en usine sur des panneaux de dimensions diverses.

Le débit du placage

La bille de bois est placée sur un support mobile, au contact d'un couteau de même longueur. Lorsque la bille tourne sur elle-même, le bois est « déroulé » ; lorsque le couteau monte et descend alternativement, il est tranché. La méthode employée varie selon les caractéristiques du bois et l'effet recherché.

Déroulage

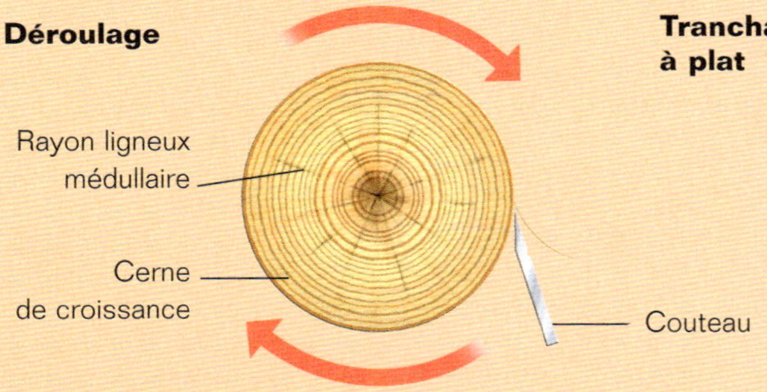

Tranchage à plat

Le déroulage consiste à attaquer la bille par une coupe tangentielle, comme si l'on déroulait un rouleau. Appliqué aux résineux et aux feuillus, il produit des placages utilisés dans la construction (CTP, par exemple). Le tranchage à plat permet d'obtenir des placages décoratifs à partir de feuillus. La bille est d'abord coupée en deux (dans la longueur), puis chaque moitié débitée en « tranches » dans le sens de la hauteur.

Tranchage sur maille

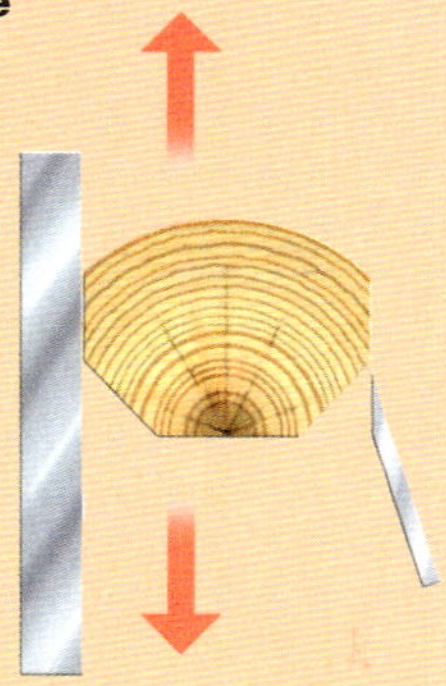

Semi-déroulé

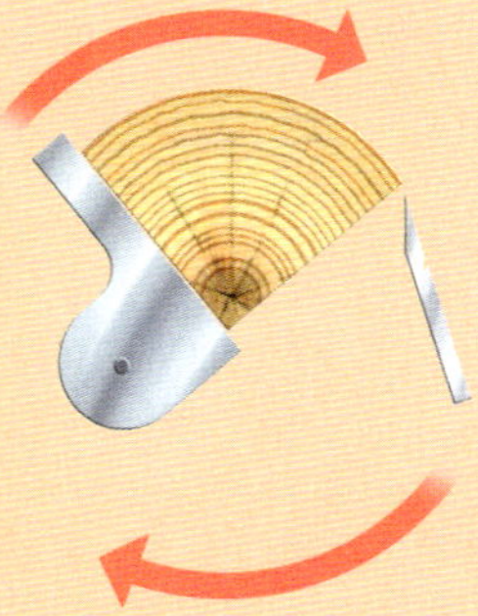

Le tranchage sur maille, par l'angle d'attaque du couteau, produit un veinage assez large qui rappelle celui que l'on obtient avec un débit sur quartier.
Semblable au déroulage, le semi-déroulé produit un dessin similaire à celui que l'on obtient par tranchage à plat.

Érable moucheté

Érable ondé

Bouleau

Érable sycomore vieilli

Pommelle

Makoré

Chêne moiré

La diversité des veinages

Le veinage de certaines essences ne peut être véritablement apprécié que sous forme de placage. C'est notamment le cas de tous les bois « figurés », c'est-à-dire ceux dont le veinage présente un grand intérêt esthétique. Parmi eux figurent des essences exotiques et également des feuillus qui n'ont rien d'ordinaire. Tel est le cas de l'érable moucheté (ou à broussin), ainsi nommé en raison de l'excroissance rugueuse et noueuse qui se forme à la surface de certaines billes lorsque la sève de l'arbre rencontre un obstacle. Les billes subissent alors un déroulage, qui est le mieux à même de mettre en valeur ce veinage si particulier. Autre exemple, l'érable sycomore : facilement reconnaissable à ses stries claires, il est aujourd'hui encore employé pour la fabrication d'instruments de musique.

Loupes et ronces

Loupe et ronce sont toutes deux des anomalies très recherchées en ébénisterie, car elles produisent un veinage tourmenté particulièrement décoratif. Leur origine est toutefois légèrement différente : la loupe provient en effet d'une excroissance localisée similaire au broussin (mais à surface lisse) et généralement visible avant même que la bille ne soit débitée. En revanche, la ronce prend place à la base de l'arbre et n'apparaît qu'après tranchage.

Teinte

Les placages sont sélectionnés afin de mettre en valeur les couleurs remarquables de certaines essences, de l'if, orange, au vert olive foncé du cœur de certains frênes.

Certains bois foncent naturellement lorsqu'ils sont exposés à la lumière, tel l'érable sycomore. Ils doivent donc faire l'objet d'une finition particulière afin de prévenir toute décoloration. D'autres placages sont au contraire tachetés ou teintés afin de produire une grande variété d'effets.

Les placages exotiques

Certaines essences se rencontrent quasi exclusivement sous forme de placage. C'était le cas du palissandre de Rio dont la commercialisation est aujourd'hui interdite pour cause de protection des espèces menacées d'extinction. Cette essence n'est donc plus disponible, même chez les spécialistes. Telles sont les conséquences d'une politique d'exploitation raisonnée qui permet de préserver une espèce en voie de disparition.

Ronce de noyer

Loupe de chêne

Loupe d'orme

Ronce de frêne

Loupe de vavona

Loupe de myrte

If

Frêne

Orme rouge

Noyer

Bolivor

Érable sycomore

Palissandre de Rio

Doussié

Palissandre Santos

Palissandre de Madagascar

2

L'OUTILLAGE

Le travail du bois exige un certain nombre d'outils qui permettent de mener à bien les multiples opérations que suppose cette activité. Retenez cependant que l'apparition des outils électriques (portatifs ou fixes) n'a nullement supprimé la nécessité d'accomplir telle ou telle étape du travail avec des outils à main. Les pages suivantes présentent donc les plus courants ainsi que les outils électroportatifs de base et même quelques machines d'atelier.

Les outils peuvent être classés en différentes familles correspondant chacune à une étape du travail du bois : mesure et traçage, découpe et façonnage, finitions... Au début, seuls sont nécessaires quelques outils de base appartenant à chacune de ces familles. Cependant, en acquérant de nouvelles compétences, l'amateur éprouve assez vite le besoin de compléter sa panoplie, et ce tout au long du parcours qui fera de lui un menuisier confirmé.

L'OUTILLAGE DE BASE

« À mauvais ouvrier, mauvais outil » : le dicton est toujours valable de nos jours car aucun outil, si performant soit-il, ne saurait donner satisfaction à celui qui ne l'emploie pas correctement. Ceci implique également qu'outre le savoir-faire propre au travail du bois, l'amateur doit apprendre à choisir l'outil spécifiquement conçu pour la tâche qu'il souhaite entreprendre. Il doit aussi en comprendre le fonctionnement et savoir l'entretenir afin d'en tirer le maximum. Maîtriser les outils à main (notamment les scies, ciseaux et rabots) exige du temps et de la patience. Mais cet apprentissage apporte une compétence certaine et une satisfaction bien réelle.

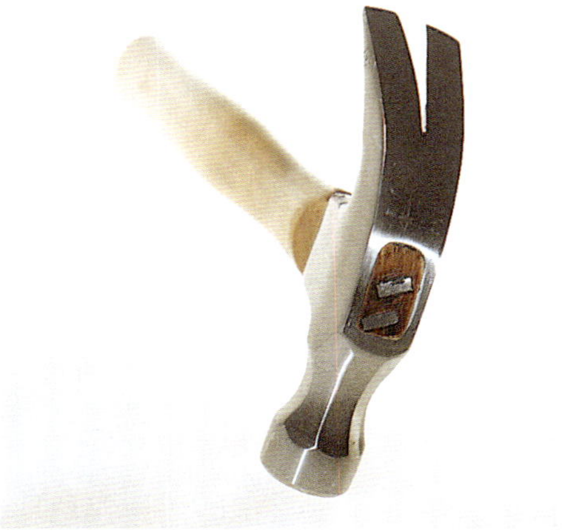

La qualité avant tout

Un néophyte commet souvent l'erreur d'acheter des outils « premier prix » parce que ce sont les moins chers. Mais il s'agit en fait d'une fausse économie, car non seulement l'acier des outils est de qualité médiocre, donc s'émousse rapidement, mais leur conception et leur fabrication contribuent en général à rendre pénibles les tâches les plus simples. Avec eux, il est à peu près impossible d'obtenir un résultat satisfaisant, quels que soient le temps et l'énergie consacrés… D'où une frustration qui a tôt fait de se muer en découragement.

Beaucoup en concluent ainsi qu'ils ne sont pas faits pour travailler le bois, faute d'avoir su choisir l'outil adéquat !

Ci-dessous N'achetez que les meilleurs outils, au fur et à mesure de vos besoins.

Les indispensables

	Outillage de base	À compléter par
Mesure et traçage	Mètre à ruban Équerre de menuisier Couteau à tracer Pointe carrée ou poinçon	Réglet Équerre à combinaisons Trusquin Fausse équerre
Découpe	Scie égoïne Scie à dos (scie à tenon)	Scie à affûtage longue durée Scie à onglets
Façonnage	Rabot à replanir Ciseaux à lame biseautée	Rabot de retouche Bédanes
Assemblage	Tournevis Marteau arrache-clous Maillet Serre-joints	Perceuse sans fil (visseuse) Forets et mèches Marteau de menuisier Presse d'angle
Finition	Papiers abrasifs	Râpe, lime

L'essentiel pour débuter

Il n'est pas facile d'énumérer les outils nécessaires au travail du bois dans la mesure où cette activité comporte de nombreuses facettes : un modéliste et un ébéniste, par exemple, utiliseront des outils très différents. Quant à la découpe des dérivés du bois, elle exige l'emploi d'une scie circulaire, équipée d'une lame en acier renforcé au carbure de tungstène, alors que les bois tendres se travaillent sans problème avec des outils à main…

Cela dit, la plupart des tâches se décomposent en une série d'opérations qui peuvent être accomplies avec des outils de base. Ces « indispensables » permettent de débuter puis d'envisager d'autres options.

Acheter ses outils

Les grandes surfaces de bricolage (GSB) proposent une vaste gamme d'outils qui se distinguent généralement par leur rapport qualité/prix, tout au moins lorsqu'il s'agit d'outils de base. En revanche, les outils de très grande qualité ou très spécifiques sont plutôt à rechercher auprès des détaillants spécialisés (quincailleries, par exemple), qui pourront vous conseiller avec compétence, voire vous faire essayer plusieurs outils.

Dans le cas des outils électriques, la qualité du service après-vente, la disponibilité des pièces détachées et leur suivi dans le temps sont des critères fondamentaux dont il n'est pas inutile de débattre avec un vendeur compétent. Rappelez-vous par ailleurs que les outils plus spécifiques peuvent en général être loués, ce qui permet aussi de tester plusieurs modèles de marques différentes en vue d'un achat éventuel.

Certains détaillants ne proposent leurs produits que par correspondance. Leurs matériels, professionnels ou grand public, font l'objet d'une sélection par le distributeur, qui les connaît parfaitement et pourra vous guider au moment de la commande.

Ceux qui ont déjà fait leur choix peuvent également profiter des ventes organisées par les fabricants pour écouler leur stock de démonstration. L'emballage pouvant être manquant, il importe de vérifier que le matériel est bien vendu complet. Comme toutes les ventes ouvertes au public et de quantités limitées, les premiers arrivés sont aussi les mieux servis !

Ranger ses outils

Un outil de grande qualité mérite des égards. Choisi avec soin, il doit aussi faire l'objet d'une attention particulière. En contrepartie, il assurera à son propriétaire de longues années de bons et loyaux services. La plupart des amateurs expérimentés possèdent et utilisent encore leurs premiers outils, dont l'achat remonte à plusieurs années. Ainsi, la denture d'une bonne scie demande à être protégée (par un morceau de tuyau en plastique, par exemple) si vous l'avez achetée sans cache. Gardez vos ciseaux et bédanes dans un coffret ou un étui comportant un logement pour chaque lame. Les rabots se rangent toujours sur le côté, lame rentrée.

De plus en plus souvent, les outils électroportatifs sont vendus dans une mallette, indispensable pour protéger le moteur de la poussière et des chocs. Si son volume le lui permet, la mallette peut aussi accueillir les accessoires, qui restent ainsi à portée de main.

Les outils électroportatifs

Nettement plus chers que des outils à main, ils impliquent d'être choisis en connaissance de cause, en fonction de leur polyvalence (ici, par ordre décroissant).

- Perceuse sans fil (visseuse)
- Perceuse à fil
- Scie sauteuse
- Scie circulaire
- Ponceuse excentrique
- Ponceuse à bande
- Perforateur
- Défonceuse
- Rabot électrique
- Lamelleuse

Ci-dessous Régulièrement affûté, un jeu de ciseaux et bédanes de bonne qualité dure des années.

Mesure et Traçage

Qu'il s'agisse d'ébénisterie ou de travail du bois en général, la précision apportée à la prise des mesures et au traçage des pièces est déterminante. Pour ce faire, la qualité des outils employés est évidemment essentielle. Aussi ces outils doivent-ils être inspectés régulièrement et « réformés » en cas de doute sur leur précision. Il ne faut même pas les garder en dépannage.

L'indispensable… et au-delà !

Tous les outils présentés ici ne sont pas indispensables, tout au moins au début : avec un mètre à ruban, une équerre de menuisier, une fausse équerre, un poinçon et un trusquin – complétés éventuellement d'un pied à coulisse, d'un calibre de profilage et d'une équerre à combinaisons –, vous pourrez mesurer et tracer la plupart des pièces. À ces outils peuvent s'ajouter certains instruments de dessinateur, si vous envisagez de réaliser des plans.

En ce qui concerne les tracés des découpes, n'oubliez jamais de tenir compte de l'épaisseur de la lame de scie (2 mm pour une égoïne, 5 mm pour une scie circulaire…). L'ignorer risque d'être lourd de conséquences pour vos assemblages ! Sachez également que, lorsqu'il s'agit simplement de réduire la longueur ou la largeur d'un panneau à la scie circulaire, le traçage de cette découpe n'est pas très utile. Il suffit en effet de placer le guide de coupe de la scie (fortement recommandé) au bon endroit, en vérifiant à chaque extrémité l'exactitude du positionnement, puis de le maintenir en position avec ses serre-joints, et le tour est joué !

Té gradué Il permet de mesurer et de tracer des angles droits.

Règle Elle s'emploie pour effectuer des mesures et comme guide de coupe. La poignée évite aux doigts de l'utilisateur de se trouver sur la trajectoire du cutter ou de la pointe carrée. De petits patins en caoutchouc (fixés par-dessous) évitent à l'outil de glisser.

Réglet Il permet de mesurer des épaisseurs et parfois des profondeurs (de mortaise, par exemple) ainsi que des détails de petites dimensions. La plupart des réglets mesurent 30 cm de long, ce qui est bien suffisant.

Équerre à combinaisons (et niveau) Équipée d'une lame mobile et graduée, elle comporte un talon permettant de tracer des angles à 45 et 90°. Ce talon dispose souvent d'un niveau à bulle.

Mètre de tapissier (*ci-dessous*) Fabriqué en bois dur et parfois renforcé à ses extrémités, cet outil ne convient qu'aux pièces longues mais inférieures à 1 m. On peut donc s'en passer.

Équerre à onglets (*ci-dessus*) D'utilisation plutôt exclusive, cet outil ne sert qu'à tracer (ou à vérifier) des angles à 45°. Il n'est nullement indispensable.

Fausse équerre (à coulisse) Sa lame en acier pivote et se verrouille dans toutes les positions de 0 à 180°. Elle permet ainsi de relever et de reporter des angles sans avoir à les mesurer.

Équerre de menuisier Lorsqu'elle dispose d'une lame graduée, elle permet toutes sortes de relevés et traçages près des bords des pièces, en plus du contrôle des angles.

Pointe carrée Proche parente du poinçon, elle s'utilise surtout pour réaliser de petits avant-trous. Elle a aussi moins tendance à fendre le bois.

Cutter Assez peu utilisé en menuiserie, il dispose de lames interchangeables et particulièrement tranchantes. À manier avec précaution.

Mètre à ruban C'est l'outil de mesure incontournable, notamment lorsqu'il permet une lecture intérieure (grâce à une fenêtre dans le boîtier). Il doit également posséder un verrouillage et un crochet solides.

Niveau à bulle Plus ou moins long, cet outil n'est pas indispensable au travail du bois… Mais il l'est pour fixer une réalisation sur un mur.

Cordeau à tracer Il trace instantanément une ligne au sol ou sur un mur grâce à la poudre colorée que contient son boîtier. On l'utilise rarement en menuiserie, car le tracé obtenu manque de précision.

Pied à coulisse Il permet de mesurer les diamètres intérieurs et extérieurs, la largeur d'une mortaise, ainsi que de jauger une profondeur.

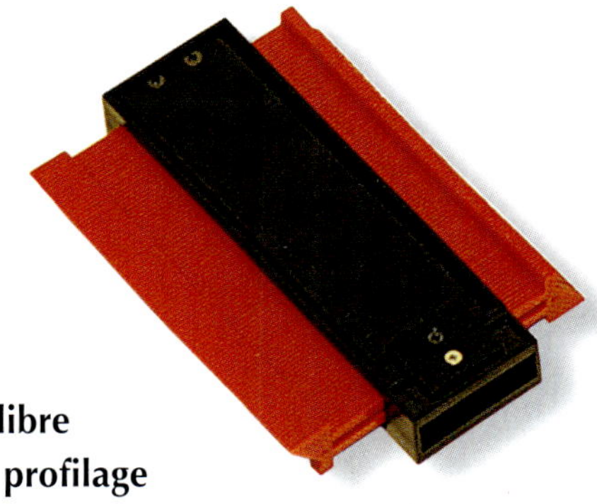

Calibre de profilage (peigne à moulures) En coulissant de part et d'autre du manche, ses multiples « dents » permettent de recopier n'importe quel profil.

Trusquin C'est un outil indispensable au menuisier. Il en existe plusieurs versions permettant de tracer un ou deux repères sur la face d'une pièce, tout en se guidant parallèlement à son chant. Le traçage s'effectue à l'aide d'une ou de deux pointes en bronze (visibles ici sur la droite) dont l'écartement est réglable.

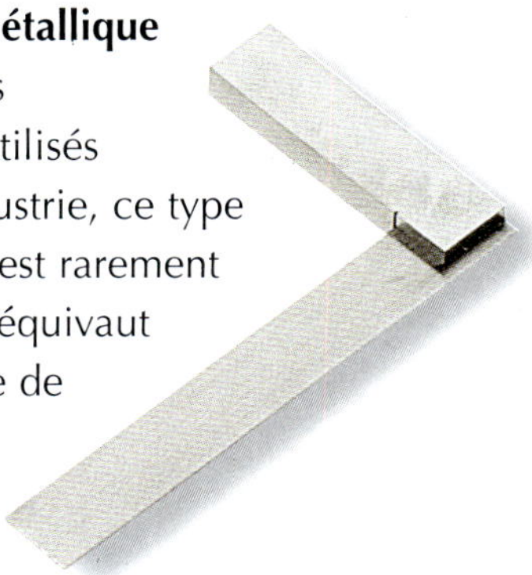

Équerre métallique Dérivé des modèles utilisés dans l'industrie, ce type d'équerre est rarement gradué. Il équivaut à l'équerre de menuisier.

Poinçon (alène) Il permet de tracer un repère très précis sur une pièce de bois.

Les scies à main

Une scie de qualité, tenant bien en main, est indispensable à tout menuisier. Bien affûtée, elle permet des coupes nettes dont la précision et la rapidité, pour les pièces de petite section, dépassent celles d'une scie électrique. Les performances d'une scie à main dépendent de la longueur de sa lame, de sa forme, de son nombre de dents et, naturellement, de la qualité de l'acier qui la compose.

Scie à refendre Comme son nom l'indique, cette scie est uniquement destinée à couper des pièces dans le sens du fil. Pour des raisons pratiques, elle a aujourd'hui tendance à être remplacée par l'égoïne universelle.

Scie à denture isocèle La forme de ses dents ne lui permet que des coupes transversales, raison pour laquelle, comme la scie à refendre, elle a aujourd'hui tendance à être remplacée par l'égoïne universelle.

Scie à affûtage longue durée (hardpoint) Sa lame de type universel se compose de dents meulées en acier trempé extra-dur. Certains modèles comportent des dents à triple biseau permettant des coupes rapides. Suivant le pas (nombre de dents au centimètre ou par pouce), la coupe est plus ou moins fine.

Scie égoïne universelle Sa denture, non réaffûtable et inclinée vers l'avant, est conçue pour couper en long et en travers, c'est-à-dire dans le sens du fil et à contre-fil.

Les scies à dos

Les modèles présentés ci-dessous sont destinés aux découpes de précision : réalisation de tenons, arasement de chevilles… Leur lame est renforcée en partie supérieure afin d'être plus rigide. En contrepartie, la présence de ce renfort limite la profondeur de coupe.

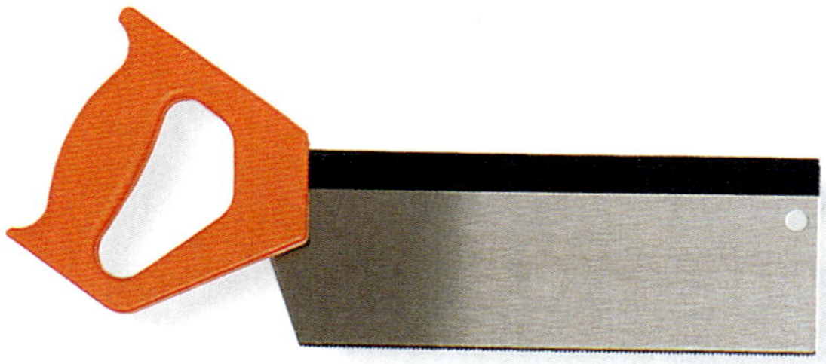

Scie à tenon à affûtage longue durée (hardpoint) Sa denture présente les mêmes avantages que les égoïnes du même nom.

Scie à tenon classique Indispensable à l'ébéniste.

Scie à queue d'aronde Très courte et très maniable, elle est aussi très spécialisée.

Les scies spéciales

Il s'agit principalement de scies à monture dont les lames ne sont pas réaffûtables. Conçues pour effectuer des découpes courbes, ces lames sont aussi à leur aise dans le bois et ses dérivés que dans les plastiques.

Scie à chantourner (grand modèle)
Celle-ci peut pénétrer de 25 cm dans un panneau, avant que sa monture ne vienne buter contre le chant du panneau. La coupe s'effectue en tirant.

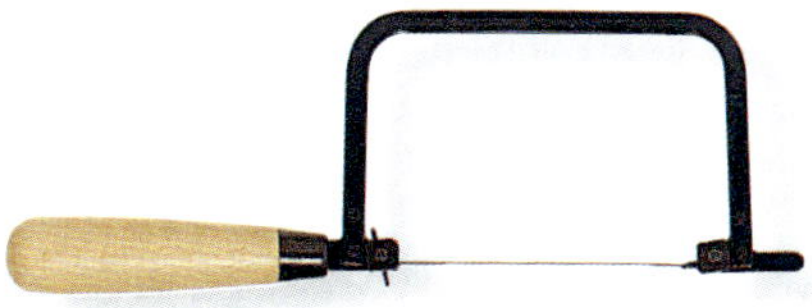

Scie à chantourner (petit modèle)
La hauteur libre de sa monture (105 mm) autorise une pénétration équivalente dans un panneau.

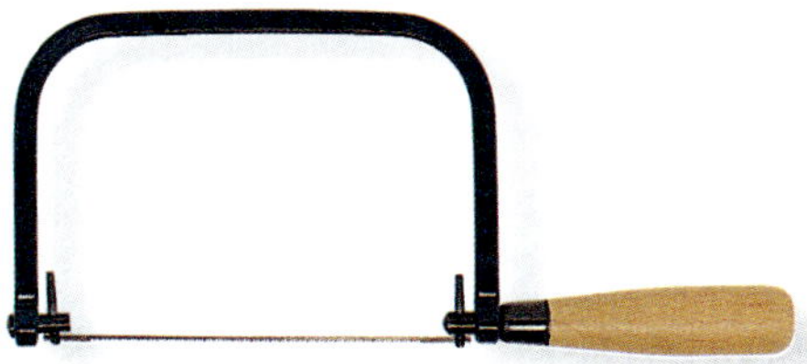

Scie à chantourner à lame orientable
Sa lame pivotante peut être réorientée en cours de découpe.

Scie à guichet Sa lame rigide permet les découpes en plein milieu d'un panneau, sans être gêné par une monture. Certaines lames coupent aussi les dérivés du bois et les plaques de plâtre.

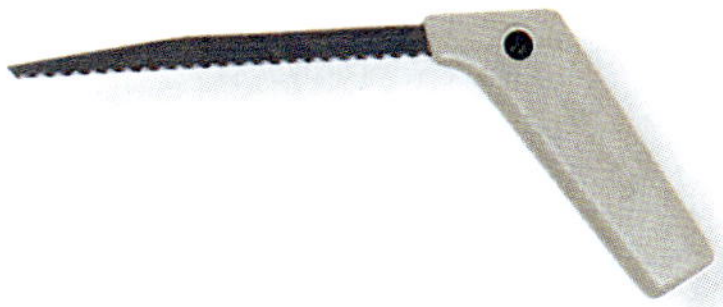

Scie à guichet à lame interchangeable
Plus ergonomique grâce à sa poignée « pistolet », elle est aussi plus polyvalente qu'une scie à guichet ordinaire.

Boîte et demi-boîte à onglets
Indispensable (à défaut de scie à onglets), ce guide ne permet toutefois que des coupes à 45 et 90°. En outre, sa largeur et sa profondeur n'acceptent généralement que des pièces de faible section. D'où l'intérêt de la demi-boîte, moins précise mais moins limitative.

Boîte à onglets

Demi-boîte à onglets

Scie à onglets C'est celle qui permet les découpes les plus précises quel que soit l'angle choisi (de 45 à 135°). Certains modèles disposent en plus d'une monture inclinable, ce qui permet de tailler des pièces dans les deux sens. Indispensable aux menuisiers et aux encadreurs, elle est nettement plus performante qu'une boîte à onglets.

Les scies électriques

Ces machines font gagner beaucoup de temps et facilitent considérablement les travaux de découpe. Toutefois, elles peuvent aussi causer de sérieux dégâts si elles ne sont pas utilisées correctement. Il ne faut par exemple jamais forcer : c'est mauvais pour la coupe et pour l'outil, et dangereux pour l'utilisateur. Sauteuse ou circulaire, une scie s'utilise en souplesse et de préférence à l'aide d'un guide de coupe.

Scie sauteuse C'est la scie à tout faire. Bon marché et très maniable, elle sert non seulement aux découpes courbes mais également à dégrossir le travail que l'on termine ensuite à la main.

Scie sauteuse

Caractéristiques essentielles

- Mouvement pendulaire de la lame pour améliorer les performances.
- Variateur de vitesse pour s'adapter aux épaisseurs et duretés diverses.
- Aspiration de la sciure (qui ainsi ne s'accumule pas devant la lame).
- Semelle pivotante permettant de varier l'angle de coupe de 90 à 45°.
- Lame orientable pour faciliter la découpe des courbes de faible rayon.

Scie sabre Aussi appelé « égoïne électrique », cet outil est d'introduction récente. Assez polyvalent lui aussi (grâce aux diverses lames disponibles), il permet d'effectuer des coupes rapides en conditions difficiles. De ce fait, il sera plus employé sur un chantier que dans un atelier de menuiserie.

Scie sabre

Les lames de scies sauteuses

La polyvalence d'une scie sauteuse réside en grande partie dans la variété des lames disponibles, laquelle dépend du type d'attache de lame (la forme de son extrémité haute). Sur la demi-douzaine de types existants, seuls deux ou trois ont été adoptés par plusieurs marques de machines. Ce sont donc ces lames-là qui se trouvent le plus facilement (en 55 et 75 mm de longueur, plus rarement en 50 et 65 mm) et au meilleur prix.

Suivant le profil de leurs dents, les lames en acier au chrome vanadium sont destinées au bois et à ses dérivés, ainsi qu'aux plastiques. Celles en acier rapide (HSS), à dents fines, sont réservées aux métaux et parfois aux plastiques. Enfin, celles en acier au carbure de tungstène conviennent à la céramique et aux matériaux durs.

Les lames de scies circulaires

Ces lames se distinguent par leur diamètre extérieur et celui de leur alésage central, lesquels sont conditionnés par la puissance de la machine : plus celle-ci est importante, plus elle est capable d'entraîner une lame de grand diamètre, donc de couper une épaisseur importante sans fatigue.

Par ailleurs, plus le nombre de dents est élevé, plus la coupe est fine. Les dents qui disposent de pastilles rapportées en acier au carbure de tungstène sont plus résistantes à l'usure. Certains profils de dents garantissent une coupe sans éclat (dans les panneaux mélaminés et stratifiés), tandis que des particularités d'usinage de la lame (fentes et évidements) rendent la coupe moins bruyante.

Scie circulaire

Scie circulaire Ce type de scie convient particulièrement aux coupes longues dans les panneaux de dérivés du bois. On l'utilise de préférence avec son petit guide latéral ou, mieux, avec un rail spécial. Si son fabricant n'en propose pas, vous pouvez réaliser un guide « maison » (voir p. 92).

Caractéristiques essentielles

- Démarrage progressif et arrêt de lame immédiat.
- Variateur électronique.
- Prise en main agréable.
- Double blocage de l'inclinaison de la semelle.
- Protecteur de lame escamotable sans à-coup.
- Système d'équerrage de la lame (butée à vis).
- Blocage d'arbre moteur (facilite le changement des lames).
- Guide latéral bien rigide.

Scie à onglets électrique

Scie à onglets électrique Parfois appelée à tort « scie radiale » (voir p. 64), cette machine ne peut effectuer que des coupes transversales et jusqu'à 45°, sur une faible longueur seulement. Elle ne convient donc qu'aux sections moyennes (lames, tasseaux, chevrons…) et en aucune façon aux panneaux. Assez chère de surcroît, elle ne se justifie que pour ceux qui travaillent en série.

Scie circulaire sans fil Plus légère que sa grande sœur filaire, cette machine est aussi plus maniable et assez pratique à l'extérieur, mais sa puissance et son autonomie sont assez limitées. Utilisable d'une main pour de petits travaux, elle s'avère en outre assez dangereuse : surtout lorsque la lame est placée à gauche, donc côté utilisateur pour un droitier ! À manipuler avec une extrême prudence !

Scie circulaire sans fil

Les rabots

Bien affûté et bien réglé, un rabot glisse à la surface du bois avec un petit bruit inimitable, laissant derrière lui une surface parfaitement lisse qui n'a quasiment pas besoin de subir un traitement supplémentaire. Comme d'autres outils, il existe en plusieurs tailles et types, conçus pour répondre à des besoins particuliers.

Les rabots à replanir

Ce sont les rabots les plus courants : ils s'utilisent à deux mains et de préférence en serrant la pièce à raboter sur ou dans un établi. Chaque modèle correspond à un certain type de travail et se distingue par sa longueur, ainsi que par l'angle de son fer. Les varlopes mesurent près de 60 cm de long et servent essentiellement à dégauchir les planches. Plus courts (38 cm), les riflards remplissent la même fonction mais sont un peu plus polyvalents.

Les composants d'un rabot

Solidaire du fût (en bois ou en métal), la semelle doit être entreposée avec soin afin de rester parfaitement plane et rectiligne. Son ouverture rectangulaire (lumière) livre passage au fer et permet d'évacuer les copeaux. Le fer repose contre le chariot qui, suivant qu'il est avancé ou reculé, permet de modifier l'inclinaison du fer. Plus celle-ci est forte, plus le travail s'effectue en finesse.

Le chariot comporte également un mécanisme (levier de gauchissement) qui assure le parallélisme du fer et une molette qui règle la profondeur de coupe.

Démontable afin de pouvoir être affûté, le fer est fabriqué en acier de haute qualité (au chrome et au carbone). Il est recouvert par le contre-fer qui sert à la fois à bloquer le fer et à évacuer les copeaux. Placé par-dessus, un presseur à levier de blocage sert à assujettir le contre-fer et le fer sur le chariot. Chaque fois que vous démontez le fer pour l'affûter, profitez-en pour nettoyer l'intérieur du fût et pour déposer un peu d'huile sur les pièces mobiles.

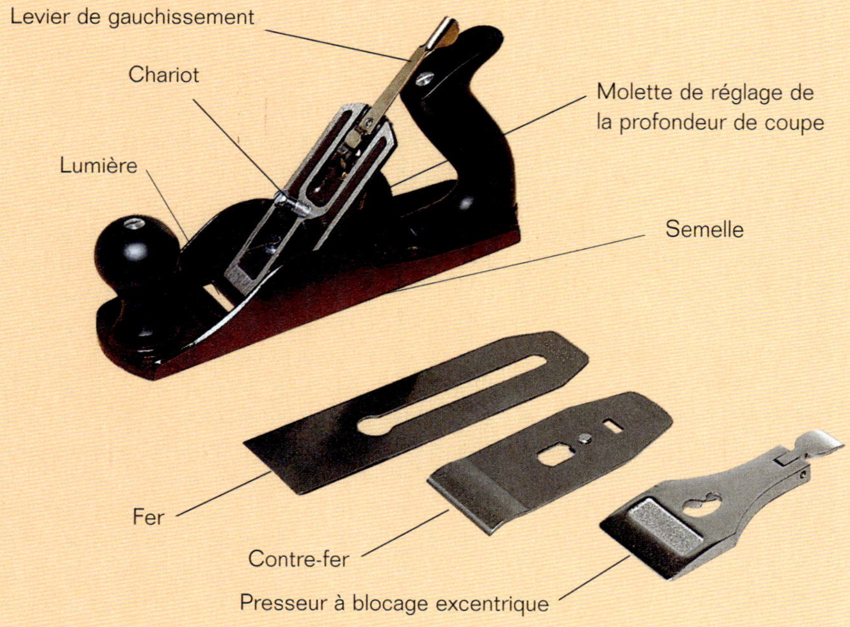

Rabot ordinaire
Il ne mesure guère plus d'une trentaine de centimètres de long et sert essentiellement à la finition d'une pièce préalablement dégauchie ou brute de sciage.

Petit rabot de finition
Très maniable, ce modèle court mesure environ 25 cm. Il sert aux petits travaux de rectification et de finition.

Rabot de retouche
C'est le plus petit de tous les rabots. Il se manipule d'une main, pour effectuer des rectifications délicates. Son fer est également plus incliné.

Guillaumes d'ébéniste
(*ci-dessus et à droite*) Ces mini-rabots conviennent aux surfaces très étroites. Leur fer dispose d'un angle prédéterminé et occupe toute la largeur de l'outil, ouvert latéralement pour évacuer les copeaux.

Rabot cintré
Cet outil très spécial dispose d'une semelle galbée qui lui permet de raboter des surfaces concaves.

Rabots à combinaisons
Ces deux modèles disposent d'un réglage de profondeur et surtout, d'une butée latérale grâce à laquelle on peut les guider avec précision le long d'une pièce.
Celui du haut est le moins polyvalent des deux car il n'accepte que des fers larges.
Celui du bas est en revanche proposé avec un assortiment de fers qui lui permet de réaliser presque tous les assemblages (rainures, feuillures, languettes…) ainsi que les moulures.

Wastringue Ce petit rabot muni de poignées latérales est utilisé pour « démaigrir » (rectifier) les surfaces inaccessibles à un rabot ordinaire. Suivant le modèle, il dispose d'un tranchant concave, convexe ou droit.

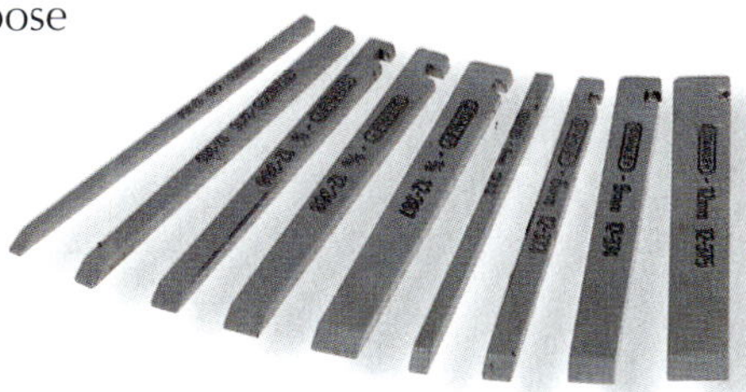

Rabots électriques et Défonceuses

Ces machines disposent d'un outil coupant (lame, fer ou fraise) qui tourne à grande vitesse. Utilisées correctement, elles apportent une aide précieuse pour le façonnage, d'autant qu'elles peuvent être équipées d'outils en acier au carbure de tungstène qui permettent de travailler des matériaux composites, très désaffûtants pour les outils à main.

Caractéristiques essentielles

- Bonne prise en main.
- Puissance importante (pour que l'outil ne « fatigue » pas).
- Fers réversibles en acier au carbure de tungstène.
- Guide parallèle pour les feuillures.
- Guide latéral à inclinaison ou cannelure au centre de la semelle pour les chanfreins.
- Profondeur de coupe réglable.
- Variateur de vitesse électronique.
- Sac permettant de recueillir la sciure.

Rabot électrique

Rabot électrique Il est parfait pour dégrossir une pièce et l'amener rapidement à l'épaisseur souhaitée. Son efficacité exige toutefois de l'employer avec précaution car avec lui, rien n'est plus simple que de trop raboter ! La profondeur de coupe maximale que l'on peut atteindre à chaque passe varie de 1,5 à 5 mm (pour les modèles les plus puissants) ; 3 mm constituent dans ce domaine une bonne moyenne et suffisent à faire face à la plupart des situations.

Un rabot électrique comporte deux fers montés sur un porte-fers cylindrique tournant à grande vitesse. Afin d'éviter les accidents, pensez à débrancher systématiquement l'appareil avant de changer ses fers. Veillez aussi à toujours garder la main gauche sur la poignée avant et attendez que le porte-fers se soit arrêté avant de poser la machine sur l'établi.

Lamelleuse Cet outil est extrêmement utile pour réaliser des assemblages de panneaux perpendiculaires avec des chevilles plates (« Lamellos »). De forme ovale, ces « chevilles » se logent dans des fraisages courbes que l'on réalise le plus souvent dans les chants des panneaux grâce à la lame de la lamelleuse. Contrairement à ceux des tourillons, les logements des chevilles peuvent être légèrement décalés l'un par rapport à l'autre sans que cela nuise à la précision ou à la solidité de l'assemblage.

Lamelleuse

Défonceuse Maniable et polyvalente, cette machine est quasiment irremplaçable pour un menuisier amateur. Son intérêt réside dans la variété de fraises qu'elle peut recevoir, ce qui la rend apte à effectuer toutes sortes d'opérations de façonnage. Un assortiment comportant une dizaine ou une douzaine de fraises permet quant à lui de faire face à la plupart des situations courantes.

Caractéristiques essentielles

- Bouton de sécurité ou double gâchette.
- Variateur électronique.
- Blocage d'arbre.
- Butée de profondeur micrométrique et à serrage indirect (par came et levier).
- Porte-outils acceptant des queues de fraise Ø 6 et 8 (ou 12 pour les machines les plus puissantes).
- Diamètre de lumière de table important (il conditionne le diamètre maximal des fraises utilisables).
- Moteur amovible à collet Ø 43 (peut permettre de placer le bloc-moteur dans un support avec table de fraisage et, ainsi, de disposer d'une fraiseuse).
- Accès aux charbons facilité.

Défonceuse

Table pour défonceuse Comme les scies circulaires, les défonceuses puissantes peuvent être montées à l'envers, sous un support spécial. L'ensemble permet de travailler plus confortablement des pièces de grande longueur ou de faible section. Une table dispose en effet d'un grand guide, d'un interrupteur de sécurité et d'une protection en plastique sur la fraise. Avec ce matériel, rien de plus facile que de façonner des moulures, ou des rainures et languettes.

Table pour défonceuse

LES CISEAUX À BOIS

Un bon ciseau à bois se caractérise par une lame en acier trempé montée dans un manche solide. Incassables et indéformables, les manches synthétiques tendent à remplacer les manches traditionnels en bois dur (charme, frêne ou hêtre). Quoi qu'il en soit, les uns et les autres ne doivent être frappés qu'avec un maillet en bois ou synthétique. La plupart des ciseaux sont disponibles en jeux. Les largeurs des lames varient de 6 à 38 mm environ, parfois davantage. Pour débuter, trois largeurs courantes (6, 12 et 25 mm) sont bien suffisantes.

Les ciseaux à lame biseautée

Ces ciseaux sont les plus polyvalents. Leurs arêtes biseautées permettent de travailler les coins peu accessibles. Frappés avec un maillet, ils servent à dégrossir une pièce. Poussés à la main, ils permettent de rectifier une petite surface avec précision : le fond d'une encoche, par exemple. Le bois est alors « rogné » par passes successives jusqu'à devenir plat.

Les bédanes

Ces outils se différencient des précédents par leur lame épaisse de section rectangulaire ou parfois trapézoïdale. Très rigide, la lame accepte des coups assez puissants permettant, par exemple, de réaliser rapidement une mortaise. La réalisation de mortaises et autres entailles profondes est d'ailleurs la vocation principale des bédanes qui sont donc presque autant utilisés que les ciseaux. Ces outils sont également disponibles dans un grand choix de lames mais de largeur plus réduite : elle varie en général entre 3 et 25 mm.

Les gouges

Contrairement aux ciseaux et bédanes qui disposent de tranchants droits, les gouges dites « de sculpteur » présentent généralement un tranchant arrondi (concave). Disponibles eux aussi en un grand nombre de largeurs, ces outils répondent à des besoins assez spécifiques, comme la réalisation de cannelures. Un débutant peut donc aisément s'en passer.

Le matériel d'affûtage

Que vous possédiez un jeu complet de ciseaux et bédanes ou seulement trois ou quatre d'entre eux, la pierre d'affûtage est indispensable. Elle seule permet en effet d'affûter convenablement ces outils qui, s'ils sont émoussés, ne servent plus à rien et peuvent même devenir dangereux, car plus difficiles à guider.

● Affûtés avant et après chaque utilisation, ciseaux et bédanes conservent un tranchant parfait dont l'entretien ne prend que quelques minutes. Bien sûr, il est parfois nécessaire d'y consacrer plus de temps, lorsqu'il faut rectifier leur biseau ou si la lame a été ébréchée.

● Habituellement, l'affûtage s'effectue d'abord avec une pierre à huile à grain moyen puis avec une pierre à grain fin. Certaines comportent deux faces : une face dégrossissage et une face affilage. En fait, il s'agit de deux pierres collées l'une contre l'autre. Le dégrossissage permet de rectifier le biseau tandis que l'affilage concerne le tranchant proprement dit. L'huile sert à protéger la pierre de l'échauffement et la lame de l'ébrèchement.

La lame s'affûte en frottant d'abord son biseau contre la pierre (placée dans une boîte en bois) par un mouvement de va-et-vient. La lame retournée, on peut alors retirer le morfil (voir p. 250) qui s'est formé sur son envers en frottant celui-ci à plat sur la pierre.

● Certains préfèrent utiliser une pierre à eau. D'autres emploient systématiquement un guide d'affûtage qui garantit l'exactitude du biseau lorsqu'on manque de pratique. D'autres pierres (coniques ou biseautées) servent aux gouges et aux outils dont le tranchant n'est pas rectiligne.

Les outils de perçage à main

Rares sont les réalisations qui n'exigent pas de percer quelques trous ou avant-trous… La plupart du temps, il est en effet nécessaire de prévoir un avant-trou afin d'éviter qu'au cours du serrage, une vis ne fasse éclater le bois de la pièce qu'elle sert à fixer. Un fraisage peut aussi s'imposer afin que la tête de la vis (elle-même fraisée) disparaisse à la surface de la pièce sans endommager celle-ci. Très courantes, ces opérations s'effectuent sans difficulté avec plusieurs types d'outils à main.

La précision du perçage

Elle est toujours essentielle, quel que soit l'ouvrage en cours. Si le perçage en lui-même est devenu plus simple, grâce notamment aux perceuses sans fil et aux perceuses à colonne, la chignole et le vilebrequin n'ont rien perdu de leur utilité. Ne serait-ce que parce que ces outils sont toujours prêts à fonctionner sans l'aide de l'électricité !

Chignole Cet outil est très utile pour percer des trous de petit diamètre ou pour fraiser des avant-trous. Sa forme et sa démultiplication permettent un excellent contrôle.

Conseil pratique

La forme de la chignole la rend très facile à guider à la verticale. C'est un atout par rapport aux perceuses électriques.

Vrille Indispensable avant l'invention de la visseuse, cet accessoire est sans égal pour amorcer la trajectoire d'une vis dans un bois dur.

Vilebrequin Très puissant, cet outil de perçage sert aussi à visser et à dévisser, lorsqu'il comporte un mécanisme à cliquet et un mandrin universel. Ses mâchoires acceptent alors les forets à queue ronde ainsi que les mèches ou embouts de tournevis à queue carrée ou hexagonale.

Poinçon Emmanché et très pointu, il sert à repérer l'emplacement d'un trou ou même à réaliser un petit avant-trou.

Mèches et forets
À l'origine, seules les mèches plates étaient utilisées dans le bois (avec un vilebrequin). Aujourd'hui, avec le développement des outils électriques, ces mèches sont surtout employées pour percer des trous de diamètre important (au-delà de 15 mm). Les trous de diamètres inférieurs se percent couramment avec des forets universels ou, mieux, avec des forets à pointe de centrage. Ces derniers comportent deux lèvres rentrantes affûtées et des gorges spécialement étudiées pour évacuer les copeaux de bois. Grâce à leur pointe, ils offrent une précision bien supérieure à celle des forets coniques mais restent réservés au bois. C'est la raison pour laquelle il n'est pas inutile de posséder aussi un jeu de forets universels.

Forets universels (*à gauche*)
Fabriqués en acier rapide (HSS), ils percent aussi bien le métal que le bois mais pas la maçonnerie ! Les diamètres des jeux courants s'échelonnent de 1 à 10 mm et plus, de 0,5 en 0,5 mm. Si vous ne devez acheter qu'une sorte de forets, choisissez ceux-là, car ce sont les plus polyvalents.

Mèches à bois (mèches plates)
(*à droite*) Seuls ces forets méritent le nom de « mèches ». Les plus classiques comportent une pointe centrale et deux tranchants latéraux. Sur les plus performants (mèches à trois pointes), ces tranchants se terminent eux-mêmes par une pointe. Les largeurs classiques s'échelonnent de 6 à 40 mm.

Forets à pointe de centrage (*à droite*)
Comme les mèches plates, ces forets sont réservés au bois. Leur conception découle d'ailleurs des précédentes par la présence d'une pointe de centrage. Elle leur évite au départ de glisser et améliore la précision du guidage en cours de perçage. Ces forets s'emploient surtout en tourillonnage et existent en jeu de 6, 8 et 10 mm.

Les perceuses électriques

Aujourd'hui, il est impensable de se passer d'une perceuse électroportative filaire et, bien souvent aussi, d'une perceuse sans fil. Ajoutons à cela le perforateur, irremplaçable face à une paroi en béton. Devenus très abordables, ces trois machines remplissent parfaitement leur fonction, à condition d'être bien choisies. Une perceuse sans fil de 9,6 ou 12 V offre un compromis idéal en termes de puissance, d'autonomie et de maniabilité. Chez les perceuses filaires, 600 à 800 W suffisent pour entraîner la plupart des forets et brosses métalliques, sachant que le perçage de la maçonnerie restera réservé au perforateur.

Perceuse sans fil

Perceuse sans fil Aussi appelé « visseuse » parce que le vissage est quasiment devenu sa raison d'être, cet outil se décline en une multitude de modèles aux performances et options variables. Le meilleur conseil que l'on puisse donner est de préférer aux machines de 18 ou 24 V qui veulent rivaliser avec les perceuses filaires, sans jamais y parvenir tout à fait, un modèle relativement léger et maniable de 9,6 ou 12 V. N'oubliez jamais que les gros « accus » pèsent lourd et que leur autonomie s'avère souvent insuffisante puisqu'on leur en demande toujours plus ! Enfin, évitez la sophistication inutile : 5 ou 6 crans de réglage pour le contrôle de couple sont bien suffisants.

Caractéristiques essentielles

- Légèreté (1,6 kg au maximum).
- Confort d'utilisation (bonne prise en main).
- Inverseur de rotation ergonomique.
- Deux vitesses mécaniques.
- Batterie à charge rapide (1 heure).
- Batterie de rechange (pour éviter les interruptions en cours de travail).
- Mallette de transport.

Perceuse électroportative Cet outil demeure irremplaçable chaque fois qu'une certaine puissance est nécessaire, et notamment pour percer de nombreux trous dans des métaux épais ou pour décaper des surfaces. Puissance, polyvalence et maniabilité sont toutefois affaire de compromis, le plus sage étant de se limiter à la catégorie des 600 à 800 W. Systématiquement présente sur ces machines, la percussion est toujours la bienvenue. Même si elle atteint rapidement ses limites face au béton (comparée aux performances d'un perforateur), elle s'avère facile à maîtriser et n'a pas son pareil dans la maçonnerie légère (briques creuses). Les mandrins autoserrants apportent quant à eux un plus incontestable en termes d'ergonomie.

Perceuse électroportative

Perforateur Cet outil est avant tout conçu pour s'attaquer à la maçonnerie la plus dure. Irremplaçable dans le béton armé, il est en revanche assez peu utile dans les maisons qui en sont dépourvues ! Reste qu'il dispose en général d'un mécanisme de percussion débrayable qui le rend comparable à une perceuse ordinaire, le poids et l'encombrement en plus. Mais son mandrin peut n'accepter que des forets spéciaux (type SDS, par exemple)...

Perforateur

Fraises et forets spéciaux

La fraise la plus utile est celle de forme conique, à 90°. Elle sert à fraiser des avant-trous en vue d'encastrer les têtes de vis fraisées (voir p. 80). Ceux qui envisagent de réaliser des aménagements avec portes battantes s'intéresseront à coup sûr aux charnières invisibles : leurs logements sont en fait des trous borgnes creusés sur les faces intérieures des panneaux. Ils se réalisent à l'aide d'une fraise d'encastrement (Ø 35 en général).

Fraise d'encastrement
Cet accessoire de 10 à 50 mm de diamètre est très utilisé pour les agencements. Certains modèles, compatibles avec tout type de panneau, disposent de pastilles au carbure de tungstène ; d'autres, réservés aux bois tendres, sont « anti-éclats ».

Foret combiné Ses trois parties coupantes lui permettent de percer deux avant-trous de diamètre différent et de terminer par un fraisage correspondant à la tête de la vis. Pour ce faire, il existe en plusieurs diamètres.

Fraise à bouchons Cette fraise ne sert qu'à découper des bouchons de bois dur qui serviront ensuite à masquer une tête de vis.

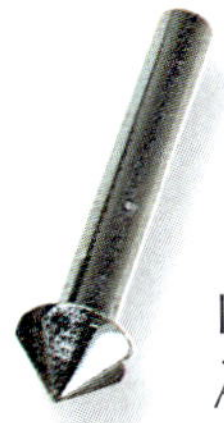

Fraise à 90° Elle est conçue pour permettre l'encastrement d'une tête de vis, qui affleure ainsi la surface d'un panneau. À utiliser avec un guide de profondeur, pour plus de précision.

Forets à béton Souvent renforcés par une pastille au carbure de tungstène, ces forets non réaffûtables conviennent à tous les matériaux durs (brique, carrelage, céramique...). Ils servent aux fixations murales.

Scie-cloche
Disponible dans un assortiment de diamètres (25 à 62 mm et plus), la partie coupante (cylindrique) se fixe sur un support circulaire équipé d'un foret de centrage Ø 6 ou 8. Suivant le type de lame, l'ensemble coupe le bois ou d'autres matériaux (toujours à vitesse lente) afin d'encastrer des spots, des interrupteurs...

Mèche à spirale unique Destiné aux bois de charpente très épais, cet accessoire dispose d'une pointe de centrage filetée et d'un profil spécial, conçu pour évacuer les copeaux sans bourrage.

Les outils d'assemblage et de fixation

Aucune caisse à outils n'est vraiment complète sans au moins un marteau et des tournevis. Évidemment, il ne s'agit là que d'une base de départ, qui sera complétée au fil des besoins par des outils toujours soigneusement choisis.

Les marteaux
Quelle que soit la forme de sa panne (la partie qui frappe), la tête doit être fabriquée en acier forgé et traitée anti-éclats. La qualité du manche et de l'emmanchement est également essentielle. Outre leur forme, les marteaux se différencient par leur poids : de 100 g pour un petit marteau de menuisier à 2 kg pour un gros rivoir.

Marteau de mécanicien
Ce modèle dispose d'une panne plate et d'une panne ronde. Il permet des frappes puissantes, mais s'utilise peu en menuiserie.

Marteau de charpentier Conçu pour frapper et pour arracher des clous (d'où ses autres noms de marteau « arrache-clous » ou d'« emballeur »), il est parfait pour enfoncer de grosses pointes à tête plate. Préférez les manches métalliques ou synthétiques qui sont beaucoup plus résistants.

Maillet en caoutchouc
Dans le cas d'un assemblage par tenons et mortaises, il est parfois nécessaire de frapper sur les pièces pour les mettre en place ou, au contraire, pour les disjoindre… Un maillet en caoutchouc est alors très utile, car il ne laisse pas de marques sur le bois.

Marteau « anglais » Peu courant chez nous, ce type de marteau sert à enfoncer des pointes fines. Il est l'équivalent du marteau de tapissier dont la tête légère se termine d'un côté par une panne plate et de l'autre par un arrache-clous. Certaines têtes sont magnétiques.

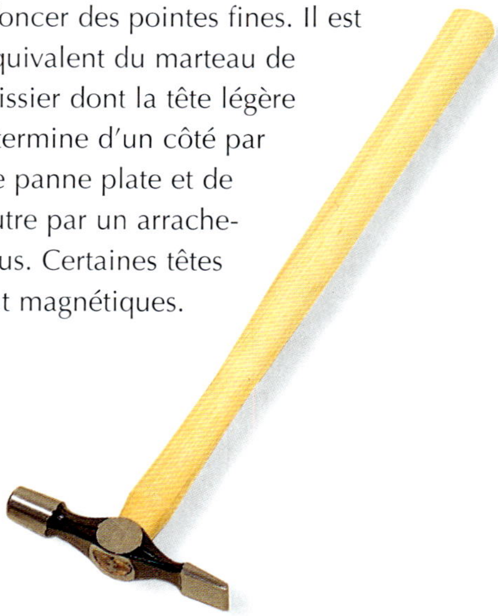

Maillet en bois Principalement utilisé par les charpentiers, il s'emploie encore pour frapper sur les ciseaux à bois ou pour enfoncer certaines pièces de bois dur (des chevilles, par exemple).

Tournevis à lame droite (*à gauche*) et tournevis cruciformes à tête sablée et brunie.

Ci-dessus Les tournevis existent en une multitude de tailles : des extra-courts dits « tom pouce » aux plus grands qui comportent parfois un fraisage à 6 pans en haut de la lame pour permettre l'usage d'une clé plate. Leur extrémité doit toujours être adaptée à l'empreinte de la vis sablée et brunie.

Les tournevis

Il faut toujours s'efforcer d'employer la bonne empreinte (Philips, Pozidriv, Torx…) et la bonne taille de tournevis, sous peine d'endommager irrémédiablement la tête de la vis, voire les surfaces environnantes si l'outil dérape. La taille d'un tournevis est définie par la longueur de sa lame et son diamètre (lames plates) ou bien par un chiffre de 0 à 4 (cruciformes). La géométrie du manche (et en particulier son diamètre) a une incidence directe sur la capacité de l'outil à serrer une vis, ou à la débloquer. Quoi qu'il en soit, n'oubliez jamais que la force à appliquer doit toujours être plus grande en poussée qu'en rotation. Les modèles à cliquet reçoivent des embouts interchangeables (les mêmes que ceux des visseuses). Ils sont assez pratiques mais tolèrent mal les serrages puissants. Par ailleurs, le jeu inhérent à leur mécanisme les rend moins précis que leurs concurrents classiques. La plupart des tournevis disposent aujourd'hui de manches synthétiques, d'une solidité à toute épreuve ; les lames à extrémité sablée ou brunie sont le gage d'une meilleure accroche.

Les embouts de vissage

Ces accessoires se sont popularisés avec l'usage des visseuses qui a lui-même été à l'origine de la suprématie des vis cruciformes sur les vis à fente (beaucoup plus difficiles à maîtriser). Rappelons que les embouts sont conçus pour être placés dans un porte-embouts magnétique et non serrés directement dans le mandrin de la machine. Impossible à apprécier à l'œil nu, la qualité de fabrication varie considérablement d'un fabricant à l'autre. La dureté des aciers utilisés et leur géométrie rendent les embouts plus ou moins résistants à l'usure et aux déformations. Tous les embouts ne se valent donc pas. Et comme n'importe quel outil fortement sollicité, ils finissent aussi par s'user… C'est pourquoi il ne faut pas hésiter à les renouveler dès qu'ils donnent des signes de fatigue.

Embouts extra-longs

Embouts combinés

Embouts Philips

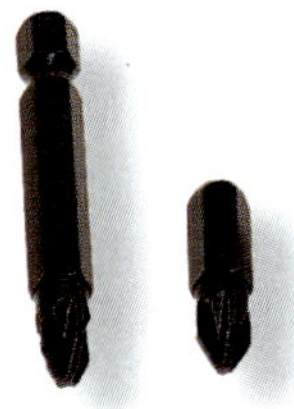

Embouts Pozidriv

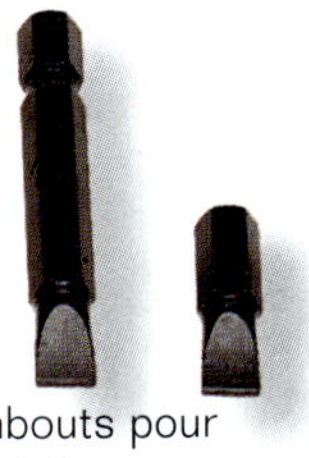

Embouts pour vis à fente

ABRASIFS, RACLOIRS ET RÂPES

Indispensable à la finition du bois, le « papier de verre » est fabriqué en collant de petites particules dures sur un support en papier ou en toile. Plus le grain des particules est petit, plus la surface poncée est douce au toucher ; le grain des abrasifs à utiliser sur le bois s'échelonne du 40 (gros) au 240 (très fin).

Papiers et autres abrasifs

Les particules abrasives sont soit d'origine naturelle – silex (papier de verre), corindon (oxyde d'alumine), émeri (roche incorporant du corindon) – soit fabriquées artificiellement. Il s'agit alors de carbure de silicium, plus connu sous le nom de carborundum (ou « silendum ») qui est son appellation commerciale.

En menuiserie, les papiers les plus courants sont les papiers au silex, au corindon et au carborundum. D'un emploi moins courant en France, le papier au grenat se reconnaît à sa couleur rouge sombre. De couleur beige, le papier au silex est disponible dans une large gamme de grains et convient aussi bien au bois qu'au plâtre ou à la peinture. Il est économique mais s'use assez vite. Plus résistants à l'usure, les papiers au corindon et au carborundum sont aussi les préférés des professionnels. Ils coûtent plus cher mais durent nettement plus longtemps. Même remarque à propos de la toile émeri qui, grâce à son support tramé, résiste bien à la déchirure.

Quel que soit le type de papier, celui-ci ne s'emploie quasiment jamais « à main nue », car les doigts finissent par creuser la surface irrégulièrement. Le papier doit toujours être fixé sur un outil (cale à poncer) ou un accessoire (section de moulure, par exemple) – voir p. 102.

Parmi les abrasifs figure également la laine d'acier. Avec elle, pas de « grain » mais un fil plus ou moins gros, à choisir en fonction de l'opération à exécuter : décapage (laine n° 2), nettoyage (n° 0), ponçage (n° 00), lustrage (n° 0000).

Papiers au corindon

Papiers au carborundum

Papiers de verre (au silex)

Papiers au grenat

Les racloirs d'ébéniste

Essentiellement utilisés par les professionnels pour lisser une surface ou pour retirer des restes de colle, ces outils se composent d'une lame d'acier assez mince, affûtée à une extrémité (racloir droit) ou bien aux deux (modèle combiné), parfois également sur une partie de son pourtour (racloir courbe). Le racloir s'emploie presque à la verticale et en appuyant assez fortement avec les doigts, posés bien à plat sur l'outil. Simples en apparence, son maniement et son affûtage demandent en fait une certaine pratique.

Racloir droit

Racloir combiné

Racloir courbe

Les râpes

Disponibles en plusieurs grosseurs ou « piqûres », les râpes sont principalement utilisées pour dégrossir une pièce ou pour abattre des arêtes. Plus finement usinées, les limes ne servent en principe qu'aux métaux, mais certains les emploient aussi sur le bois dur, en complément des râpes. Les unes comme les autres peuvent adopter un profil demi-rond, qui est de loin le plus polyvalent. Leur extrémité arrière, pointue, est faite pour s'engager dans un manche en bois ou synthétique. Inspiré à la fois d'une râpe et d'un rabot, le rabot « Surform » dispose d'une lame à denture évidée. Semblable à celle d'une râpe, cette lame a moins tendance à s'encrasser.

Râpe

Lime

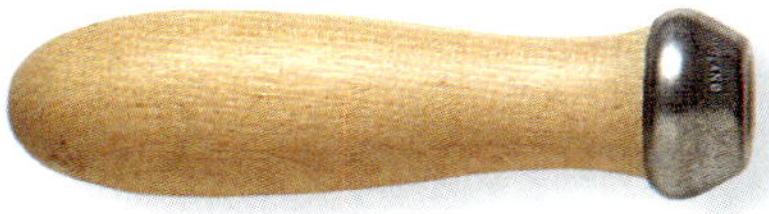

Manche

Laine d'acier

Les ponceuses

Ces machines sont de plusieurs types : à bande, vibrantes ou excentriques. Essentiellement utilisée avec un abrasif toilé à gros grain, la ponceuse à bande sert surtout à dégrossir. Les ponceuses vibrantes et excentriques sont au contraire conçues pour les travaux de finition.

Ponceuse à bande Ce type de machine doit être utilisé avec précaution, car il a tôt fait de creuser une surface bien au-delà de ce qui est nécessaire... Il doit par ailleurs comporter un dispositif permettant de recueillir la sciure (qu'il produit en quantité) : petit sac à poussière ou raccord pour tuyau d'aspirateur. Les dimensions des bandes abrasives variant d'une marque de ponceuse à l'autre, il est préférable de choisir une machine en fonction des dimensions les plus facilement disponibles.

Caractéristiques essentielles

- Deux vitesses ou variateur électronique (pour s'adapter à des matériaux divers).
- Accès facile à la courroie d'entraînement.

Ponceuse à bande

Ponceuse vibrante Cette machine est équipée d'une semelle rectangulaire qui vibre plus ou moins rapidement d'avant en arrière ; elle dispose généralement d'un variateur de vitesse et d'un système d'extraction de poussières. Il en existe aujourd'hui diverses déclinaisons avec les modèles à semelle triangulaire ou « delta ».

Caractéristiques essentielles

- Semelle perforée.
- Dispositif d'extraction de poussières efficace.
- Pince de serrage du papier abrasif facile à utiliser.
- Variateur de vitesse électronique.

Ponceuse vibrante (dite aussi « orbitale »)

À noter que suivant sa taille, la semelle permet d'utiliser un tiers ou une demi-feuille d'abrasif de dimension normalisée, plutôt que les coûteuses feuilles vendues aux dimensions des semelles !

Les ponceuses multifonctions
Certaines machines sont proposées avec des semelles de plusieurs formes (rectangulaire, pointue...) ainsi qu'un plateau circulaire permettant d'adapter des disques abrasifs. L'ensemble est donc assez polyvalent mais sans nécessairement exceller dans chacun de ses domaines d'application...
Les mini-ponceuses sont quant à elles assez pratiques pour certains travaux de détail.

Mini-ponceuse (vibrante)

Ponceuse « une main » Dérivés des ponceuses vibrantes conventionnelles à semelle rectangulaire, certains modèles compacts sont conçus pour être utilisés d'une main. Très maniables, ces ponceuses dites aussi « ponceuses de paume » sont toutefois d'utilisation plus restrictive (polissage, par exemple) que les « grands » modèles. C'est pourquoi elles sont moins répandues.

Ponceuse « une main »

Ponceuse excentrique Cette ponceuse est considérée comme la plus polyvalente, par sa forme et, surtout, grâce au mouvement à la fois elliptique et centrifuge de son plateau. Sa seule limite réside justement dans la forme circulaire de celui-ci qui l'empêche d'atteindre les angles...

Ponceuse excentrique

Serre-joints, Presses, Établis

Les outils de serrage sont indispensables aux opérations d'assemblage, qu'il s'agisse d'un collage ou, parfois, d'assemblages mécaniques (par vis), afin de maintenir les pièces. Les plus couramment utilisés sont les serre-joints, lesquels existent en plusieurs longueurs et disposent désormais de poignées à verrouillage et déverrouillage automatique, éventuellement réversibles pour servir d'écarteurs. Cette polyvalence leur a permis de supplanter les presses à vis traditionnelles.

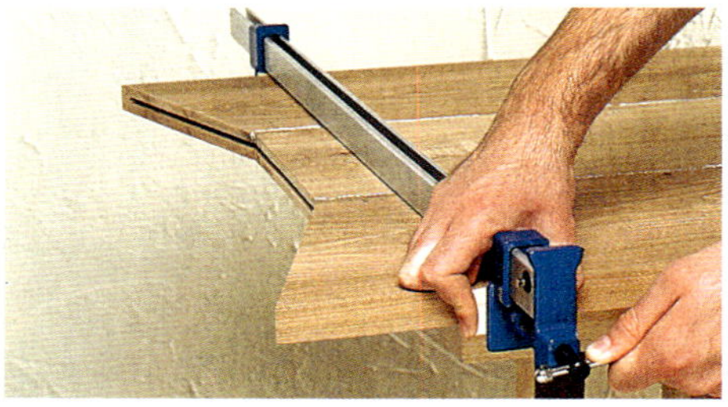

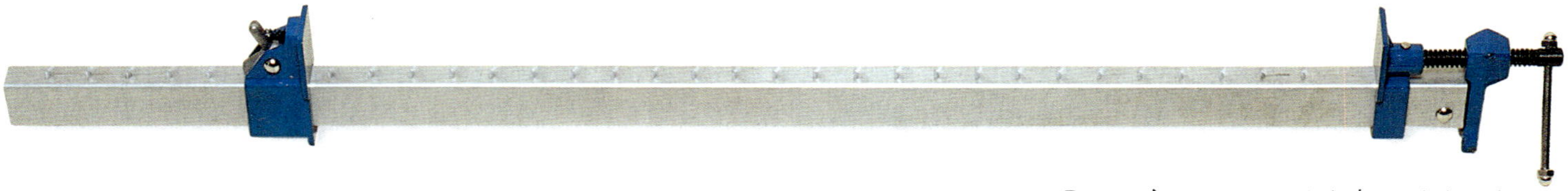

Presse à panneaux (*ci-dessus*) Aussi appelé « dormant », cet outil est avant tout conçu pour assembler des lames ou autres pièces à rainures et languettes servant à confectionner un panneau. D'où sa longueur, qui peut atteindre 1,20 m.

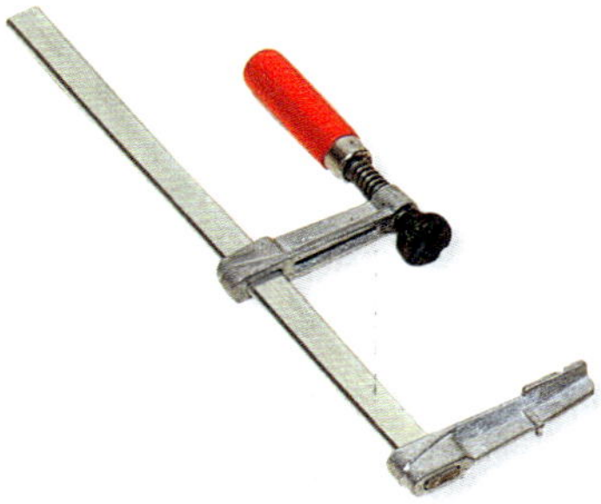

Serre-joints (*ci-dessus*)
Ces modèles à vis donnent toute satisfaction mais sont moins agréables à utiliser que leurs homologues à serrage et desserrage automatique.

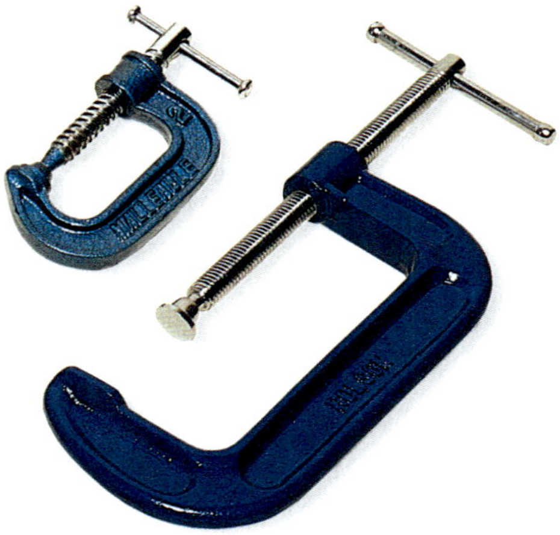

Presses à vis (*ci-dessus*)
Traditionnellement utilisés par les menuisiers et les ébénistes, ces outils tendent à céder la place (au moins chez les amateurs) aux serre-joints à serrage et desserrage automatique.

Presse à serrage rapide (*ci-dessus*)
Cet outil permet un serrage instantané mais peu puissant. Maniable d'une seule main, il est plutôt destiné aux mises en place temporaires.

Presse d'angle (*ci-dessus*) Cet outil est particulièrement pratique pour tous les assemblages de panneaux face contre chant. Évitez cependant les modèles bas de gamme, assez fragiles.

Presse à sangle (*ci-dessous*)
Aussi appelé « presse à cadre », cet accessoire est prévu pour maintenir un assemblage par son pourtour (un meuble, par exemple). Pour ce faire, il est fourni avec une sangle de plusieurs mètres et des coins en plastique.

Les caisses à outils

Sauf à pouvoir les disposer tous sur un panneau mural au-dessus de l'établi, les outils à main demandent à être entreposés à l'abri, donc dans une caisse conçue à cet effet, faite « maison » ou achetée dans le commerce. Dans un cas comme dans l'autre, ne voyez pas trop grand, car une fois remplie, la caisse risque de devenir intransportable, ce qui est contraire à sa vocation première ! Mieux vaut donc en prévoir deux de contenance moyenne, dont une comportant de petits compartiments pour les vis et autres petites fournitures. Les fabricants proposent de nombreux modèles en plastique. Assez solides et bien conçus, ils cumulent parfois plusieurs fonctions : tabouret ou mini-établi, par exemple. Mais là encore, évitez les produits bas de gamme, beaucoup trop fragiles.
La plupart des outils électroportatifs sont à présent vendus avec une mallette de transport. À défaut, un solide sac de toile peut faire l'affaire.

Caisse à outils métallique

Caisse à outils en plastique compartimentée

Les établis

Avant d'investir dans un luxueux établi de menuisier, achetez plutôt un bon établi pliant et deux solides tréteaux, qui vous permettront de mener à bien la plupart des travaux de menuiserie ; moins coûteux, ils offrent aussi l'avantage d'un encombrement minimal une fois repliés. Dans tous les cas, l'établi doit être parfaitement stable et disposer d'un système de serrage incorporé (presse ou autre).

Établi pliant

Établi de menuisier

LES MACHINES D'ATELIER

Lorsque le travail du bois devient un passe-temps « majoritaire », on est souvent amené à lui réserver une pièce de l'habitation... où l'on consacre beaucoup de temps à accomplir certaines opérations répétitives. Il est alors logique d'envisager l'achat de machines semi-professionnelles (combinée à bois) ou professionnelles (une par fonction), car elles permettent de réaliser l'essentiel des opérations de découpe et façonnage dans des conditions idéales. Des stages de formation permettent de tirer le maximum de ce matériel, dont le coût peut être réparti sur plusieurs années dans le cas de machines séparées.

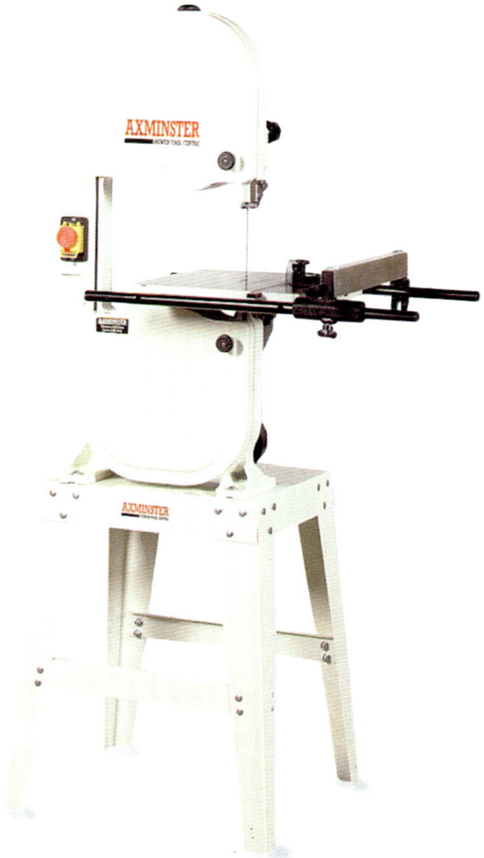

Scie circulaire sur table Placée au centre de l'atelier, elle permet de retailler n'importe quel plateau ou panneau dans le sens du fil, en travers ou même en diagonale, grâce à des guides mobiles qui garantissent la précision de la découpe. Le dépassement de la lame peut être réglé en fonction de l'épaisseur, tout comme son inclinaison.

Scie à ruban (*à droite*) Cette machine permet la découpe rapide de panneaux et plateaux, mais le résultat est plus grossier qu'avec une scie circulaire sur table. Elle offre cependant l'avantage d'être moins encombrante au sol et de permettre la découpe de pièces plus épaisses.

Raboteuse Comme le rabot électroportatif ou la dégauchisseuse, cette machine dispose d'un arbre rotatif sur lequel sont montés deux ou trois fers. Cependant, à la différence de la dégauchisseuse, l'arbre de la raboteuse tourne au-dessus de la pièce qui monte au contact des fers.

Scie radiale (*à droite*) Montée sur une potence, une scie circulaire pivote sur 180° et peut découper une pièce dans n'importe quel sens. La pièce est quant à elle posée à plat sur le bâti de la scie et guidée latéralement.

Mortaiseuse (*ci-dessus*) Très spécialisée, cette machine fait gagner un temps considérable. Sa mèche, unique en son genre, est formée d'un ciseau carré et creux (bédane) dans lequel tourne une mèche à bois. Cette dernière creuse le bois tandis que le bédane donne sa forme carrée au perçage.

Raboteuse-dégauchisseuse (*à droite*)
Cette machine dispose d'un porte-fer unique qui permet aussi bien de dresser les chants d'une pièce que de réduire son épaisseur par rabotage. Le dressage des chants s'effectue en passant la pièce sur la table de dégauchissage (située au-dessus du porte-fer) et en la maintenant au contact du guide latéral. En revanche, le rabotage s'effectue en passant la pièce sous le porte-fer après avoir réglé la hauteur de la table de rabotage.

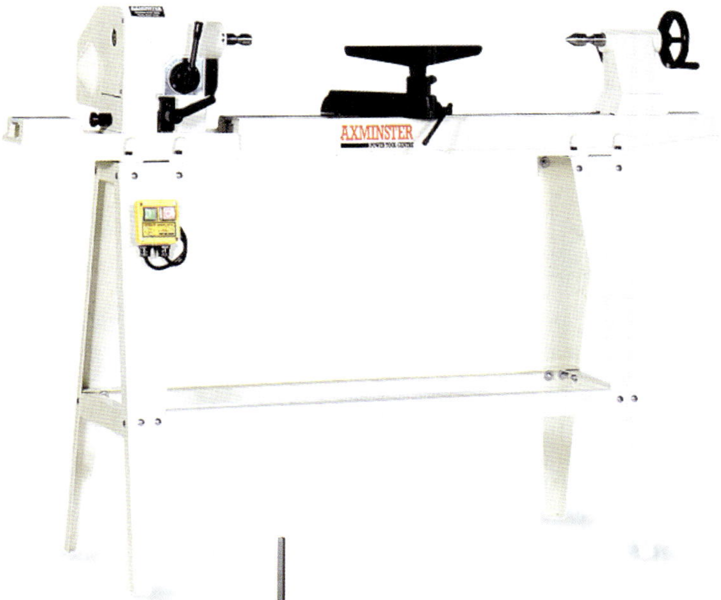

Tour à bois (*à gauche*)
Contrairement aux autres machines d'atelier, le tour à bois n'a quasiment pas d'équivalent « léger », si ce n'est sous forme d'accessoire pour une perceuse électroportative. Cependant, les dimensions (entre pointes) et la puissance d'un vrai tour restent incomparables.

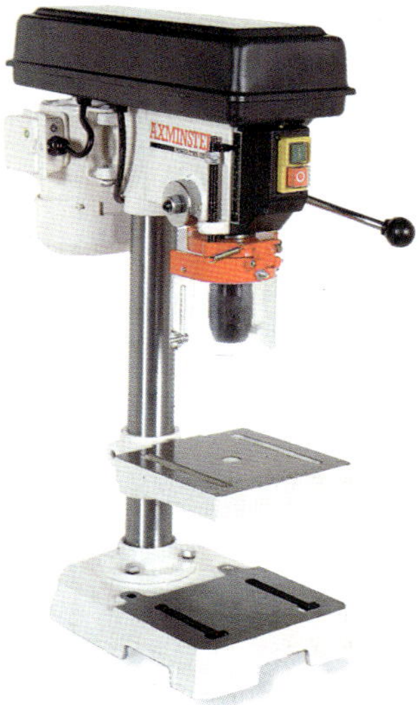

Toupie (*à gauche*) Aussi appelée « toupilleuse », cette machine est une puissante défonceuse qui a remplacé les rabots à moulurer. Son porte-fer tourne verticalement à grande vitesse et sa tête (toupie) apparaît dans la découpe (lumière) de la table. Le fer creuse rainure, feuillure, moulure ou autre sur le chant de la pièce que l'on fait coulisser à plat, le long du guide latéral.

Perceuse à colonne (*ci-dessus*) Entraîné par un puissant moteur à vitesses mécaniques, le mandrin descend vers la pièce à percer, maintenue sur la table réglable en hauteur et inclinable. La précision et la perpendicularité du perçage (traversant ou borgne) sont donc garanties.

3

Pour bien débuter...

Rares sont ceux qui décident du jour au lendemain de devenir des menuisiers accomplis : cet objectif est en effet plutôt atteint sans être vraiment recherché, à travers une pratique d'abord occasionnelle, mais qui devient de plus en plus gratifiante à mesure qu'elle est plus régulière.

Il est classique de débuter par des réalisations qui satisfont un besoin concret ou, tout simplement, que l'on trouve à son goût. Il faut pour ce faire choisir des projets comportant plan et instructions détaillées afin d'être guidé pas à pas du début à la fin. En se familiarisant avec des bois d'essences diverses, des techniques et des outils de plus en plus variés, on est amené peu à peu à introduire des variantes plus personnelles, et finalement à concevoir ses propres projets.

À ce stade, vous aurez suffisamment intégré les règles et principes de base pour vous en libérer et exprimer ainsi toute votre créativité... Ce sont justement ces connaissances de base qui sont exposées dans ce chapitre.

CONCEVOIR SON ATELIER

Un débutant commence en général à travailler sur un établi pliant installé dans le jardin ou au garage. Mais il se heurte assez rapidement aux problèmes que pose l'absence d'un véritable atelier. Quelle que soit sa surface, ce dernier doit être conçu rationnellement si l'on veut travailler efficacement et en toute sécurité.

L'établi

L'établi est l'élément principal sans lequel rien n'est possible. Il doit être suffisamment stable et solide pour résister aux opérations courantes, avec un plateau épais et lui aussi parfaitement plan. Faute de quoi, son défaut de planéité se répercutera à coup sûr dans la réalisation elle-même !

Un établi de bonne qualité coûte assez cher, mais il s'agit d'un investissement à long terme. Si votre budget est modeste, vous pouvez toujours envisager un achat d'occasion *via* les petites annonces des revues spécialisées. Neuf ou d'occasion, l'établi doit impérativement comporter une presse intégrée, située de préférence sur la gauche si vous êtes droitier.

Son plateau doit être en bois dur et muni de logements afin d'accueillir les griffes et valets indispensables pour maintenir solidement une pièce à raboter ou un meuble. Un tiroir à l'avant du plateau et un compartiment aménagé à l'arrière s'avèrent aussi très utiles pour recevoir quelques outils, qui restent ainsi à portée de main sans gêner le travail. Des pieds solides, reliés par des renforts inférieurs surmontés d'un plateau, sont également essentiels pour donner au bâti une plus grande rigidité. Elle est fortement sollicitée lors des frappes ; c'est pourquoi l'objet ou la pièce doit alors être positionné au-dessus d'un pied.

Établi

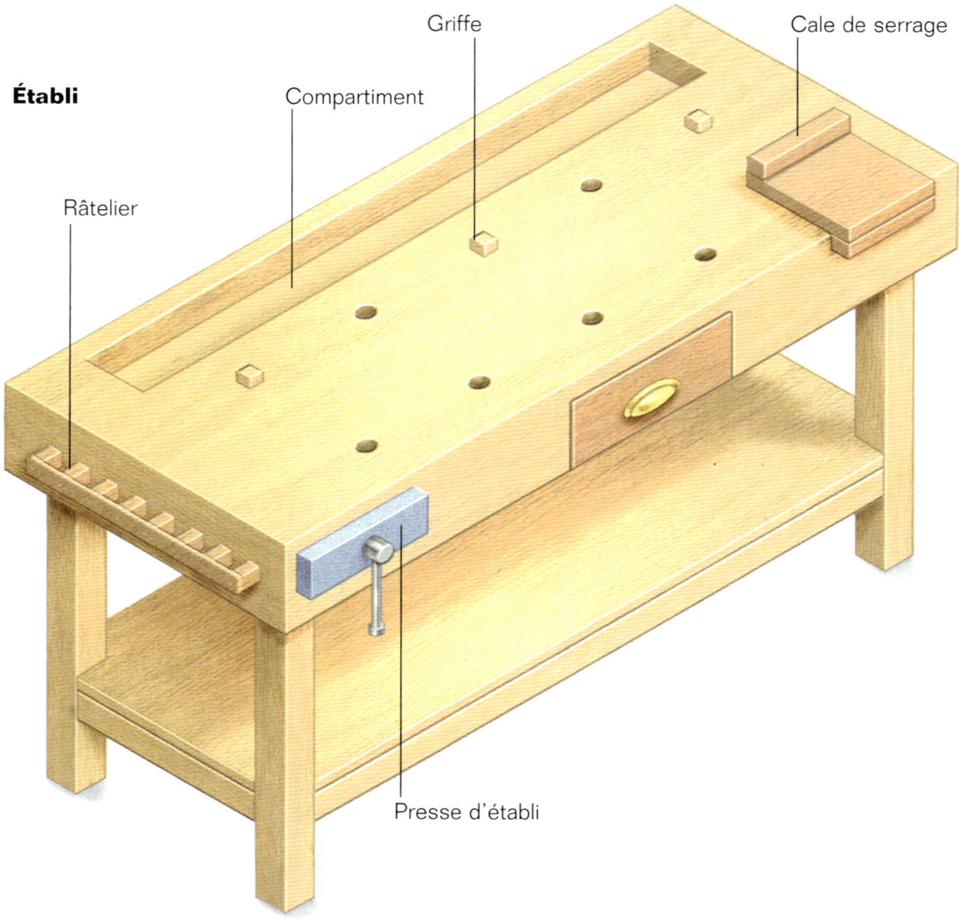

Cale de serrage

Les accessoires d'établi

Parmi eux, le plus important est la presse intégrée au plateau. Cette presse est très différente d'un étau, que l'on peut toujours acheter et fixer après coup. Contrairement à ce dernier, elle est en effet conçue pour maintenir de grandes pièces minces (panneau, par exemple) sur chant, pour les raboter sur leur longueur.

Certains établis comportent une seconde presse dite « parisienne » qui autorise des serrages très puissants. Pour ce faire, son mors coulisse à une extrémité du plateau, lequel est par ailleurs doté de plusieurs logements destinés à accueillir des griffes. Ces dernières permettent de disjoindre un assemblage en douceur en desserrant la presse.

Réalisées en bois dur ou en acier, les griffes sont des accessoires indispensables. De profil carré, elles maintiennent des pièces de formes variées en les comprimant latéralement. Le valet, quant à lui, agit dans l'autre sens, c'est-à-dire en plaquant la pièce contre le plateau.

Conseil pratique

La hauteur de travail est un aspect essentiel au confort de l'utilisateur et à la précision de certaines opérations. Trop bas, un établi se révèle vite fatigant. Trop haut, il empêche d'exécuter certaines tâches…

La conception d'ensemble
Si vous avez la chance de disposer d'un grand espace, rien ne s'oppose à l'aménagement d'un véritable atelier. Vous devrez alors faire en sorte que le bois suive un parcours le plus rationnel possible, un peu à la manière d'une petite chaîne d'assemblage. Il faut ainsi prévoir un grand plan de travail le long d'un des murs. Dans sa continuité se trouvera l'établi, surmonté de rangements pour les outils.

Prévoyez plusieurs prises murales afin de pouvoir alimenter l'outillage fixe et électroportatif. Réservez un espace aux travaux de finition, si possible protégé derrière un écran afin de limiter la dispersion de la poussière. De ce point de vue, un système d'extraction des poussières et copeaux peut aussi être envisagé ultérieurement.

Si la surface de la pièce permet de s'équiper d'une scie circulaire sur table ou d'autres machines d'atelier, il faudra leur réserver un large espace central afin de pouvoir manipuler des panneaux de grandes dimensions. Un plateau prévu à la hauteur adéquate, et dans le prolongement de la scie, accueillera le panneau à mesure de sa découpe ; il pourra aussi recevoir les pièces qui sortiront de la raboteuse-dégauchisseuse située, elle, à l'autre extrémité, ou servir aux assemblages de grandes dimensions.

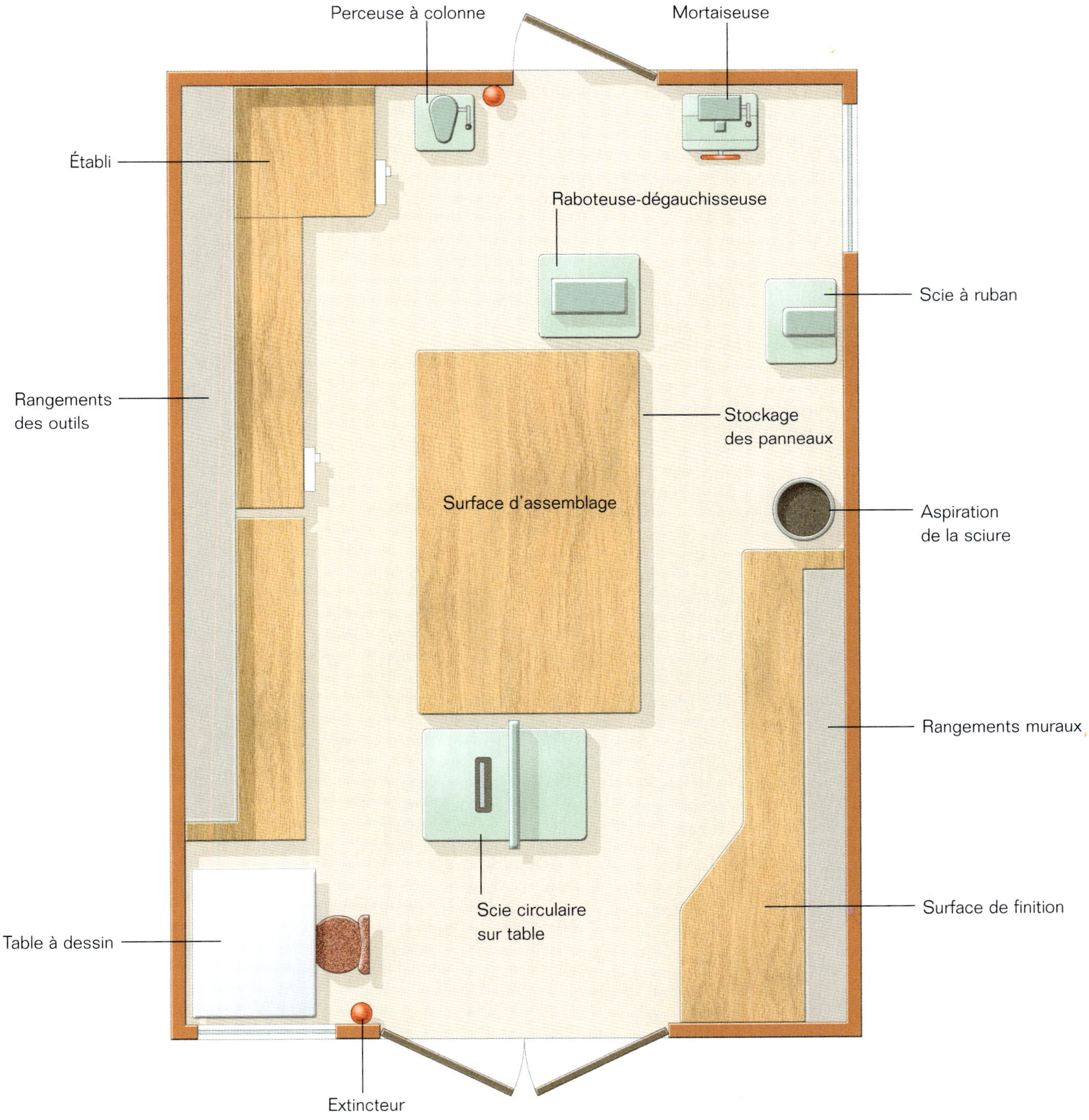

TRAVAILLER EN TOUTE SÉCURITÉ

Le travail du bois reposant en grande partie sur la découpe de pièces, les risques sont toujours présents mais ils peuvent être contrôlés. La sécurité doit par ailleurs rester un souci constant, quelle que soit la tâche entreprise. Cette préoccupation commence avec la conception de l'atelier, dont la disposition doit être étudiée afin de réduire les risques au minimum et, autant que possible, de les écarter à la source… Il est ainsi préférable de prévoir un système qui recueille sciure et copeaux plutôt que de s'astreindre à porter un masque antipoussières.

En pratique…

Travailler en toute sécurité est d'abord une question de bon sens et de vigilance. La plupart des accidents surviennent en effet par manque de concentration. Pour éviter cela, il faut s'efforcer de travailler logiquement et surtout, sans précipitation. Celle-ci se manifeste en général vers la fin d'une opération. On risque alors autant d'abîmer la pièce que l'outil, sans parler des blessures éventuelles !

Les causes de distraction sont multiples : sonnerie de téléphone, arrivée d'un visiteur… En pareil cas, il faut finir la tâche en cours et arrêter la machine avant de répondre. Si, pour des raisons de sécurité évidentes, il n'est pas conseillé de s'enfermer dans son atelier, en revanche, il faut impérativement fermer celui-ci à clé lorsqu'on ne s'y trouve pas.

Votre sécurité

- Gardez une trousse de secours à portée de main.
- Évitez les vêtements trop amples et les bijoux, en particulier les chaînes et bagues.
- Si les chaussures de sécurité ne sont pas véritablement indispensables, prévoyez en revanche une robuste paire de gants pour manipuler les bois bruts de sciage. Avant de saisir une pièce, inspectez-la à la recherche d'échardes et de clous.
- Évitez autant que possible d'usiner de grandes pièces lorsque vous êtes seul.

La sécurité de l'atelier

Suivez ces règles simples pour réduire les risques d'accident :

Évacuez régulièrement sciure et copeaux Aussi évidente soit-elle, cette opération est fréquemment remise à plus tard, alors qu'elle doit être accomplie à l'issue de chaque opération ou suite d'opérations. Stockez ou jetez les petites chutes qui ont tendance à s'accumuler près d'un établi et à faire trébucher. Sauf règlement contraire, sciure et copeaux peuvent être jetés avec les ordures ménagères.

Stockez les peintures, solvants et autres produits chimiques en sécurité Entreposez-les dans un local fermé et correctement ventilé, hors de portée des enfants et des animaux. Même remarque pour les résidus de ces produits, qui doivent être recueillis dans des récipients fermés, à déposer ensuite dans une déchetterie. Cela concerne également les chiffons imbibés de solvants, que vous stockerez d'abord à l'air afin de permettre l'évaporation des produits.

Ne sous-estimez jamais les risques d'incendie Évitez, par exemple, la présence d'une flamme nue et faites de votre atelier un espace non-fumeur ! Équipez-le d'au moins un extincteur à poudre (de 2 ou 5 kg) que vous placerez près de l'entrée. Envisagez également la pose d'un détecteur de fumées. Rappelez-vous que le feu peut couver longtemps dans un tas de sciure… Une bonne raison pour ne pas laisser celle-ci s'accumuler !

Extincteur

Veillez à la sécurité électrique Pour commencer, l'installation doit être aux normes actuelles (conducteurs encastrés ou sous tube, prises étanches avec mise à la terre…) et compatible avec la puissance requise par les machines utilisées. Asservissez la ligne alimentant l'atelier à un coupe-circuit ou, mieux, à un disjoncteur différentiel, intégré à un petit tableau placé près de la porte. Ainsi, vous prendrez d'autant plus facilement l'habitude de le déclencher en quittant les lieux.

Limitez les rallonges qui traînent sur le sol, en privilégiant les prises murales. Inspectez régulièrement tous les câbles d'alimentation des outils et machines afin de remplacer sans tarder ceux qui sont endommagés. Enfin, multipliez les sources lumineuses (tubes fluorescents et lampes à incandescence).

Le matériel de protection

Même si un atelier privé n'est pas soumis à la législation du travail, il n'est pas inutile de s'en inspirer pour choisir et employer le matériel de protection individuel approprié à chaque situation.

Trousse de secours Prévoyez un modèle contenant des pansements de toutes les tailles, des compresses ainsi qu'un antiseptique en aérosol. Remplacez les produits à mesure qu'ils sont utilisés.

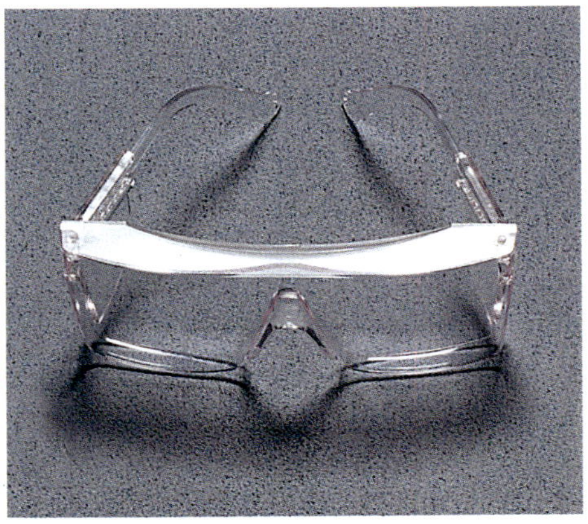

Lunettes de protection Portez ce type de lunettes chaque fois que vous utilisez un outil électroportatif, en particulier lors de la découpe des panneaux d'aggloméré à la scie circulaire. Vous pouvez également opter pour un écran facial.

Protection auditive Certaines machines produisent des nuisances sonores difficilement supportables (rabot électrique et scie circulaire, notamment). Même si vous ne les utilisez qu'occasionnellement, n'hésitez pas à adopter les protections appropriées : bouchons d'oreilles ou casque antibruit.

Masques antipoussières Parmi les divers types de masques, les moins chers sont aussi les plus rudimentaires : ils sont fabriqués en cellulose et n'apportent qu'une protection minimale. Quoi qu'il en soit, ils sont aussi à usage unique.

Les masques les plus efficaces sont quant à eux en caoutchouc, afin de mieux épouser la forme du visage. La filtration de l'air est assurée par une ou deux cartouches filtrantes jetables. Leur nature varie suivant les substances à filtrer : vapeurs de peintures, poussières... Attention toutefois, car ce type de masque n'est compatible qu'avec certains modèles de lunettes de protection et rarement avec les écrans faciaux. Par ailleurs, pour qu'il conserve toute son efficacité, il est essentiel d'entreposer le masque à l'abri de la poussière après utilisation et de remplacer souvent les cartouches.

Gants et chaussures de sécurité Il est toujours préférable d'enfiler des gants épais avant de manipuler des pièces de section importante ou des panneaux bruts de sciage et de forte épaisseur. Quant aux chaussures de sécurité, les avis sont plus partagés : portez-les si vous en avez, mais n'en achetez pas uniquement pour travailler le bois.

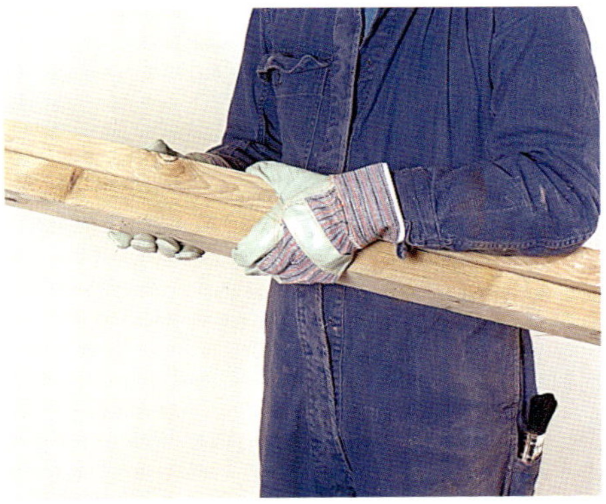

Choisissez des gants robustes, résistant à l'abrasion.

L'extracteur de poussières

Outre une puissante centrale d'aspiration, cette installation comprend un réseau de conduites aboutissant à chacune des machines (fixes) qui produisent sciure et copeaux. Rare chez un particulier, cet équipement est souvent remplacé par un bon aspirateur eau et poussières.

DESSINS ET PLANS

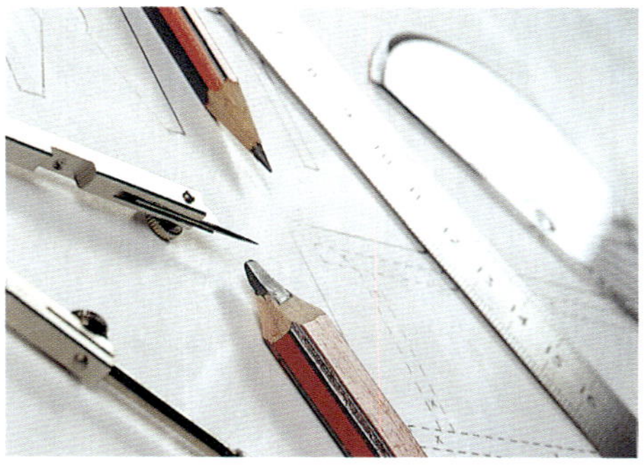

La conception d'un projet débute presque toujours sur le papier. Un plan permet en effet d'aborder chaque phase de la réalisation à l'avance, donc d'éliminer une bonne partie des inconnues et problèmes qui peuvent survenir : nature, section et quantité des matériaux, types d'assemblages… Le moment venu, on passe ainsi beaucoup moins de temps à trouver la meilleure solution. Pour dessiner un plan, aucune aptitude particulière n'est requise. Comme toujours, il faut simplement procéder avec méthode, sans pour autant compliquer les choses : un petit croquis sur un brouillon peut suffire à préciser une idée ou à faire apparaître une incohérence.

Les vues

Un plan comporte habituellement plusieurs vues en deux dimensions de l'objet à réaliser : de face, de profil et « en plan », c'est-à-dire vu de dessus. Une vue en coupe représente l'objet totalement ou en partie « tronçonné » : dans sa longueur (coupe longitudinale) ou dans sa largeur (coupe transversale), afin de faire apparaître des détails invisibles autrement. Inutile pour autant de chercher à produire une œuvre d'art : limitez-vous à l'essentiel et n'oubliez pas d'indiquer l'échelle, autant pour avoir un meilleur aperçu de l'ensemble que pour éviter des erreurs ultérieures.

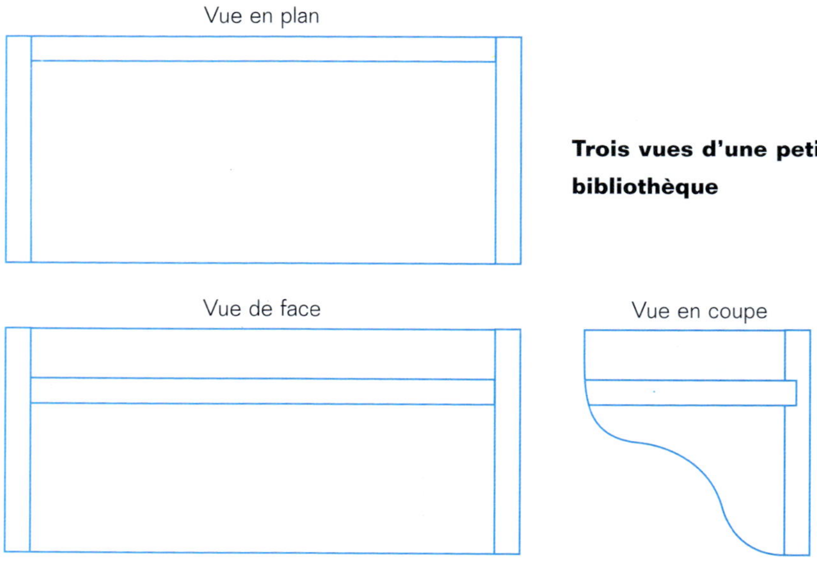

Trois vues d'une petite bibliothèque

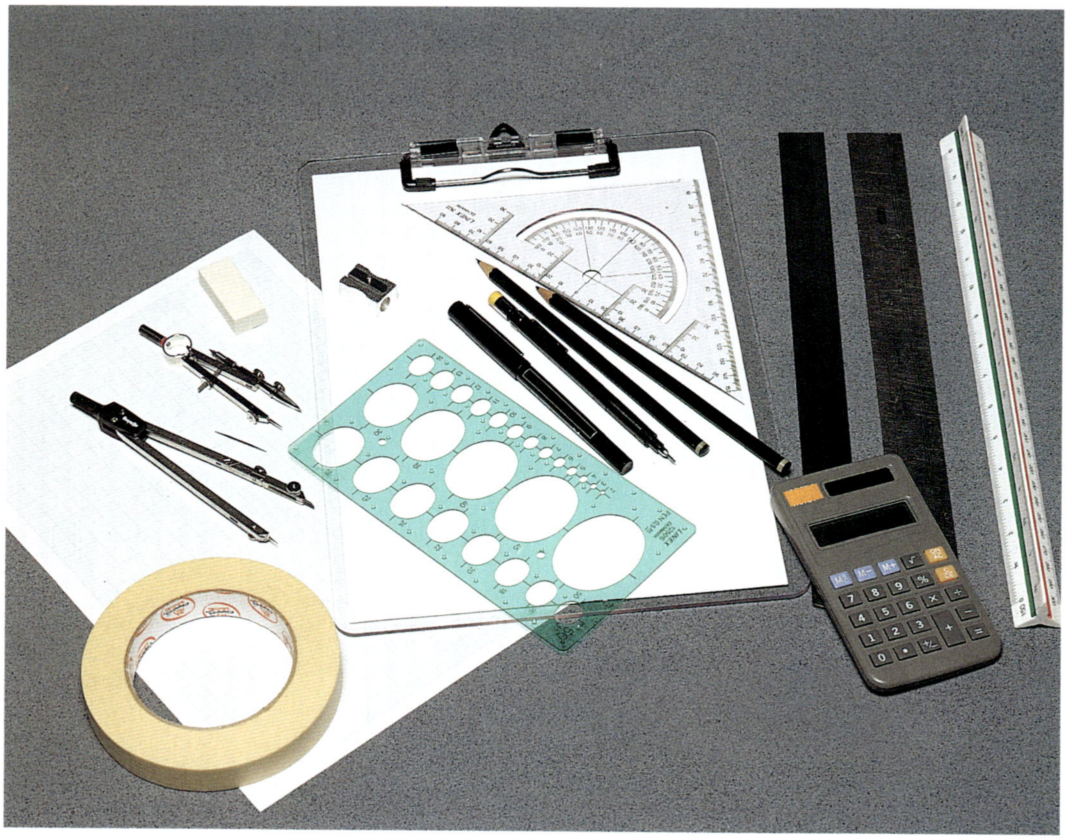

Ci-contre Dessiner des plans exige un minimum de matériel dont voici une liste non exhaustive : un bloc de papier millimétré au format A4 (pour les plans et les petits gabarits), du papier blanc et des feuilles de papier-calque, un support ou une planche à dessin, de l'adhésif, un compas ordinaire et un autre à pointes sèches (pour calculer ou reporter des mesures), des crayons à dessin (ou un portemine Ø 0,5 mm), une gomme, une équerre à dessin, de préférence graduée, un rapporteur, un trace-cercles, une règle plate, une calculatrice…

Dessiner à l'échelle
Sur le papier, rien ne vaut un dessin à l'échelle pour raisonner juste, mais un même plan peut très bien comporter plusieurs échelles, suivant la taille et l'importance des éléments à représenter. Pour ce faire, il existe des règles graduées comportant plusieurs échelles afin de convertir automatiquement les mesures. Cependant, il est parfaitement possible de s'en passer en choisissant un rapport de réduction simple (1/2 ou 1/10, par exemple). Le papier millimétré simplifie lui aussi la tâche du dessinateur. Dans le même esprit, on peut également tracer un quadrillage en le dimensionnant librement.

Fiches de débit et plans de coupe
D'un plan réalisé à l'échelle, il n'est pas difficile de tirer une fiche de débit, c'est-à-dire la liste comprenant toutes les pièces, avec leur nombre, leurs cotes et un numéro d'ordre. Cette fiche permettra de ne rien oublier et d'évaluer le coût du projet en fonction de l'essence choisie. Si le veinage du bois reste apparent, il faut s'assurer au moment de l'achat que tous les éléments proviennent du même lot, afin d'éviter les discordances. Après usinage, numérotez chaque pièce en fonction de la fiche de débit. Si vous apportez des modifications en cours de fabrication, indiquez-les sur une feuille jointe à la fiche de débit et conservez le tout afin d'être en mesure de reproduire la réalisation à l'identique.

Un plan de coupe sert à tirer le maximum d'un panneau de dimensions données. Pour être le plus efficace et donc réduire les chutes au minimum, il exige de jouer avec la géométrie des pièces en envisageant plusieurs possibilités (mais en respectant toujours le sens du fil par rapport à la forme de chaque pièce). Toutes les pièces de même largeur peuvent être découpées en série, leurs longueurs étant ensuite ajustées au fur et à mesure.

Agrandir
Face à des formes courbes relativement complexes, il est pratique d'agrandir un détail du dessin afin, par exemple, de réaliser un gabarit. Pour ce faire, il suffit de tracer un quadrillage directement sur la zone à agrandir (ou sur une feuille de papier-calque en repassant sur la forme). Ce quadrillage est ensuite agrandi à l'échelle désirée afin d'y reproduire la forme en question (voir schémas ci-contre). Plus celle-ci est complexe, plus le quadrillage initial doit être serré afin d'inclure le maximum de détails.

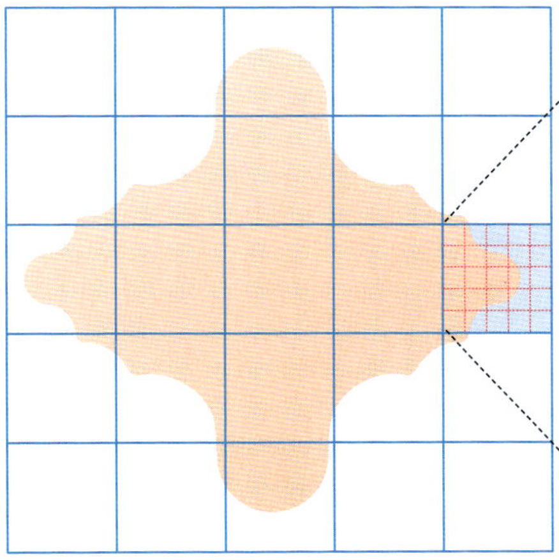

Quadrillage du croquis d'origine

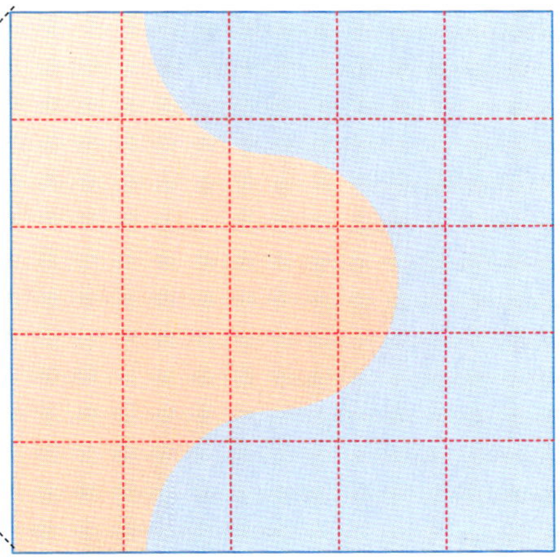

Agrandissement d'un détail

Dessin isométrique
Un dessin isométrique n'est pas réellement une vue en perspective, même s'il est réalisé en trois dimensions. Chacune d'elles est en effet de même importance, car elles découlent de trois axes de même origine (le centre d'un cercle partagé en trois), orientés à 120° les uns par rapport aux autres. Ce type de dessin est très utile, dans le cas d'un assemblage, pour reporter une mesure dans les trois directions.

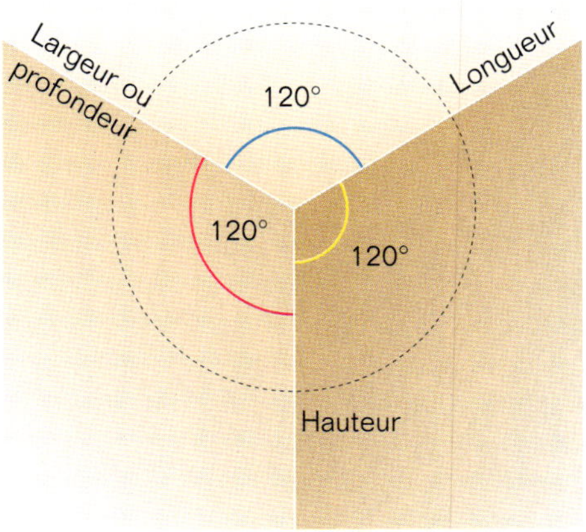

Axes isométriques

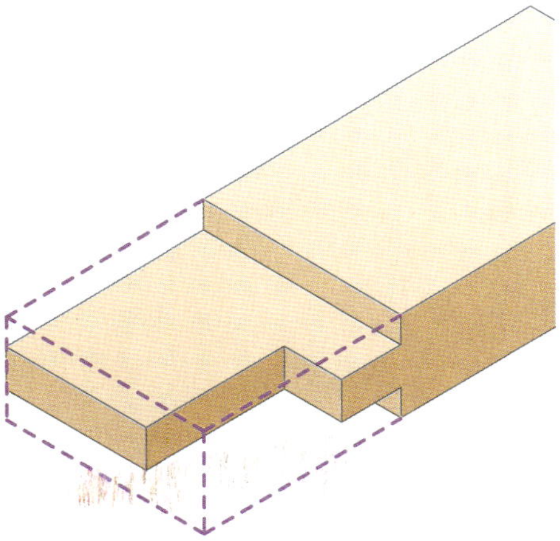

Croquis isométrique

CONCEVOIR DES MEUBLES

Le bois est si riche en potentialités qu'il est bien difficile de se limiter à quelques conseils permettant d'aborder le travail de conception dans les meilleures conditions. Chaque pièce est en effet si particulière que pour les menuisiers, la meilleure façon de la travailler est de la laisser « s'exprimer », afin d'en exploiter toutes les qualités.

Le sens du fil

Le plaisir de travailler le bois réside précisément dans le fait de travailler « avec » le matériau et non pas « contre » lui, ce qui implique de tenir compte de son origine organique et ce, dès la conception. Concrètement, l'inspiration vient avant tout de la pièce de bois, laquelle peut aussi infléchir la réflexion en cours de route... Cependant, comme il ne s'agit pas de réaliser des sculptures de formes libres, mais des objets aux proportions équilibrées, le choix des pièces brutes prend évidemment une importance capitale. C'est la raison pour laquelle certaines essences ont fini par être associées à tel ou tel type ou style de meuble. En travaillant à la main, vous découvrirez qu'une pièce se comporte plus ou moins bien suivant le sens dans lequel elle est coupée ou façonnée. Aussi, par respect pour cette « particularité », ne faut-il jamais hésiter à transformer un projet en cours d'exécution.

À droite Le plateau de cette table en érable est plaqué et ses pieds sont démontables. (Design : Christopher Rose)

Ci-dessous Dans cet élégant bureau, le buis massif vient compléter des éléments en poirier galbé. (Design : Nicholas Pryke)

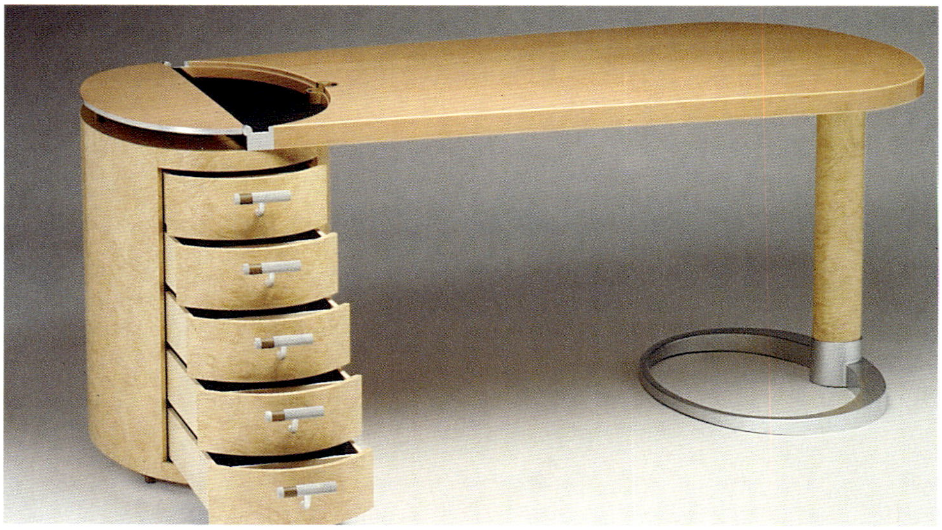

Les essences et leurs applications

Par son aptitude au cintrage, le *hêtre* a toujours été utilisé pour fabriquer des bâtis de sièges. Résistant au fendage, le grain noueux de l'*orme* convient aux assises de sièges et aux plateaux de tables. Le *frêne*, flexible et élastique, a beaucoup servi pour les voitures à chevaux. La forte densité de l'*érable* lui permet de bien se comporter face aux sollicitations sévères (planches à découper, par exemple). Le *chêne* est très résistant à l'eau mais il se laisse former à la vapeur et a donc été très employé en construction navale.

Ci-dessus Ce secrétaire contemporain fait appel à un mélange contrasté de bois massif et de placage. (Design : Tony McMullen)

Ci-dessus Ces chaises empilables tirent parti du contraste offert par l'érable et le merisier. (Design : vk&c)

L'ergonomie appliquée

Quel que soit son style, aucun meuble ne peut ignorer certains principes élémentaires en matière d'ergonomie. Ainsi, même si elle étonne par ses lignes générales, une chaise digne de ce nom doit d'abord être confortable. Dans le même ordre d'idée, un bureau trop bas incitera son utilisateur à adopter une position qui finira par devenir pénible...

Ces deux exemples illustrent la nécessité de prendre en compte les règles de base et dimensions couramment adoptées depuis des décennies par les concepteurs et autres architectes d'intérieur. Ce faisant, il n'est nullement interdit de faire preuve d'originalité pour peu que formes et fonctions se combinent harmonieusement.

Un tel résultat a d'autant plus de chances d'être atteint lorsque les potentialités du bois s'expriment à leur avantage. Ce qui, compte tenu de la richesse d'un tel matériau, laisse entrevoir des possibilités illimitées : on peut en effet tirer parti de tout, jusqu'aux défauts eux-mêmes !

Obtenir des effets

Dans cette perspective, le choix de la finition prend toute son importance. Si un aspect brillant produit des jeux de reflets et ajoute de la profondeur, il peut aussi paraître un peu froid et même aujourd'hui, franchement daté... En revanche une finition cirée est plus chaleureuse et intemporelle. Qui plus est, elle embellit avec l'âge, car elle se transforme en patine ! Bien que la tonalité d'une essence soit souvent recherchée pour elle-même, il ne faut pas pour autant négliger les effets, assez étonnants pour certains, que permettent les finitions teintées. Des effets de contraste intéressants peuvent par ailleurs être obtenus en associant des essences claires et sombres. Un bois clair aura ainsi tendance à agrandir le volume intérieur d'un meuble tandis que des pieds sombres (sous un plateau clair) créeront un effet de masse.

Dimensions courantes

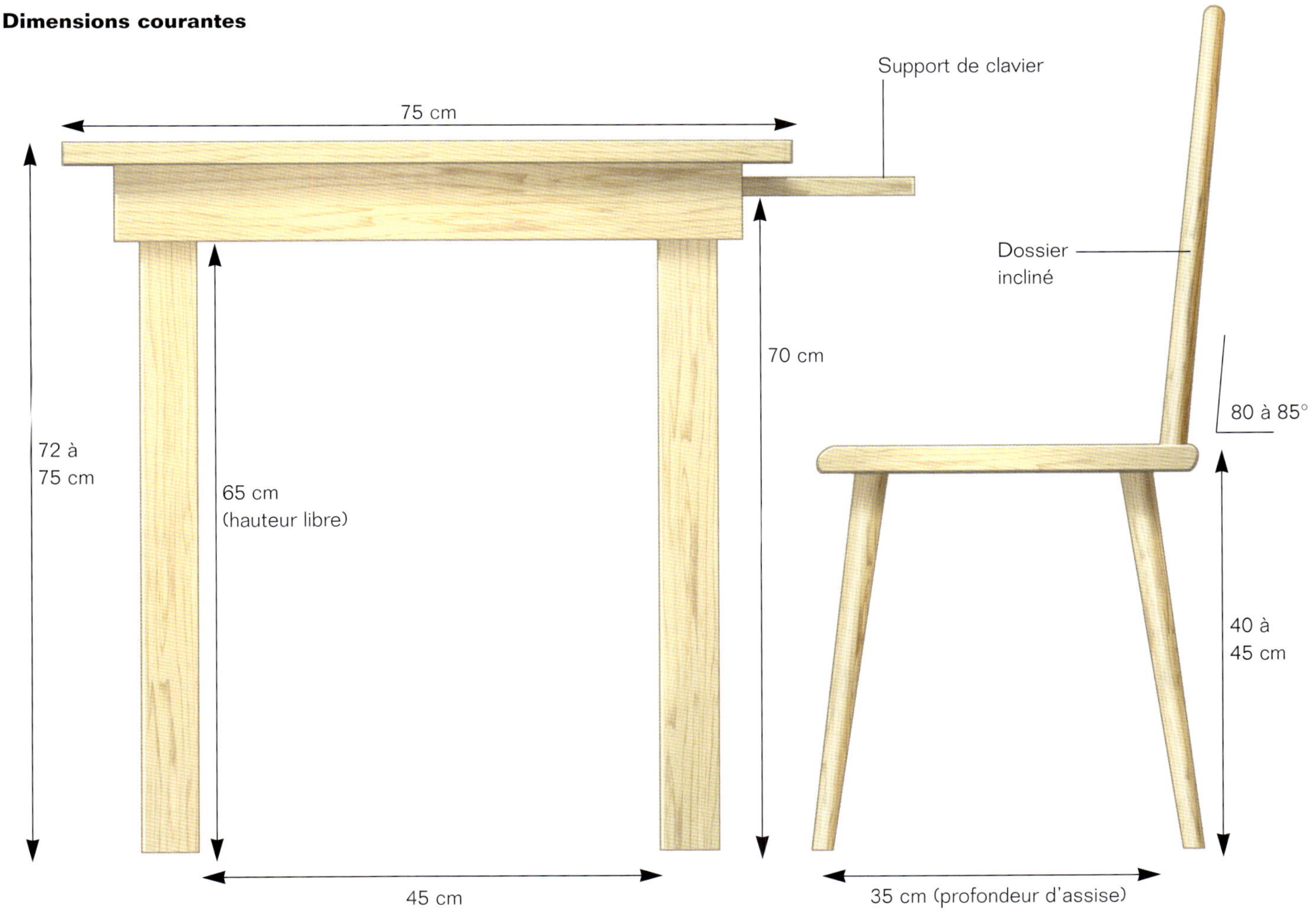

PRINCIPES DE FABRICATION

Même si l'on fait preuve de créativité, il n'est pas inutile de garder à l'esprit certains principes éprouvés. L'objet à réaliser n'en sera que plus sûr à utiliser et plus durable. Certains de ces principes relèvent du simple bon sens, d'autres découlent d'une longue expérience. Quoi qu'il en soit, il faut d'abord les connaître pour, ensuite, s'en écarter éventuellement.

Renforcer une tablette

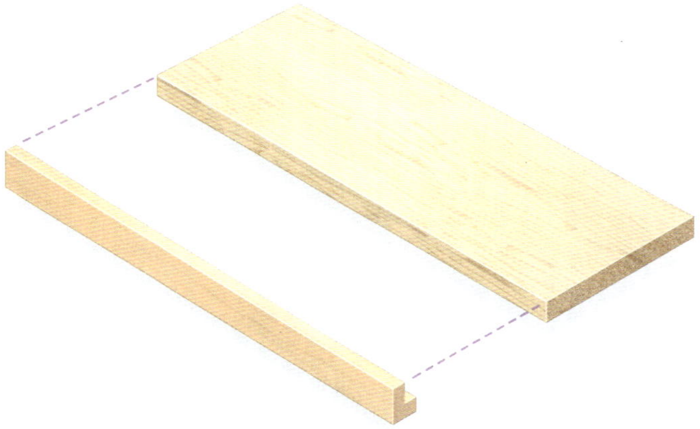

Tablettes et consoles finissent souvent par fléchir sous le poids de ce qu'elles supportent… On peut remédier au problème en collant et clouant une moulure en « L » le long du chant avant ou arrière.

La quincaillerie d'arrêt

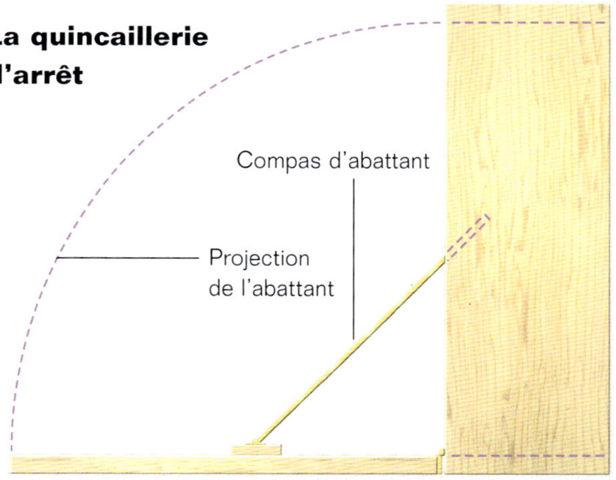

Choisissez les éléments de quincaillerie adéquats afin de limiter le débattement des parties mobiles. Un compas d'abattant est, par exemple, conçu pour retenir ce dernier en ouverture, sans gêner sa fermeture.

Renforcer un assemblage

En lui-même, l'assemblage perpendiculaire de deux panneaux ne dispose pas d'une grande rigidité. Pour améliorer celle-ci, il suffit d'ajouter un « raidisseur », c'est-à-dire un tasseau même assez mince fixé entre les panneaux.

Les renforts d'angles

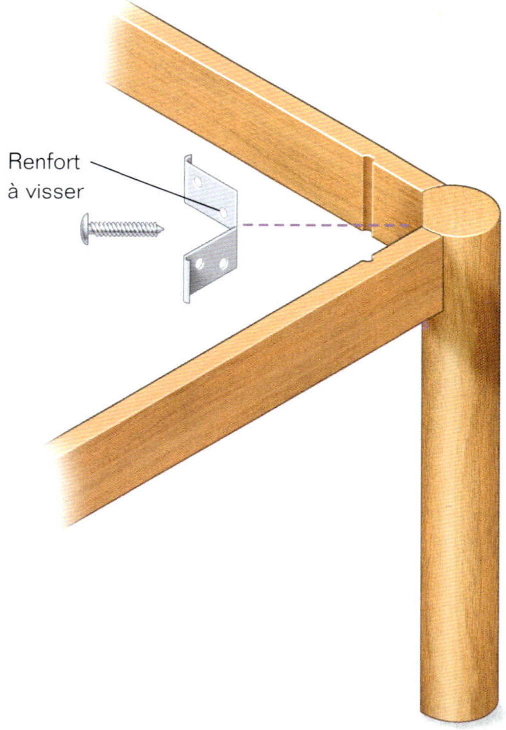

Ces renforts métalliques existent en plusieurs modèles, dont les fameuses équerres de chaise, si pratiques pour les assemblages perpendiculaires. Certains, glissés dans des entailles transversales, permettent aussi de démonter les pieds du siège.

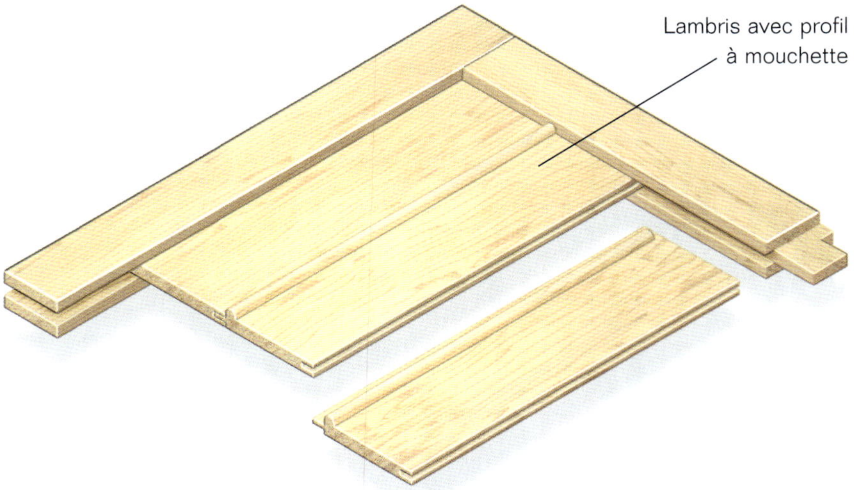

Le « travail » du bois

Même convenablement séché, un bois a toujours tendance à se déformer sous l'effet de l'humidité ou de la sécheresse de l'air ambiant. Les colles modernes, bien que plus performantes, n'empêchent nullement ce phénomène naturel, et les finitions qui créent un film imperméable finissent en général par cloquer ou se craqueler (elles sont donc à éviter sur le bois). C'est pourquoi les méthodes d'assemblage traditionnelles se sont toujours efforcées de prendre en compte ces mouvements. L'un des exemples les plus parlants est apporté par les assemblages en panneaux : la partie centrale (table) est « embrevée » dans la rainure d'un cadre périphérique, ce qui offre une certaine liberté à chacun des éléments. Même chose à propos du lambris, dont le profil à mouchette est justement là pour attirer l'œil et créer une ombre qui masque l'interstice pouvant apparaître entre les lames.

Le collage par les chants

Lorsqu'on assemble plusieurs lames par leurs chants, il est essentiel d'inverser le fil d'une lame sur deux, pour contrarier la tendance naturelle au cintrage d'un tel ensemble. À cet égard, les planches provenant d'un débit sur quartier sont beaucoup plus stables que celles qui sont issues d'un débit en plots.

Fixer un plateau de table

Plateaux de tables et dessus de meubles peuvent être assujettis à leurs bâtis, soit avec des éléments de quincaillerie qui ressemblent à des équerres de chaise (en plus large), soit en fabriquant de petites pièces en bois. Vissés sous le dessus, ces éléments s'engagent par ailleurs dans une rainure pratiquée sur l'envers du bâti.

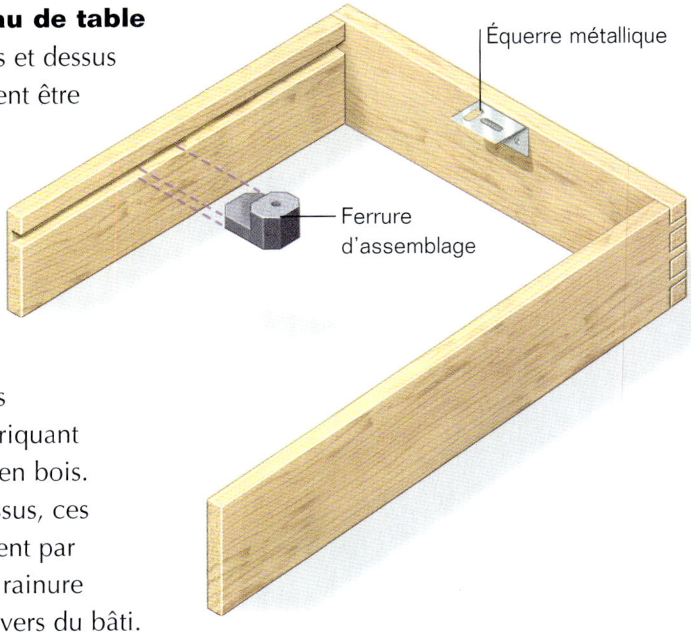

La finition

Le choix de la finition impose d'observer quelques règles de sécurité. Évitez, par exemple, d'appliquer sur des jouets ou des meubles pour enfants des peintures et vernis contenant des solvants pétroliers. Les produits acryliques d'aujourd'hui sont performants et inoffensifs. Suivant la nature de l'huile, ce type de finition peut être compatible avec un contact alimentaire et bien supporter la chaleur. Ce n'est pas le cas d'un vernis au tampon, trop fragile pour une table de salle à manger et susceptible de se ramollir au contact d'un alcool.

4

LA QUINCAILLERIE

Qu'il s'agisse d'assembler, d'articuler ou de fixer, la quincaillerie est quasiment indissociable du travail du bois. Un menuisier, même amateur, se doit donc de connaître ses principales familles de produits afin de choisir, parmi eux, le plus adapté au cas de figure rencontré. Chacun possède en effet ses spécificités, à commencer par les vis et les clous qui, outre leur fonction mécanique, peuvent aussi présenter une valeur décorative. Il en va de même pour quantité d'autres éléments de quincaillerie qui, lorsqu'ils sont choisis avec soin, peuvent faire toute la différence.

VIS, CLOUS ET POINTES

Leur diversité est telle qu'on est assuré de toujours trouver ceux qui conviennent exactement à l'application souhaitée. Naturellement, avec les années, vous finirez par disposer d'une vraie collection qu'il est toujours payant de maintenir en ordre, dans un casier spécial (cloutier) ou dans de petits bocaux dont le contenu sera identifié par son diamètre et sa longueur (3 x 15, par exemple). Ceci, afin de ne pas perdre de temps à retrouver l'élément nécessaire. Rien n'est plus frustrant en effet que de devoir s'interrompre en cours d'assemblage parce qu'il manque une vis de la bonne taille. D'autant que choisir un modèle approchant n'est généralement pas la meilleure solution : trop long ou trop gros, il pourrait fendre la pièce ou la traverser !

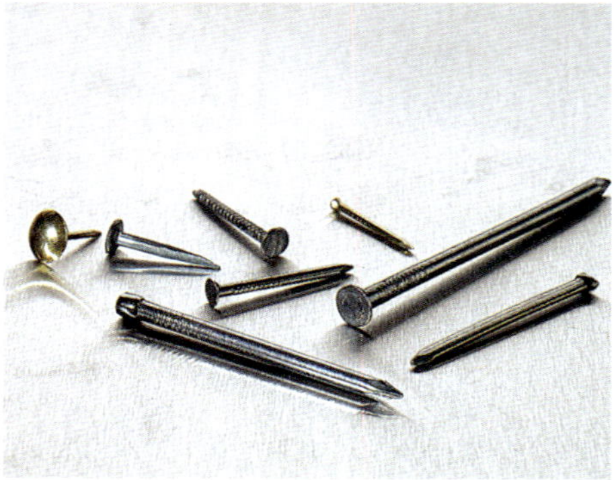

Les vis

Leur qualité principale est leur résistance à l'arrachement, nettement supérieure à celle des clous. La taille d'une vis est caractérisée par son diamètre et sa longueur totale, ces deux valeurs étant liées : plus la vis est fine, plus elle est courte. Pour les travaux courants, les vis de 3 et 4 mm de diamètre sont les plus utilisées. Les vis Ø 3 sont disponibles en 15 à 30 mm de long, celles Ø 4 en 20 à 50 mm. Les vis Ø 5 et 6 sont plutôt réservées aux grosses fixations.

Une vis de longueur adéquate traverse la pièce à fixer et pénètre celle qui sert de support aux trois quarts de son épaisseur. Ceci vaut bien sûr pour un support dont l'épaisseur n'excède pas 40 ou 50 mm... Au-delà de cette valeur, on considère que suivant son diamètre, une vis qui pénètre de 2 à 5 cm dans le bois est solidement fixée. Si vous devez percer de nombreux avant-trous, entourez le foret avec un ruban adhésif ou utilisez une butée pour limiter la profondeur du trou.

Vis à tête fraisée (TF)
Classique entre toutes, cette vis dispose d'un corps fileté sur une partie de sa longueur, surmonté d'une tête à empreinte droite. Économique, elle souffre néanmoins de la concurrence de la vis « agglo », laquelle gagne chaque jour du terrain parce qu'elle permet d'utiliser une visseuse.

Vis à tête ronde (TR) Elles sont souvent destinées à être vues, ou réservées à certaines fixations (équerres).

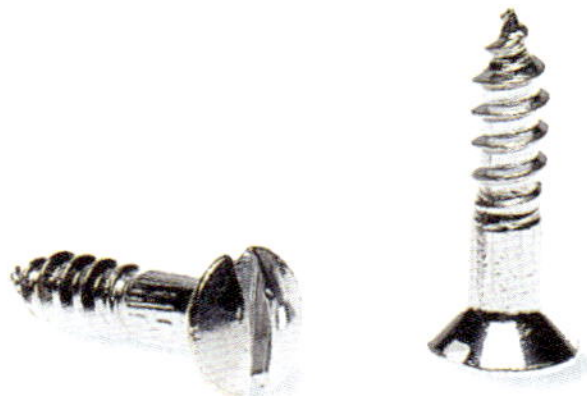

Vis à tête fraisée bombée
Aussi appelé « goutte de suif », ce type de vis appartient à la quincaillerie décorative.

Vis « bois agglo » (VBA)
Cette vis a supplanté toutes les autres, hormis les modèles à vocation décorative. Ses atouts résident à la fois dans son empreinte cruciforme (Pozidriv et non Philips) et dans la géométrie de son filetage, qui couvre toute sa longueur. Elle peut ainsi s'accommoder de tous types de bois (massif ou dérivés) et, surtout, être vissée à la visseuse sans généralement nécessiter d'avant-trou.

Vis TR noires Ces vis ne s'emploient *a priori* qu'avec une quincaillerie assortie, de type pentures, paumelles ou autres.

Vis en laiton Ces vis sont moins résistantes aux contraintes mécaniques que leurs équivalents en acier. En contrepartie, elles ne rouillent pas et sont nettement plus décoratives. C'est pourquoi elles s'emploient surtout en ébénisterie. Dans les bois durs, il est conseillé d'enfoncer d'abord une vis ordinaire, puis de la remplacer par la vis en laiton.

Vis VBA à capuchon
Ces vis se rencontrent principalement dans les meubles préfabriqués. Leur tête disparaît sous un petit cache en plastique, disponible dans une grande variété de coloris.

Vis et rondelles cuvettes
Ces vis sont surtout destinées à fixer des panneaux en contreplaqué (CTP) démontables. Grâce à leur cuvette, elles ne marquent pas le bois, tout en restant discrètes.

Vis indévissables Elles servent à assujettir des pentures, paumelles ou autres sur un élément (volet, porte…) et qui ne doit pas pouvoir être facilement démonté de l'extérieur. Le seul moyen de retirer ces vis est de meuler ou de percer leur tête.

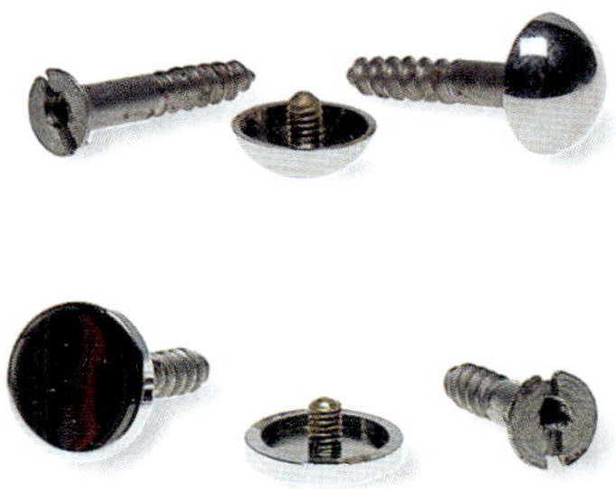

Vis et cache-vis pour miroir
Fraisée et taraudée, la tête de ces vis disparaît sous un cache chromé plat ou bombé qui se visse une fois la vis en place.

Vis à rondelle noyée Elles ont la même fonction que les vis à rondelle cuvette, mais leur tête vient se noyer dans la rondelle, logée dans un avant-trou fraisé percé dans le panneau.

Chasse-pointes

Clous et pointes
Dans la pratique, ces deux termes sont synonymes. Les clous à tête plate, aussi appelés « pointes de Paris », sont fabriqués en diverses longueurs (de 15 à 140 mm) et conviennent à tous les assemblages dont l'esthétique ne compte pas : leur tête reste en effet apparente à la surface de la pièce. Ce n'est pas le cas de la pointe à tête d'homme, dont la tête est conçue pour disparaître dans l'épaisseur du bois. Même chose en ce qui concerne la pointe à panneau, dont la tête conique peut elle aussi être noyée dans un placage ou des moulures. Crantées, annelées ou torsadées, les pointes résistent mieux à l'arrachement, mais elles s'emploient peu en menuiserie, car elles manquent de discrétion et sont difficiles à retirer. Les semences de tapissier disposent d'une tête large qui n'a aucun mal à retenir le tissu, tout comme celle des clous de tapissier, avec lesquels ces pointes ne doivent pas être confondues. En cuivre ou en acier bleui, les pointes à tête ronde servent quant à elles à fixer les petites ferrures de quincaillerie.

Si vous devez les clouer près de leurs bords, les pièces minces gagneront à être percées d'avant-trous de diamètre inférieur afin de ne pas se fendre. Par ailleurs, veillez à utiliser un marteau dont le poids soit proportionnel au type de pointe à enfoncer. Enfin, n'hésitez pas à vous servir d'un chasse-pointes, notamment pour noyer une tête (à mastiquer ensuite à la pâte à bois). Cet outil très commode offre une grande précision, d'autant que sur certains, l'extrémité est légèrement concave, ce qui permet de mieux rester au contact de la tête de la pointe.

Divers clous et pointes

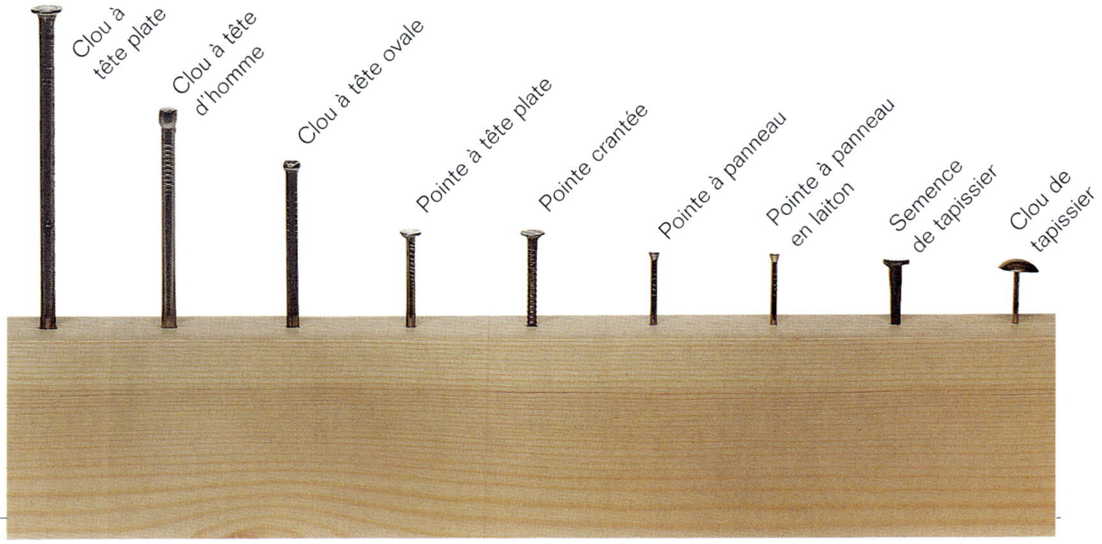

Quincaillerie d'assemblage et Articulations

Si les techniques traditionnelles restent valables, il peut être beaucoup plus simple de faire appel à certains éléments de quincaillerie qui facilitent vraiment les opérations d'assemblage dans le domaine de l'agencement intérieur. Disponibles dans toutes les grandes surfaces de bricolage (GSB), ces produits démontrent souvent leur intérêt dans des cas très courants : assemblage de deux panneaux perpendiculaires, juxtaposition de panneaux horizontaux (plans de travail, par exemple), fixation de dessus de meuble…

Vis de liaison (M6)
Elles permettent de serrer deux panneaux face à face, par exemple les côtés d'une bibliothèque. Suivant le modèle, la partie femelle est parfois crantée extérieurement, ce qui l'empêche de tourner.

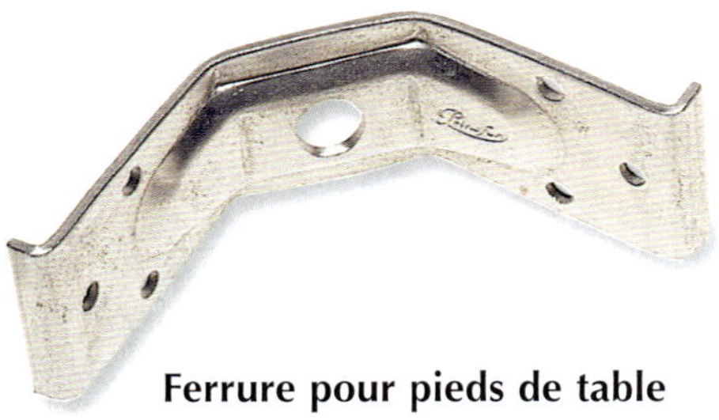

Ferrure pour pieds de table
Sa fonction est double puisqu'elle est destinée à renforcer les angles du bâti et à assujettir les pieds. Ses extrémités coudées à 90° s'engagent dans des fraisages verticaux exécutés sur la face intérieure du bâti (voir p. 76).

Écrou à frapper Ses pointes en acier s'enfoncent dans le bois lorsque l'écrou est serré, l'empêchant ainsi de tourner.

Équerre métallique Parmi les nombreux modèles de petites équerres permettant d'assembler deux panneaux perpendiculaires (un dessus de meuble et un côté, par exemple), celui-ci comporte des perçages spéciaux, de forme allongée. Ils permettent d'ajuster la position des panneaux avec beaucoup de précision.

Ferrure ou taquet d'assemblage
Bien qu'il soit fréquemment fabriqué en plastique, ce type de produit porte souvent le nom de « ferrure ». Proposé sous diverses formes, il sert lui aussi à assembler des éléments perpendiculaires, généralement des panneaux d'aggloméré.

Renfort d'angle Cet élément, assez proche d'une ferrure pour pieds de table, sert à garantir l'équerrage d'un assemblage de deux panneaux et d'un dessus.

Excentrique et vis de blocage
Grâce à cet accessoire, deux panneaux peuvent s'assembler à angle droit, tout en restant démontables. Ses éléments se logent dans des fraisages exécutés respectivement sur la face et le chant des panneaux.

Vis d'assemblage
On l'emploie souvent pour rendre solidaires les côtés, dessus et dessous d'un meuble préfabriqué. Son filetage est conçu pour l'aggloméré et l'empreinte de sa tête est cruciforme (Pozidriv) ou à 6 pans creuse (Allen).

Douille de positionnement
Ce petit accessoire (ici en laiton) sert à positionner deux panneaux perpendiculaires, grâce à ses deux parties qui s'enfoncent chacune dans l'un des panneaux. Il ne dispense cependant pas d'employer des vis.

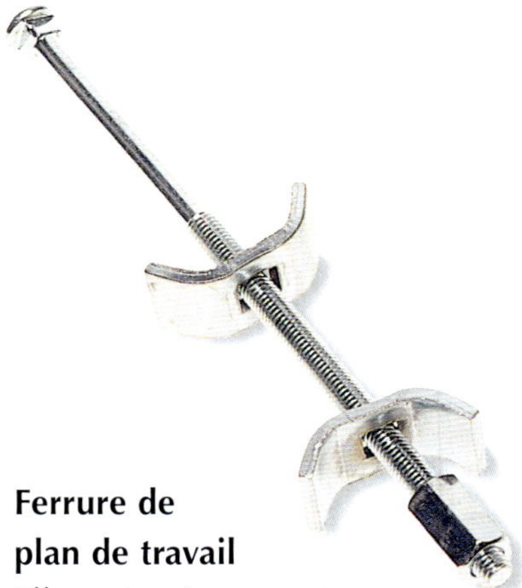

Ferrure de plan de travail
Elle sert uniquement à assembler deux panneaux assez épais (au moins 30 mm) juxtaposés.

Ferrures pour formes multiples Contrairement aux excentriques et vis de blocage, ces ferrures conviennent aux éléments dont les faces ne sont pas planes. La vis traverse l'un des éléments et vient se loger (*via* un avant-trou) dans la partie taraudée, elle-même logée dans un perçage exécuté dans le second élément.

Les articulations
Tout élément de quincaillerie comportant un pivot est considéré comme une articulation. Contrairement aux charnières, conçues pour rester discrètes, les paumelles sont plutôt destinées à être vues (tout au moins leur partie cylindrique). Leurs moitiés sont séparables (dégondables) instantanément. Paumelle et charnière se choisissent en fonction du poids du panneau dont elles constituent l'articulation. Inutile de préciser que l'une comme l'autre doivent être positionnées ou réglées avec précision.

Charnières ou paumelles ?
Comme pour le reste de la quincaillerie, c'est essentiellement le style du meuble qui détermine le choix des articulations : alors qu'un meuble rustique ou de style exige plutôt des paumelles, une réalisation contemporaine fait souvent appel à des charnières classiques ou invisibles. Les platines des charnières classiques doivent être encastrées à la surface des panneaux (au ciseau à bois) tandis que les charnières invisibles peuvent être soit encastrées dans un fraisage cylindrique, soit vissées en applique. Suivant leur modèle, les unes comme les autres conviennent à différents types de montage : porte rentrante ou porte en applique à recouvrement ou demi-recouvrement.

Charnière invisible à platine Aussi appelée charnière à ressort, elle se compose d'un boîtier cylindrique (Ø 26 ou 35) à « oreilles » qui s'encastre côté porte ainsi que d'une platine de réglage à visser côté meuble.

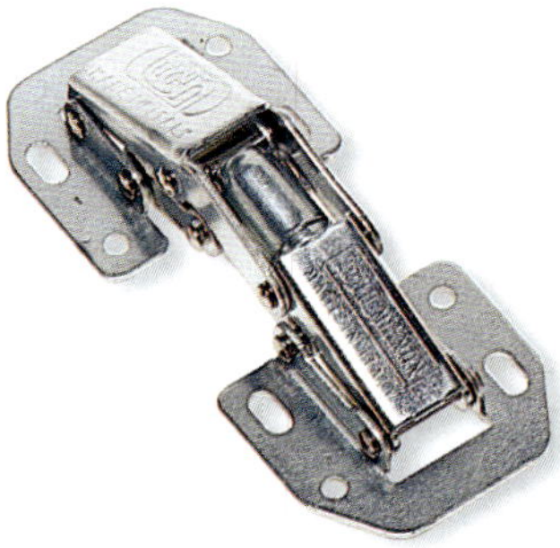

Charnière invisible en applique Les charnières de ce type se vissent simplement sur les faces internes des panneaux qu'elles servent à articuler. Certains modèles peuvent permettre le montage d'une porte rentrante.

Charnières « évidées » Ces deux modèles présentent la particularité de ne pas exiger d'encastrement, leurs platines acceptant de s'escamoter l'une dans l'autre.

Charnière invisible cylindrique Très discret, ce modèle est conçu pour être encastré (lardé) d'un côté dans le chant de la porte, et de l'autre dans celui du meuble. Mais il ne convient qu'à des portes légères.

Fiche à visser Comme les charnières invisibles cylindriques, cette articulation se fixe dans les chants des panneaux. Mais comme une paumelle, elle reste apparente et peut se dégonder.

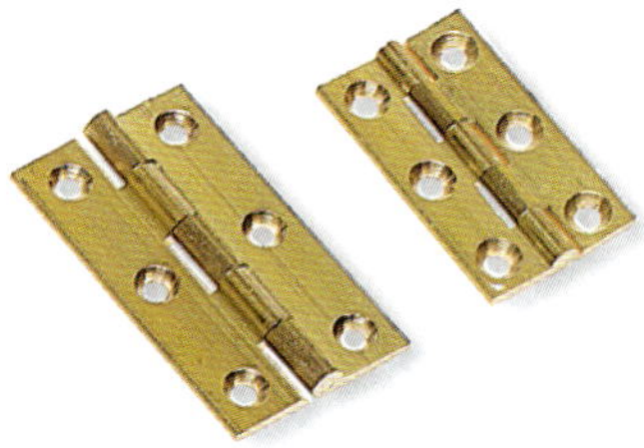

Charnières rectangulaires Disponibles elles aussi en un grand nombre de dimensions (de 20 x 16 à 100 x 50 mm), ces articulations traditionnelles se logent dans des emplacements creusés au ciseau à bois.

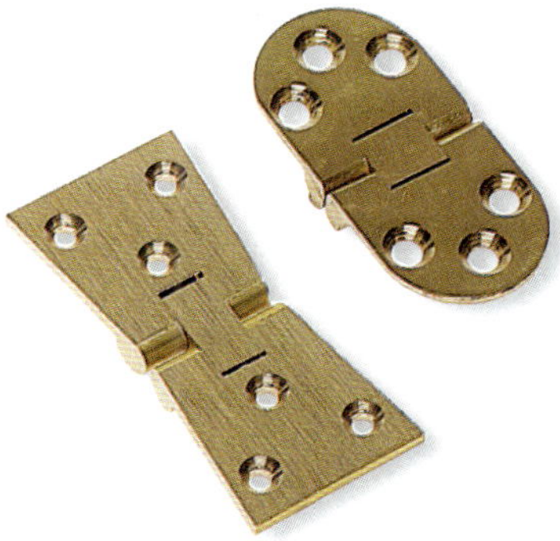

Charnières d'abattant Ces charnières à encastrer, en laiton poli, s'emploient exclusivement pour articuler les abattants de secrétaire ou la partie mobile d'un dessus de bar, par exemple.

Paumelle classique Les paumelles existent en une infinité de modèles et de dimensions. Par la forme de ses extrémités, celle-ci est dite « à turlupets » ou « à vases ».

Charnière à piano Elle se distingue par sa longueur et sa discrétion, qui la rendent apte à équiper pratiquement tous les types de couvercles, abattants et dessus mobiles… y compris celui d'un vrai piano !

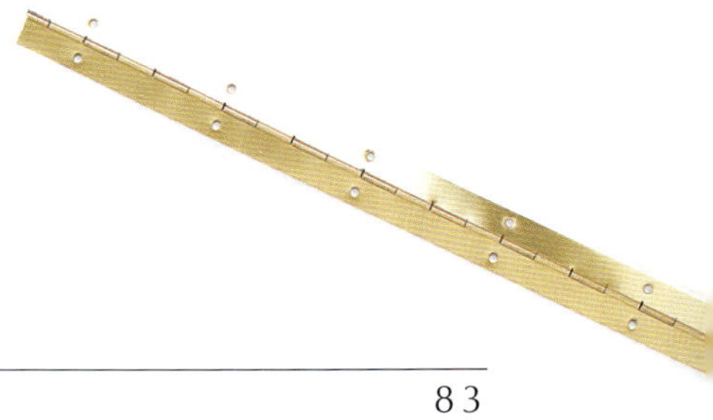

LOQUETEAUX, COULISSES, COMPAS, POIGNÉES...

Aussi importants que la quincaillerie d'assemblage et les articulations, ces éléments ont pour la plupart une vocation à la fois esthétique et fonctionnelle. Certains sont toutefois conçus pour demeurer invisibles, sans néanmoins faillir à remplir leur fonction utilitaire. Tous sont facilement disponibles et se présentent en une infinité de dimensions, de matériaux, de couleurs et de styles.

Taquet d'étagère
Ce petit taquet métallique se loge dans des perçages (Ø 5) effectués à intervalles réguliers dans les côtés d'un meuble.

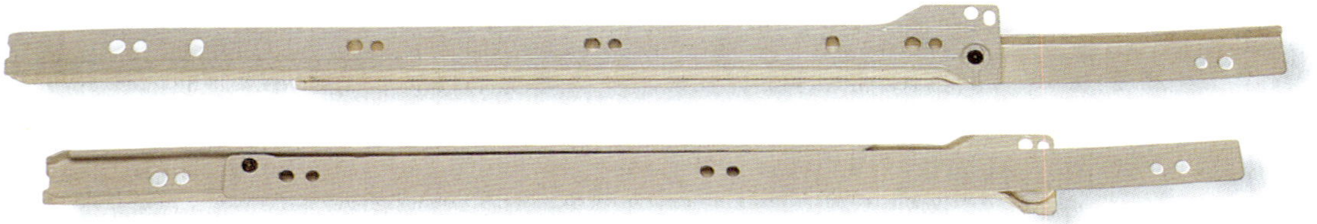

Les loqueteaux magnétiques
Simplement magnétiques ou à déclenchement par ressort, ils offrent des possibilités intéressantes dans la mesure où ils suffisent à maintenir une porte fermée. Les modèles à ressort permettent aussi d'ouvrir la porte par une simple pression, permettant ainsi de se passer de poignée... Aussi, bien que ces éléments soient montés en dernier, il est utile d'étudier leurs particularités dès la conception du meuble car celle-ci peut s'en trouver modifiée.

Coulisses de tiroir
Fabriquées en diverses longueurs, elles sont recouvertes d'une peinture époxy et équipées de galets en Nylon ainsi que de butées synthétiques. Vendues par paires (gauche/droite) et prépercées, elles peuvent être montées indifféremment sur le côté ou sous un tiroir ou une tablette.

Compas d'abattant Assez solide, ce modèle en laiton massif peut être monté indifféremment à droite ou à gauche. Ses portées en Nylon lui assurent un fonctionnement sans à-coup.

Taquet de tablette
Moulé dans du plastique transparent, ce taquet supporte discrètement des tablettes en verre.

Coulisseau à arrêt Ce type d'élément est plutôt réservé aux abattants de faibles dimensions, car il ne comporte aucun système ralentissant leur course.

Taquet d'étagère Très discret, ce petit taquet se visse sous les extrémités d'une tablette et s'emboîte dans des crémaillères.

Gâche métallique
À visser à l'intérieur du meuble.

Gâche métallique
Elle s'utilise avec un loqueteau à rouleau.

Loqueteau à ressort Cet élément retient la porte fermée grâce à un aimant. Lorsqu'on pousse la porte, un ressort se détend et rompt l'attraction magnétique de l'aimant, libérant ainsi la porte.

Ferrures de lit Vendues par paires, elles permettent des assemblages perpendiculaires démontables, fixant par exemple les traverses d'un cadre de lit. Chacune se visse à l'extrémité d'un des éléments à assembler et la ferrure garnie de crochets s'emboîte dans l'autre.

Aimant miniature
Cylindrique, la partie aimantée de ce petit loqueteau est conçue pour être encastrée dans l'encadrement de la porte. La contreplaque, qui ressemble à un petit clou, est à planter dans la porte, en regard de la partie aimantée du loqueteau.

Verrou d'armoire
Droit ou perpendiculaire, il se fixe en général au dos d'une porte et s'engage dans une gâche métallique, encastrée ou lardée dans le bâti du meuble.

Poignées et boutons
Les fabricants de poignées et de boutons de portes proposent une infinité de modèles : du plus rustique (façon fer forgé) au plus contemporain (en verre, en résine ou en aluminium), en passant par le classique des classiques, le bois tourné. Si bien qu'il suffit souvent de changer les poignées d'un meuble pour lui donner une tout autre allure.

Le choix est ici une affaire de préférences personnelles ; veillez toutefois à respecter un équilibre dans les proportions, en tenant compte des dimensions de la façade ou de la porte que la quincaillerie va ornementer.

Poignées en bois Fabriquées en chêne ou en pin, elles adoptent souvent la forme d'un C majuscule étiré et se présentent brutes ou vernies. Certaines impliquent de fraiser leur logement sur la façade du tiroir ou le parement de la porte.

Entrées de serrures
Il en existe là encore de nombreux modèles, à visser sur la porte ou à encastrer pour affleurer la face de celle-ci.

Serrure d'abattant Ce type de serrure se loge dans un perçage traversant et est vissé derrière le panneau ; il ne permet de dégager la clé qu'après son verrouillage.

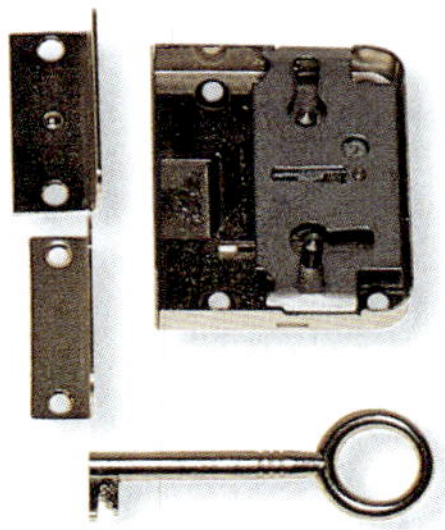

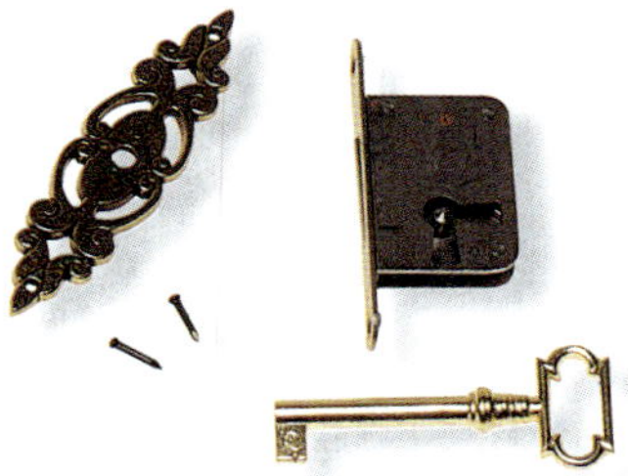

Serrures Quel que soit leur style, certaines sont prévues pour être vissées en applique derrière la porte ou l'abattant. D'autres, dites « à larder », s'encastrent dans le chant du panneau.

Boutons et poignées rustiques
Généralement moulés dans un alliage, ces accessoires s'inspirent de modèles classiques, initialement en fer forgé. Leur présentation joue souvent sur le registre patiné et les lignes un peu chargées.

Boutons en bois En voici quelques-uns tournés dans du chêne, du hêtre ou du pin. Ici en version brute, ils sont prêts à être vernis ou peints. Mais ils peuvent également recevoir leur finition en usine.

Loqueteau à rouleau Équipé d'un ressort et d'un galet synthétique, cet accessoire se comporte de la même façon que ses concurrents magnétiques.

Loqueteau magnétique
Ce modèle très classique est équipé d'un aimant dont la force d'attraction est plus ou moins importante suivant le poids de la porte ou du panneau à retenir.

Boutons en porcelaine
De forme ovale ou ronde, souvent blancs, ils conviennent à merveille aux portes à panneaux.

Bouton métallique
Fabriqués en laiton, en acier, en aluminium brossé ou chromés, les boutons de ce type sont de style contemporain.

Poignée coquille Grand classique des meubles anglo-saxons, ce type de poignée se décline aussi en versions très épurées.

5

TECHNIQUES DE BASE

Qu'elle soit simple ou plus complexe, la réalisation d'un meuble fait appel à un certain nombre de techniques et de connaissances qui restent toujours les mêmes : choix des bois, découpe et façonnage des pièces, assemblage, préparation en vue de la finition… Toutes ces opérations reposent sur les mêmes bases et impliquent notamment de comprendre comment se comporte le bois et comment s'utilisent les principaux outils. Une fois ces connaissances acquises sur le plan théorique, reste à les maîtriser dans la pratique. Cela exige du temps et de la persévérance, mais le résultat en vaut largement la peine.

Mesure et Traçage

« Mesurer deux fois pour ne couper qu'une seule fois. » Ce dicton bien connu des menuisiers peut sembler évident et pourtant, même les plus expérimentés l'ont oublié un jour ou l'autre... Un débutant se doit donc de l'avoir toujours à l'esprit, car il élimine la principale source d'erreurs, de perte de temps, de gaspillage et, finalement, de frustration...

Le mètre à ruban

Répétons-le, cet outil fait partie de la panoplie de base. Entre autres qualités, il doit disposer d'un mécanisme de blocage, d'un ruban qui rentre et sort facilement de son boîtier et d'un crochet solide. La précision est essentielle quelle que soit la réalisation, aussi les indications du ruban doivent-elles être très lisibles et résistantes au frottement afin de ne pas s'effacer trop facilement. Difficile à évaluer avant l'achat, cette particularité se retrouve chez les produits des grandes marques. En ce qui concerne la longueur, mieux vaut choisir un modèle de 3 à 5 m. Trop court (2 m), il révèle rapidement ses limites et vieillit prématurément. Trop long (8 m et plus), il s'avère peu maniable et inutile en menuiserie. Même s'il est protégé par un boîtier, un mètre demande un minimum de soin ; il est notamment indispensable d'essuyer un ruban sale ou mouillé avant de l'enrouler.

Ci-dessus Cette équerre à combinaisons peut aussi servir de règle.

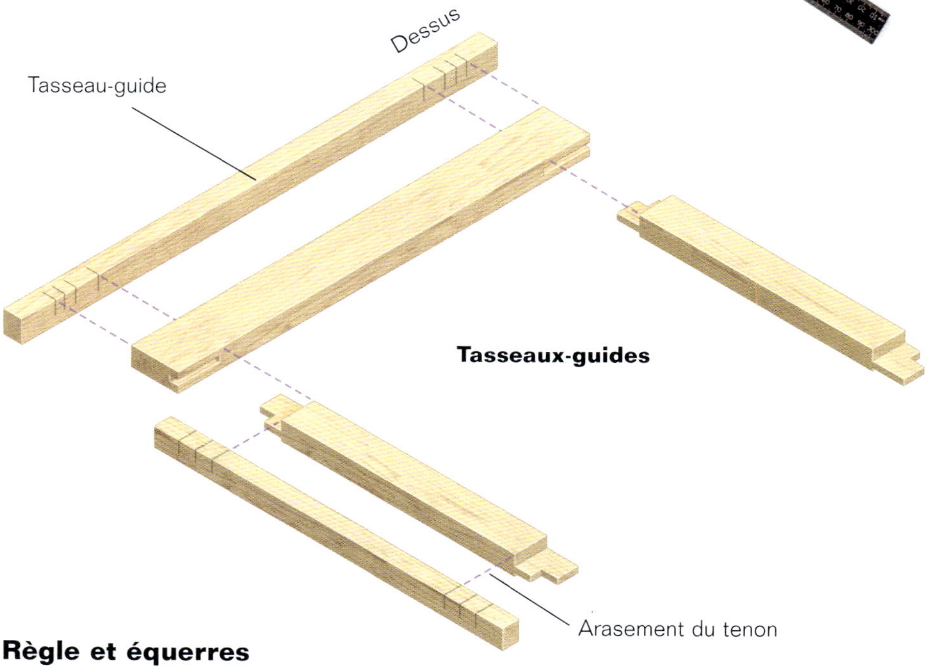

Tasseaux-guides

Règle et équerres

La règle métallique a ses partisans qui la jugent supérieure au mètre à ruban lorsqu'il s'agit d'effectuer des tracés précis. Elle peut néanmoins être remplacée par une équerre de menuisier graduée et suffisamment longue (30 cm). Celle-ci garantit un positionnement encore plus précis puisqu'elle peut être guidée par le chant de la pièce, et se révèle souvent plus utile qu'une équerre à combinaisons, beaucoup plus chère.

Les tasseaux-guides

Lorsqu'il faut repérer plusieurs éléments identiques, il peut être pratique d'utiliser un tasseau-guide sur lequel ont été marquées les mesures adéquates. Il ne reste plus ensuite qu'à les reporter sur les pièces, ce qui réduit les risques d'erreurs. Il est généralement conseillé de conserver le ou les tasseaux-guides correspondant à une réalisation en vue d'une réutilisation ultérieure.

Diviser une largeur

Une méthode simple permet de diviser rapidement une pièce en largeurs égales. Il suffit de poser dessus une règle ou une équerre en biais. Déplacez l'outil jusqu'à ce que figure un nombre entier de graduations, que vous pourrez alors reporter sur la pièce. Répétez l'opération tous les 50 cm environ, reliez les repères et coupez.

Le traçage des faces et chants

Matériau vivant, le bois reste sujet à des variations dimensionnelles suivant l'humidité ambiante. C'est pourquoi les menuisiers se servent généralement de l'un des chants d'une pièce comme référence pour effectuer leurs tracés. Cela implique de déterminer au préalable la manière dont la pièce sera utilisée. Avant d'être façonnée, chaque pièce doit en effet être choisie individuellement en fonction de plusieurs critères : aspect et sens du fil, emplacement dans la future réalisation, nature des assemblages et de la finition… Tous ces paramètres influent sur le choix de la future face visible de cet élément et il faut prendre le temps de les envisager un à un, car c'est à ce type de détail que se reconnaît une réalisation de qualité. Il est ainsi absolument essentiel de commencer par éliminer les défauts de planéité ou d'équerrage en dressant les faces d'une pièce au rabot.

Pour contrôler la planéité d'une face, posez la pièce à plat sur un support quelconque et orientez-la vers une source lumineuse. Faites glisser l'équerre d'une extrémité à l'autre en tenant sa lame verticalement (voir dessin ci-dessous). Ainsi, le moindre jour apparaîtra immédiatement. Rabotez si nécessaire et repérez la face et le chant de référence à l'aide d'une petite marque. N'effectuez ensuite vos mesures et tracés qu'à partir de cette face et de ce chant.

1 Sur une pièce large, placez un tasseau parfaitement droit à chaque extrémité et vérifiez qu'ils sont parfaitement alignés sur le plan horizontal.

2 Faites coulisser une équerre standard ou à combinaisons sur toute la longueur de la pièce afin de vérifier que l'un des chants longitudinaux est parfaitement d'équerre avec l'une des faces.

Tracés sur chant et face

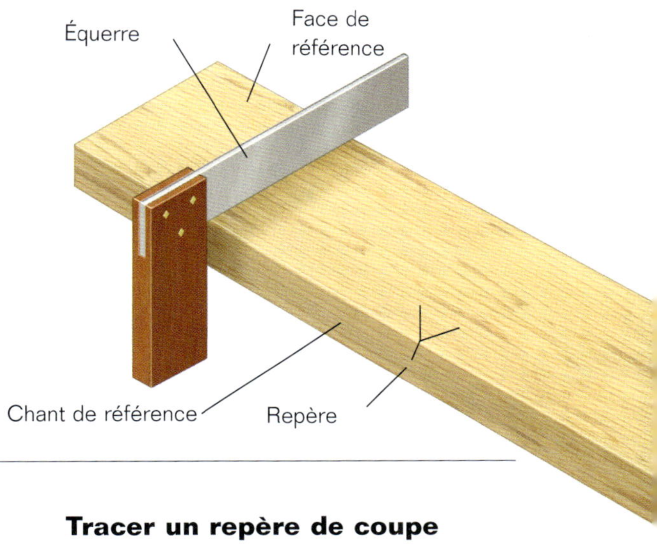

Le trusquin

Un trusquin standard dispose d'une pointe unique, qui trace le repère, et d'un talon (corps) coulissant. En maintenant celui-ci contre une pièce et en faisant coulisser le trusquin d'un bout à l'autre de celle-ci, on obtient un repère rectiligne. Employé de la même façon, un trusquin à double pointe laisse deux marques parallèles, utiles pour réaliser une mortaise, par exemple. Pour régler un trusquin, commencez le cas échéant par déterminer l'écartement des pointes directement d'après le fer de l'outil d'usinage (fraise de défonceuse, par exemple). Puis placez le talon à l'emplacement voulu et serrez sa vis de blocage. Frappez ensuite à petits coups sur le corps pour ajuster sa position et bloquez définitivement sa vis.

Tracer un repère de coupe

Avant de découper transversalement (en travers du fil) une pièce en bois massif, tracez un repère à l'aide d'un poinçon ou d'une pointe carrée. Cela évite aux fibres d'éclater et permet une coupe plus nette qui peut servir de référence pour une rectification au ciseau ou au rabot.

Le sciage à la main

Quelle que soit la réalisation, la découpe des pièces est la première opération à accomplir. Cela suppose de savoir couper droit, et donc d'acquérir une certaine pratique ainsi que quelques connaissances de base : il faut notamment comprendre le fonctionnement d'une scie et la manière dont le bois réagit lorsqu'il est coupé. La denture de la scie doit également être en parfait état et adaptée au travail que l'on compte effectuer.

La technique du sciage

Parmi les nombreux modèles de scies, il faut au moins posséder pour débuter une scie égoïne et une scie à dos. Par la suite, suivant que vous travaillerez des bois durs ou plus tendres ainsi que des dérivés du bois, vous compléterez cet outillage de base avec des scies plus spécifiques : scies à onglets ou à chantourner, voire scies à guichet ou à queue d'aronde.

La première des choses est de maintenir fermement la pièce à couper sur l'établi. Cette précaution est à la fois un gage de sécurité et de précision, car elle permet de garder les mains libres. Placez-vous ensuite juste au-dessus du repère de coupe et engagez la lame côté chute (à droite du repère pour un droitier), afin que son épaisseur ne réduise pas les dimensions de la pièce.

Inclinez la scie à 45° environ vers l'avant et entamez la coupe par le bout de la lame (à l'opposé de la poignée), en tirant lentement celle-ci vers vous plusieurs fois. Bien droite, la lame restera en principe dans cette position jusqu'à la fin de la coupe. Diminuez progressivement l'inclinaison de la lame et donnez de l'amplitude aux mouvements afin d'utiliser toute sa longueur. Ne sciez jamais en force, mais toujours en souplesse et avec des mouvements réguliers. Ces mouvements doivent être donnés par tout le bras, poignet et épaule restant dans l'axe de la lame. Guidez éventuellement celle-ci en allongeant l'index de la main qui tient la poignée.

Avant de découper des pièces très larges (au-delà de 30 cm), disposez un support sous la chute, mais ajustez bien sa hauteur afin qu'au cours de la coupe, la chute n'ait pas tendance à coincer la lame.

1 Commencez la coupe lentement, par le bout de la lame, avec de petits mouvements. Guidez la lame avec le pouce de l'autre main.

2 Vers la fin de la coupe, soutenez la chute avec votre main libre et réduisez l'amplitude des mouvements.

Denture couchée ou mariée

Ce profil de dents produit en principe des coupes assez grossières, surtout parmi les modèles qui ne comptent que 4 ou 5 dents par pouce de lame. Cette denture offre en outre des performances nettement inférieures à celles de ses concurrentes modernes à double ou triple biseau. Elle est donc moins utilisée aujourd'hui.

Denture traditionnelle

Généralement réaffûtable, cette denture moyenne (7 dents par pouce), dite aussi « universelle », permet des coupes aussi bien en long qu'en travers. Certains modèles disposent de dents à double biseau et/ou trempées extra-dures pour les scies à affûtage longue durée.

Denture droite ou isocèle

Disposant d'un affûtage longue durée, ce type de denture permet des coupes rapides en travers et dans les bois sans fil (contreplaqué, panneaux de particules, etc.). La coupe s'effectue en tirant et en poussant.

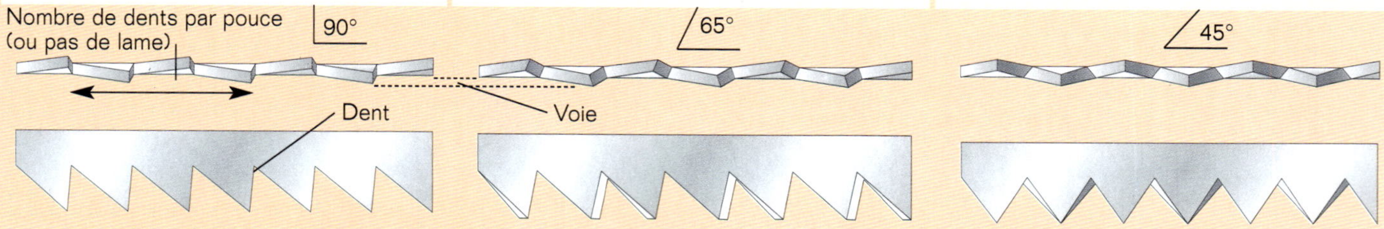

La scie à tenon

Aussi appelé « scie à dos » en raison du renfort en acier ou en laiton placé en haut de sa lame et sur toute sa longueur, cet outil sert aux coupes de précision (réalisation de tenons, arasement de chevilles...) destinées aux assemblages, d'où son nom. Après avoir découpé la première joue d'un tenon, il faut retourner la pièce afin que la lame reste placée côté chute.

1 Amorcez la coupe par une petite entaille, en inclinant la lame à 45° environ. Maintenez la lame dans l'alignement du repère afin que la coupe soit bien droite.

2 Orientez progressivement la lame à l'horizontale, tout en donnant de l'amplitude aux mouvements. Maintenez la poignée fermement, mais sans excès.

3 Pour les coupes en bout, serrez la pièce à la verticale dans l'étau d'un établi et sciez la joue jusqu'à l'arasement, en vous arrêtant juste avant le repère.

La scie à onglets

Guidée par un support réglable de 45 à 135°, cette scie est sans équivalent pour découper avec précision des pièces de faible section (tasseaux, moulures ou autres). Son achat sera vite rentabilisé si vous projetez de fabriquer des encadrements. De ce fait, elle porte aussi le nom de scie d'encadreur.

1 Serrez ou maintenez fermement la pièce contre la butée arrière de la boîte à onglets, et amorcez la coupe en plaçant la lame côté chute. Inutile d'appuyer sur la scie : elle s'enfonce par son propre poids.

L'avoyage d'une lame

Une denture affûtable doit être contrôlée et rectifiée de temps en temps afin de toujours donner le meilleur d'elle-même. Chaque dent constitue en effet une lame en miniature qui a pour tâche de couper le bois et de dégager le passage pour la suivante. Pour ce faire, les dents sont inclinées alternativement de part et d'autre de la lame. Lorsqu'elle est correcte, cette inclinaison ou « voie » évite à la fois l'échauffement et le blocage de la lame, et facilite l'évacuation de la sciure. Avec une lime, affûtez une dent sur deux, puis retournez la lame.

1 Pour avoyer une lame, serrez-la entre deux cales dans l'étau d'un établi et utilisez une pince à avoyer (ou une rainette). Réglez d'abord celle-ci en fonction de la taille des dents, puis avoyez toutes celles qui sont situées d'un même côté avant de rectifier les autres.

2 Une lime d'affûtage dispose d'un profil triangulaire et coulisse le long d'un petit support à poser sur la denture. Réglez la position du support suivant l'angle de coupe des dents et faites reposer la lime entre chaque dent. Limez deux ou trois fois afin que le tranchant de la dent devienne brillant.

Bien utiliser les scies électroportatives

Ces machines sont idéales lorsqu'il s'agit d'effectuer des coupes nombreuses ou d'un type particulier. Cependant, elles sont plus encombrantes et moins précises qu'une scie à main pour les coupes délicates. C'est pourquoi la plupart des menuisiers utilisent ces deux types d'outils de façon complémentaire. Pour être parfaitement sûre et satisfaisante, leur utilisation suppose de respecter les indications du fabricant et d'employer une lame bien affûtée.

La scie circulaire

Bien que le choix d'un modèle soit avant tout une question de budget, il est important de veiller à ce que la puissance et le type de lame correspondent à la tâche à exécuter. Ainsi, une machine de 1 000 W environ (puissance absorbée) équipée d'une lame au carbure de tungstène Ø 165 à 180 mm suffit-elle pour couper des épaisseurs jusqu'à 50 mm. Cette valeur correspond toutefois à une coupe verticale ; lorsque la lame est orientée à 45°, l'épaisseur maximale que peuvent couper la plupart des machines de cette catégorie ne dépasse pas 35 mm, ce qui couvre néanmoins l'essentiel des besoins des amateurs.

Avant d'utiliser ce type de scie, prenez l'habitude d'inspecter son cordon d'alimentation et de vérifier le bon fonctionnement du carter mobile qui protège la partie inférieure de la lame. Après usage, pensez à dépoussiérer l'outil afin d'éviter l'accumulation de sciure qui peut entraver les éléments mobiles.

Débiter une planche dans sa longueur

1 Assurez-vous que l'outil est débranché. Mesurez ensuite la distance séparant la lame de l'extrémité opposée de la semelle ; pour être tout à fait précis, vous devez tenir compte du débord des dents au carbure de tungstène.

2 Reportez cette valeur, à gauche du repère de coupe, et tracez un second repère parallèle à ce dernier. Clouez ou bridez un élément rectiligne (planche ou tasseau) le long du second repère. Ce guide ne doit pas être trop épais afin de passer sous le bloc-moteur si ce dernier dépasse de la semelle.

3 Équipez ensuite la scie de son guide latéral afin de retailler la pièce à sa largeur définitive. Pour ce faire, vous devrez l'attaquer par l'autre extrémité en vous guidant le long du chant de la première coupe. Assurez-vous au préalable que la pièce est fermement maintenue sur l'établi.

Fabriquer un guide de coupe

Bien qu'avec une certaine habitude il soit possible de couper droit, rien ne remplace un vrai guide de coupe que l'on peut positionner librement sur un panneau, contrairement au guide latéral de la machine. Ce guide peut être fabriqué à partir de trois pièces en contreplaqué clouées entre elles : la plus grande sert d'appui à la semelle, la plus étroite, de guide latéral et la plus petite, de butée. Ce guide est toutefois plus limité qu'un modèle du commerce, car il ne peut être prolongé et ne permet que des coupes à 90°.

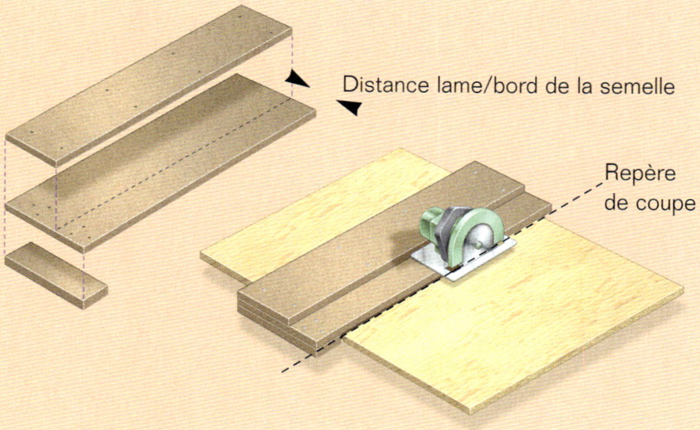

La scie sauteuse

Appréciée pour sa relative polyvalence, cette machine permet des coupes rectilignes ou courbes grâce à une petite lame animée d'un mouvement de va-et-vient. Légère, maniable et utilisable d'une seule main, elle est toujours prête à servir. Choisissez un modèle à mouvement pendulaire et à variateur électronique, gages d'une plus grande polyvalence : à la fois en termes de rendement dans le bois (coupes plus ou moins fines) et face à des matériaux divers. C'est un avantage à ne pas négliger compte tenu de la variété des lames disponibles. Très simple, l'utilisation ne demande qu'un minimum de précautions ; il est notamment fondamental d'écarter le cordon d'alimentation de la trajectoire de la lame.

1 Coupant en remontant, une lame de scie sauteuse a tendance à faire éclater la face supérieure du panneau, notamment lors des coupes en travers. C'est pourquoi un panneau plaqué doit être retourné. On peut aussi amorcer la coupe d'un trait de cutter et inclure une marge permettant de la raboter.

2 Pour limiter l'éclatement du bois, la plupart des machine disposent d'un pare-éclats : une petite pièce qui se fixe dans la semelle et entoure la lame. Il faut cependant veiller à ce que cet accessoire reste parfaitement en place.

3 Certains fabricants proposent des patins à adapter sous la semelle pour éviter de marquer les matériaux fragiles. Mais si la semelle a tendance à laisser des marques, quel que soit le matériau, c'est sans doute parce que vous appuyez trop fort sur la machine ou que sa lame est usée.

La scie à onglets électrique

Très performante pour les coupes angulaires de pièces de faible section, cette scie n'est cependant pas très répandue parmi les amateurs, car elle coûte assez cher et ne permet pas de scier de grosses pièces. La scie étant par ailleurs indissociable de son support, l'ensemble est plutôt encombrant. Si vous vous en procurez une, il est donc important de lui allouer une place définitive dans l'atelier. Mais si son utilisation ne doit être que ponctuelle, il est préférable de louer cet outil.

1 Le corps de la scie peut être orienté suivant plusieurs angles et comme on le voit ici, sur deux plans différents. Une particularité qui peut faire gagner beaucoup de temps.

2 Pour être plus efficace lors des coupes en série, servez-vous de la première pièce pour repérer la position exacte des suivantes sur le support. Bridez ensuite celles-ci avec une petite cale.

Bien utiliser les ciseaux à bois

Ces outils sont en principe réservés aux ultimes rectifications, lesquelles imposent de s'approcher au plus près de la cote définitive lors de la coupe ou du perçage initial. Ceci se vérifie, par exemple, dans le cas d'un tenon ou d'une mortaise.

Ciseaux et bédanes

Parfois confondues, ces deux familles d'outils répondent en fait à des utilisations différentes. Les ciseaux à lame biseautée sont les plus connus, sans doute parce qu'ils sont les plus polyvalents. Ils conviennent en effet à la plupart des travaux de rectification et à un usage léger ou moyennement intensif. Il est d'ailleurs possible de les employer à des tâches délicates qui supposent simplement de racler la surface de la pièce et non de frapper sur l'outil avec un maillet. À l'inverse, les bédanes sont beaucoup plus résistants et capables, par exemple, d'attaquer une pièce en bois dur, en bout et en travers.

Entretenir ciseaux et bédanes

Ces outils doivent toujours être parfaitement affûtés afin de ne jamais dévier de leur trajectoire. Ils doivent pour ce faire être affûtés après chaque utilisation (exactement comme le fer d'un rabot) et entreposés à l'abri, dans un coffret ou un support mural qui protège leur tranchant.

Bien entretenus, ces outils sont quasiment éternels.

1 Tracez la largeur de la mortaise au trusquin ou à l'équerre et délimitez ses extrémités d'un coup de bédane de la largeur voulue. Tenez-le presque vertical, biseau orienté vers le centre de la mortaise. Puis retournez l'outil et effectuez une série d'entailles en progressant du centre vers vous. Retirez les copeaux à mesure. Attaquez ensuite la mortaise dans l'autre sens.

2 Répétez les opérations précédentes afin d'atteindre la profondeur requise. Placez alors le bédane tout droit à une extrémité de la mortaise, biseau vers l'intérieur. Enfoncez-le d'un coup pour rectifier l'extrémité en question. Inclinez ensuite l'outil vers le centre pour le dégager et rectifier les côtés de la mortaise.

3 Pour rectifier l'arasement d'un tenon, poussez le ciseau d'une main tandis que l'autre maintient le fer à la verticale.

Conseil pratique

Ne laissez jamais traîner ciseaux et bédanes sur votre établi, car leur tranchant peut heurter un autre outil. Veillez aussi à replacer leur protection après usage.

4 À défaut d'un guillaume d'ébéniste, vous pouvez utiliser un ciseau ordinaire pour rectifier la joue d'un tenon. Choisissez autant que possible un fer de même largeur que la joue et poussez-le à plat afin qu'il ne retire qu'un minimum de matériau à chaque passe. Un ciseau à racler (outil de tour) serait idéal ici à condition de ne pas le frapper avec un maillet.

Bien utiliser les rabots

Au fil des années, un menuisier finit par acquérir toute une panoplie de rabots, chacun d'entre eux convenant à un usage spécifique. Un bon rabot dispose d'un fer biseauté en acier de haute qualité, et d'un fût suffisamment massif pour lui assurer une parfaite stabilité. Ce sont les dimensions de la semelle et du fer ainsi que ses possibilités de réglage qui déterminent la fonction d'un rabot.

Le rabot ordinaire

Ce modèle est sans aucun doute le premier à acheter, car il est le plus utilisé pour rectifier des surfaces irrégulières ou brutes de sciage. Sa semelle, d'une trentaine de centimètres de long, se guide légèrement en biais par rapport au fil du bois. Beaucoup plus longue (jusqu'à 60 ou 70 cm), la varlope est destinée aux vastes surfaces à aplanir ou à corroyer.

Le rabot à combinaisons

Très particulier, ce rabot s'utilise à deux mains. Il est aussi le seul à disposer d'un guide latéral et d'un fer qui occupe toute la largeur de la semelle. Ces spécificités lui permettent de réaliser facilement rainures, feuillures et languettes (en rectifiant la seconde face de la pièce dans l'autre sens). Il a toutefois de plus en plus tendance à être supplanté par la défonceuse (voir p. 97), beaucoup plus polyvalente.

Le rabot de retouche

Lui aussi très maniable, ce petit modèle s'utilise exclusivement d'une main, par exemple pour rectifier le bout d'une pièce. Son fer présente la particularité d'être orienté « à l'envers » : son biseau se trouve ainsi vers le haut et non vers le bas, comme celui des autres rabots. Pour rectifier une pièce en bout, comme ci-dessus, il est préférable de réaliser un montage permettant de bien maintenir la pièce et, en même temps, de guider l'outil sans abîmer le plateau de l'établi. Pour ce faire, le support comporte, à l'avant, une partie à caler contre le bord de l'établi et, à l'arrière, une butée pour appuyer la pièce.

Le petit rabot de finition

D'une longueur maximale de 25 à 30 cm, ce rabot est l'outil à tout faire des assemblages. Il figurera donc en tête de liste lorsque vous vous équiperez.

Le guillaume d'ébéniste

Sa taille et l'inclinaison de son fer le destinent au travail des assemblages (tenons en particulier), car il peut enlever très peu de matière à la fois. Mais il est aussi capable de rectifier une pièce en bout et à contre-fil.

Le rabot à feuillurer

Ce type de rabot se distingue par un fer très étroit et un maniement qui rappelle celui du rabot à combinaisons. Pourtant, il a quasiment disparu (sauf chez les antiquaires, brocanteurs et autres spécialistes en outils anciens), ne pouvant rivaliser, en rendement et précision, avec une défonceuse munie de la fraise adéquate.

Bien utiliser rabot électrique et défonceuse

Un rabot électrique sert à réduire rapidement l'épaisseur d'une pièce, mais il peut aussi effectuer des rectifications plus fines. Choisissez un modèle dont la profondeur de coupe atteint 3 mm avec, autant que possible, un dispositif recueillant la sciure (sac ou embout d'aspiration). Sachez par ailleurs que les fers en acier au carbure de tungstène (CT) ne sont pas réaffûtables, contrairement aux fers en acier rapide (HSS), proposés en option.

Le rabot électrique

Cet outil se manipule impérativement à deux mains afin de bien le contrôler. Il faut par ailleurs le maintenir toujours en mouvement pour ne pas « creuser » le bois de façon irrégulière. Bien qu'un rabot puisse être utilisé sans problème en travers du fil, c'est dans le sens de ce dernier qu'il donne les meilleurs résultats en finition. Ses performances d'ensemble restent toutefois inférieures à celles d'une raboteuse. Avant chaque utilisation, vérifiez l'affûtage des fers et les réglages du guide latéral et de la profondeur de coupe. Veillez aussi à ce que la pièce à raboter soit solidement maintenue sur l'établi.

1 La profondeur de coupe se règle par une molette qui sert aussi de poignée avant. Exercez une pression régulière sur l'outil et progressez à vitesse constante afin que l'usinage soit homogène. Le guide latéral garantit une trajectoire rectiligne.

2 À l'avant, la semelle d'un rabot dispose en principe d'une rainure de guidage en V à 90°, ce qui permet de positionner l'outil sur l'arête d'une pièce afin de la chanfreiner. La pièce est ici solidement maintenue par un montage qui évite de l'endommager.

L'affûtage des fers

Les fers au CT ne pouvant être réaffûtés, seuls les fers HSS sont concernés par cette opération. Avant de l'entreprendre, vérifiez que la machine est débranchée. Puis retournez l'outil et desserrez les vis du porte-fers afin de dégager les fers. Ce faisant, évitez tout contact entre le tranchant des fers et une partie métallique. Huilez la pierre à affûter et disposez-la devant vous. Posez ensuite le biseau du fer dessus et effectuez des mouvements de va-et-vient jusqu'à ce que le biseau repose parfaitement à plat sur la pierre (voir photo ci-dessus). Maintenez alors le fer dans cette position et poursuivez son affûtage avec les mêmes mouvements, en appliquant une pression régulière sur toute la largeur du fer. Travaillez des deux bras sans limiter le mouvement aux poignets. De temps à autre, retournez le fer pour inspecter le biseau. Une irrégularité indique une mauvaise position des mains. Corrigez-la et augmentez peu à peu la pression. Le biseau doit finalement être parfaitement brillant et comporter un petit morfil (petite bavure de métal) de l'autre côté du tranchant. Retournez alors le fer, posez-le à plat sur la pierre et éliminez son morfil en le frottant deux ou trois fois (voir photo ci-contre). Avant de remettre le fer en place, nettoyez son logement et huilez-le légèrement, ainsi que le mécanisme de réglage.

3 N'importe quel rabot permet de feuillurer une pièce. La largeur de cette feuillure est déterminée par le réglage du guide latéral. En revanche, sa profondeur maximale (25 mm en général) est dictée par la géométrie de la machine. C'est un point à vérifier lors de l'achat.

La défonceuse

Extrêmement polyvalente et simple à utiliser, cette machine ne dispense pas d'observer quelques consignes visant autant à garantir la sécurité de l'utilisateur que la qualité du travail. Veillez ainsi à maintenir solidement la pièce à usiner, à garder en permanence le cordon d'alimentation vers l'arrière (sur l'épaule, par exemple) et à toujours attaquer le bois dans le sens approprié, en poussant la machine plutôt qu'en la tirant vers vous. Cela suppose que vous tourniez autour de la pièce à usiner ; ainsi, pour façonner le chant extérieur d'un cadre, il faut tourner dans le sens contraire des aiguilles d'une montre (remonter le montant droit, poursuivre le long de la traverse haute, puis redescendre vers la traverse basse et terminer en revenant au point de départ) ; l'usinage du chant intérieur s'effectuera en sens inverse.

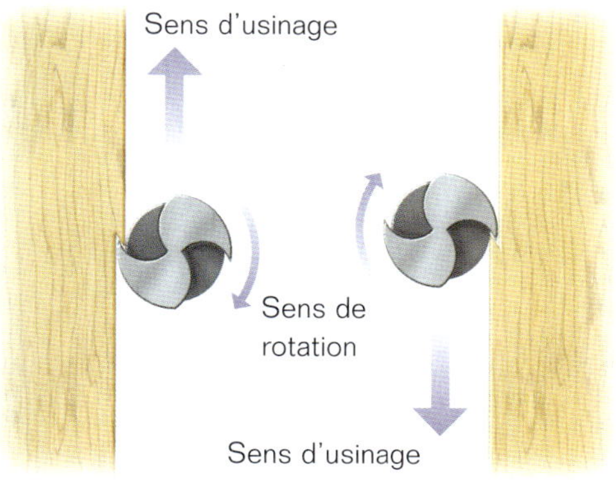

1 Bridez la pièce sur l'établi et ne vous servez jamais de l'outil d'une seule main : tenez-le fermement à deux mains et manœuvrez-le lentement contre la pièce en le laissant progresser à son rythme.

2 Gradué, le guide latéral peut être ajusté avec précision. Avant de vous lancer, n'hésitez pas à faire des essais sur des chutes de bois afin de modifier ou de confirmer les réglages.

3 N'essayez pas de retirer trop de matière en une seule fois. Procédez au contraire en plusieurs passes afin de n'enlever que 6 à 8 mm chaque fois. Pour ce faire, réglez la butée de profondeur.

Systèmes de guidage

Fixée dans la lumière qui entoure la fraise, la bague de copiage guide la machine en suivant le contour d'un gabarit. Elle sert aussi de butée de profondeur. Le guide latéral permet également d'usiner en cercle grâce à un perçage central recevant un pivot fixé dans la pièce.

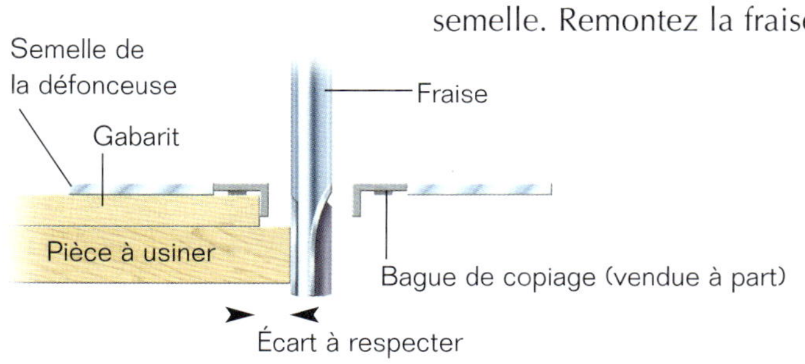

1 Débranchez la machine, démontez la fraise et vissez la bague de copiage sur la semelle. Remontez la fraise.

2 Mesurez l'écart séparant le bord de la fraise du bord extérieur de la bague. Ce même écart doit séparer le chant de la pièce (à sa cote définitive) et celui du gabarit. Tenez-en compte pour positionner ce dernier.

3 Pour usiner une pièce circulaire, réglez la longueur du guide latéral afin qu'elle corresponde au rayon du cercle. Puis fixez le guide au centre de la pièce par un moyen quelconque (vis ou autre), afin que la machine pivote autour de ce point.

Bien utiliser une perceuse

S'il est un outil électroportatif indispensable, c'est bien la perceuse ! C'est une raison suffisante pour investir dans une machine de bonne qualité. La puissance en elle-même n'est pas un critère, mais elle doit être suffisante pour que le moteur ne fatigue pas.

Le support vertical

Si votre atelier n'est pas assez vaste pour accueillir une perceuse à colonne, envisagez l'achat d'un support de perçage vertical. Cet accessoire autorise à la fois un grand confort de travail et une bonne précision pour la plupart des perçages ou fraisages.

La scie-cloche

Très pratique pour percer des trous Ø 20 à 80 et plus, cet accessoire est utilisable avec ou sans support vertical. Il exige toutefois d'immobiliser la pièce à percer et de travailler à une vitesse assez lente. Suivant le type de lame, il est possible de percer d'autres matériaux que le bois.

Les mèches plates

Ce type de mèches était à l'origine utilisé avec un vilebrequin pour des perçages au-delà d'un diamètre de 10 ou 15 mm. On y a encore recours, car son positionnement est très précis grâce à sa pointe centrale.

1 Ici employée en complément d'un support vertical, la mèche plate est d'une grande précision. Pour un perçage sans éclat, réglez la butée de profondeur du support afin que la pointe de la mèche ressorte à peine de l'autre côté de la pièce, laissant une petite marque.

2 Retournez ensuite la pièce et finissez le perçage à partir de la marque laissée précédemment. Vous obtiendrez ainsi un trou parfaitement net.

Caractéristiques essentielles

Une perceuse électrique de qualité doit comporter :

- Un mandrin de 13 mm, sans clé.
- Une seconde poignée amovible (si possible à serrage d'une main).
- Un variateur électronique.
- Un inverseur de rotation.
- Un verrouillage en marche.
- Un contrôle de couple.

La fraise à encastrer

La plupart des charnières invisibles sont conçues pour se loger dans des fraisages Ø 26 ou 35. Ces fraisages sont en fait des trous borgnes qui s'exécutent à la fraise à encastrer : un outil spécial qui permet aussi de percer des trous traversants.

Les accessoires de ponçage

Une perceuse peut aussi servir à poncer et à façonner des pièces. Il suffit, par exemple, de l'équiper d'un tambour de ponçage, très utile pour adoucir une courbe ou les arêtes d'une pièce. Parfois appelé « polissoir cylindrique », cet accessoire dispose d'un corps en plastique Ø 45 à 130 parfois entouré d'une épaisseur de mousse, sur lequel s'enfile une garniture abrasive de même forme. Si la perceuse n'est pas montée sur un support, il est conseillé de tenir l'outil des deux mains pour le guider fermement. Il faut par ailleurs progresser dans le sens inverse de la rotation pour garder un meilleur contrôle.

1 Équipez la perceuse d'un tambour de diamètre moyen et poussez la pièce régulièrement contre celui-ci. Portez éventuellement des lunettes et un masque de protection.

2 Un plateau ponceur peut recevoir des disques abrasifs de divers grains. Mais il convient mieux au ponçage de finition d'une surface plane qu'à sa rectification.

La fraise à bouchons

Ce type de fraise est disponible en plusieurs diamètres afin de correspondre aux tailles des vis courantes. Les ébénistes s'en servent pour fabriquer des petits bouchons en bois avec lesquels ils masquent les têtes de vis d'assemblage, préalablement encastrées dans un perçage au diamètre.

1 Utilisez une fraise à 90° ou un foret combiné pour réaliser l'avant-trou nécessaire à la tête de vis. Sa profondeur (10 mm) exige d'employer un panneau d'au moins 19 mm d'épaisseur. Enfin, pour être sûr de réaliser un logement perpendiculaire, rien ne vaut un support vertical.

2 Montez la fraise à bouchons du diamètre requis sur une perceuse installée dans un support vertical. Utilisez une chute assez épaisse (19 mm au moins) et réglez la profondeur de perçage à 12 mm. Laissez les bouchons en place jusqu'à leur utilisation.

3 Pour détacher les bouchons, utilisez un petit tournevis et faites levier avec précaution. Déposez une goutte de colle dans l'avant-trou de la vis et enfoncez le bouchon. Veillez à respecter le sens du fil et la teinte de la pièce.

4 Après séchage de la colle, arasez chaque bouchon avec un ciseau bien affûté ou poncez-le avec un abrasif fin monté sur une cale. Le bouchon fait disparaître la vis et rend l'assemblage plus esthétique.

Les techniques d'assemblage

Lorsque toutes les pièces d'une réalisation ont été découpées et façonnées, leur assemblage peut commencer. Si vous disposez de l'espace nécessaire, il est préférable de réserver un coin de votre atelier à cette opération. Il est par ailleurs conseillé de prévoir un établi solide, assez vaste et placé de sorte qu'on puisse tourner autour. Il doit aussi être parfaitement plat afin qu'aucun défaut ne vienne remettre en question la précision des assemblages.

Le perçage

Pour éviter la précipitation et ses fâcheuses conséquences, n'hésitez pas à décomposer l'assemblage en plusieurs étapes, faisant au besoin appel à des techniques et des outils différents.

Très efficace, notamment lorsqu'il est équipé d'une mèche à spirale unique, un vilebrequin permet de percer avec précision des pièces très épaisses. Pour ce faire, placez-vous au-dessus de la pièce et appuyez d'une main sur la poignée arrière de l'outil, l'autre main servant uniquement à la rotation. Dans les bois durs, percez toujours des avant-trous, fraisez-les et retirez-en la sciure avant de visser.

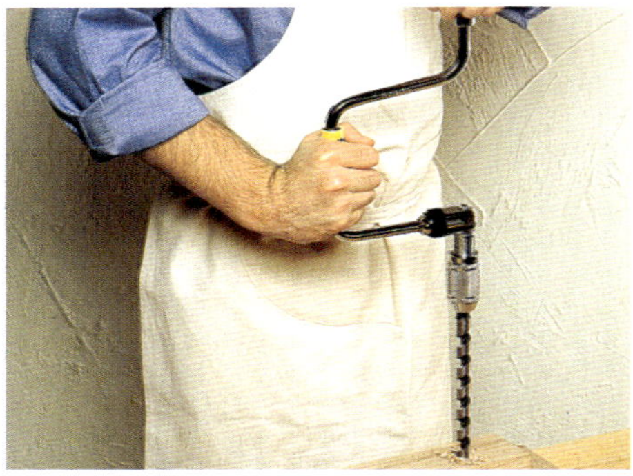

1 Choisissez au départ un vilebrequin à cliquet. Vous pourrez l'actionner par demi-tours et, ainsi, gagner en précision pour guider l'outil.

2 Un foret combiné permet, en une seule opération, de percer un avant-trou pour la vis et de fraiser un logement pour sa tête.

3 Employez toujours un tournevis (ou un embout de visseuse) dont la lame est adaptée à l'empreinte de la vis, et maintenez-le fermement.

4 Une perceuse sans fil est également très utile lors d'un assemblage par vissage. Il faut toutefois veiller à bien régler son couple et à la maintenir dans l'axe de la vis afin qu'elle ne dérape pas.

Le collage

Avant d'appliquer la moindre goutte de colle, effectuez toujours un assemblage à blanc. Refermez bien le biberon de colle après usage afin d'éviter que la colle ne sèche dans la buse. Les colles vinyliques à bois modernes sèchent rapidement : il suffit de maintenir les pièces en contact pendant une dizaine de minutes. Attention toutefois aux taches de colle qui, une fois diluées, peuvent rester visibles à travers une finition claire. Dans certains cas, mieux vaut laisser sécher et gratter la colle délicatement (avec un ciseau bien affûté), que l'essuyer avec une éponge humide.

1 Déposez la colle vinylique sur les surfaces de contact et étalez-la régulièrement à l'aide d'un pinceau.

2 Dès que l'assemblage est sous pression, essuyez l'excédent de colle avec un chiffon humide.

Le serrage

Pour pouvoir mettre les pièces sous presse dès qu'elles sont en contact, il faut prendre l'habitude de garder le nécessaire à portée de main : outre les diverses presses et autres serre-joints – jamais trop nombreux ! –, stockez de petites chutes dans un carton et servez-vous-en comme cales martyrs pour éviter de marquer les pièces.

Les colles

Les colles traditionnelles à base animale ne s'emploient plus guère que de façon assez occasionnelle pour la restauration et les placages. Elles se présentent sous forme solide : plaquettes ou granulés, que l'on chauffe au bain-marie pour les faire fondre. Elles exigent également que l'on chauffe les pièces à assembler et présentent l'inconvénient de ne pas toujours être stables dans le temps... C'est la raison pour laquelle ce type de colle a largement cédé sa place à la colle vinylique. Cette dernière est non toxique, ininflammable et facile à retirer avant séchage à l'aide d'une éponge humide. D'un blanc laiteux, elle devient translucide après séchage. Suivant sa formulation, elle peut sécher rapidement et convenir à un usage extérieur.

Seul un bois sec, propre et non gras accepte bien la colle. En conséquence, si le bois à utiliser est stocké à l'extérieur, il est important de le rentrer suffisamment à l'avance. Il faut ensuite dépoussiérer soigneusement les pièces à assembler et, dans le cas de certains bois tropicaux, dégraisser les surfaces de contact à l'aide d'un solvant. En outre, le collage d'une pièce en bout implique de procéder en deux fois afin que le matériau n'absorbe pas toute la colle : il faut d'abord en déposer une fine couche, laisser sécher, en appliquer une seconde puis assembler.

1 Les presses à vis existent en de multiples tailles, offrant une largeur utile de 25 à plus de 250 mm. Si vous devez les acheter, évitez les modèles bon marché, car ils ont souvent tendance à se déformer ou à casser. Privilégiez les produits de qualité.

2 Les serre-joints automatiques sont en passe de remplacer les presses à vis dans la mesure où ils sont beaucoup plus pratiques. En effet, ils peuvent être serrés et desserrés instantanément et d'une seule main. Mais là encore, seuls les modèles de qualité offrent un serrage puissant.

3 Les presses à panneaux sont destinées à maintenir sans déformation des assemblages de grandes dimensions (panneaux de porte, par exemple). Employées par deux afin de bien répartir la force de serrage, elles imposent la présence de petites cales pour ne pas marquer les chants.

4 Avant d'encoller et de mettre sous presse un tel assemblage, il est indispensable de faire un essai à blanc. On peut ainsi vérifier l'équerrage de l'ensemble. Si un léger défaut résulte de l'usinage des feuillures, tout le panneau se déformera une fois mis sous presse...

Conseil pratique

Un bon moyen de vérifier l'équerrage d'un panneau carré ou rectangulaire est de mesurer ses diagonales. Pour ce faire, positionnez la règle (ou le mètre) de préférence au-dessus des angles et non dans les angles eux-mêmes. Si les diagonales sont égales, l'ensemble est forcément d'équerre.

Ponçage et finition

Quand il ne reste plus qu'à appliquer le vernis ou la cire, l'essentiel du travail de finition a déjà été accompli… Or, du soin apporté à cette préparation dépend le résultat final. C'est pourquoi la précipitation, là encore, est à tout prix à éviter. Si une ponceuse électroportative simplifie la préparation, il faut tout de même s'attendre à donner la touche finale à la main. Cela permet d'effectuer une ultime vérification de toutes les pièces comme de leurs assemblages et, si nécessaire, de rectifier un petit défaut.

Utiliser la laine d'acier

Formée de petits fils entremêlés, la laine d'acier produit un aspect encore plus lisse que le papier abrasif. La grosseur du fil s'échelonne de « fin » ou « 0 » pour le décapage à « 0000 » pour le lustrage. La surface des bois huileux peut ainsi devenir si lisse qu'elle se passe de toute finition supplémentaire.

La laine s'utilise en formant un tampon que l'on passe dans le sens du fil, avant de dépoussiérer à fond.

1 À l'aide d'un tampon de laine d'acier, frottez dans le sens du fil en effectuant des mouvements réguliers.

Utiliser le papier abrasif

Il se définit par son grain, c'est-à-dire par la taille des particules qui, collées sur le support, produisent une action abrasive. Dans le cas du bois, on commence en principe avec un grain 60 ou 80 pour arriver progressivement au 240, qui rend la surface douce et soyeuse au toucher. Chaque grosseur de grain retire les rayures et petits défauts laissés par la précédente. Au-delà du 300, le grain est si fin qu'il est normalement réservé à l'égrenage entre deux couches de vernis.

1 Afin que l'extrémité de vos doigts ne creuse pas le bois, optez pour une cale à poncer en caoutchouc (la cale en bois a tendance à déchirer le papier). Dépoussiérez au fur et à mesure, car la sciure encrasse le papier, surtout avec des bois gras ou résineux.

2 Précis et maniable, un rabot-râpe (aussi appelé râpe Surform) est très utile pour abattre une arête et obtenir un chant arrondi. Sa lame comporte des rangées de petites dents qui laissent peu de marques sur le bois.

3 Pour poncer un chant arrondi, enroulez une feuille d'abrasif sur une chute de quart-de-rond concave (moulure concave) en veillant à ne pas la déchirer. Procédez comme à l'habitude, avec un grain de plus en plus fin.

Utiliser un racloir d'ébéniste

Aussi appelé grattoir d'ébéniste, cet outil est formé d'une mince lame d'acier trempé. Utilisé correctement, il permet d'effacer de petits défauts et, ainsi, d'obtenir une surface particulièrement lisse, sans même recourir à un abrasif. Le racloir s'utilise à deux mains en faisant varier son inclinaison par rapport à la pièce, à mesure qu'on le pousse régulièrement devant soi. Il donne de minuscules copeaux, et non une poudre de bois.

1 Inclinez le grattoir vers l'avant et cintrez-le entre vos doigts afin qu'une partie seulement de la lame entre en contact avec le bois.

2 Les racloirs de formes courbes (voir p. 59) sont très pratiques lorsqu'il s'agit de rectifier des surfaces concaves.

Affûter un racloir

Comme un ciseau ou un fer de rabot, un racloir doit être affûté régulièrement. Sa lame étant destinée à gratter et non à couper, son tranchant doit être parfaitement perpendiculaire aux faces. Pour cela, il doit d'abord être préparé à la lime puis à la pierre à huile. Le racloir serré dans la presse d'établi, on passe ensuite une lame de tournevis sur son tranchant pour faire apparaître un léger morfil.

1 La partie coupante du grattoir doit d'abord être parfaitement plane. Serrez l'outil dans l'établi et préparez-le à la lime.

2 Posez le grattoir bien à plat sur une pierre à huile et polissez-le par des mouvements de va-et-vient successifs.

3 Faites ensuite apparaître un morfil (petite bavure de métal) en passant une lame ronde sur le grattoir. Pour cela, vous pouvez utiliser un tournevis ou tout autre outil en acier pourvu d'un profil rond. C'est le morfil qui constitue le tranchant. Il doit donc être reconstitué régulièrement.

Différentes formes de racloirs d'ébéniste (voir aussi p. 59).

Bien utiliser les ponceuses

Une ponceuse est surtout utile pour dégrossir une surface avant de terminer sa préparation à la main. De ce point de vue, c'est la ponceuse à bande qui est la plus puissante : équipée d'un abrasif à gros grain, elle permet même de diminuer l'épaisseur d'une pièce. Cependant, l'aspect obtenu reste assez grossier. Son usage n'a donc rien à voir avec celui de la ponceuse vibrante, la plus polyvalente des ponceuses électroportatives. Quel que soit son type, votre future ponceuse doit être équipée d'un dispositif qui recueille ou évacue efficacement la poussière, et ce, autant pour votre confort que pour prolonger la vie de la machine et ménager l'abrasif.

La ponceuse à bande

Cet outil doit être manié avec précaution, car il peut rendre une pièce inutilisable en un rien de temps. Pour éviter cela, il faut maintenir la machine à plat et constamment en mouvement ; dirigez-la en souplesse, sans appuyer dessus, car son propre poids est largement suffisant.

Une ponceuse à bande peut éliminer de grosses irrégularités ou décaper de vieilles peintures, mais elle ne convient pas aux travaux de finition. Dans la mesure où elle produit une grande quantité de poussière, cette machine doit toujours être utilisée avec un dispositif qui récupère la poudre de bois. Il peut s'agir d'un embout permettant de raccorder un aspirateur ou un sac (à vider régulièrement pour éviter que le moteur ne chauffe). Pensez également aux lunettes et masque de protection, en particulier lors du décapage de peintures et de vernis.

Les bandes abrasives

Comme les disques, feuilles et autres garnitures abrasives, elles sont disponibles en plusieurs grains : du très gros (24) au très fin (240).

Attention : une bande doit être montée dans le sens de la flèche imprimée sur son envers, afin de correspondre au sens de rotation de la machine.

1 Pour rectifier une surface très irrégulière, poncez d'abord en travers des fibres. Attention : la rotation de la bande a tendance à faire avancer la pièce poncée vers vous. Il est donc impératif de la brider sur l'établi.

2 Poncez ensuite dans le sens du fil et à contre-fil avec le même type d'abrasif. Cela éliminera les marques laissées par le ponçage en travers. Répétez l'opération avec des abrasifs à grain de plus en plus fin.

Les ponceuses vibrantes multifonctions

Ces machines se distinguent par la forme pointue de leur semelle ou plateau, qui permet d'atteindre les angles rentrants. Amovibles ou non, semelles et plateaux reçoivent des garnitures ou patins auto-agrippants qui conviennent aux ponçages de finition, mais pas au dégrossissage.

Grâce à leur forme pointue, semelles et plateaux atteignent les angles sans problème.

La ponceuse « une main »
Aussi appelée « ponceuse de paume », cette machine est une ponceuse vibrante de petite taille, équipée d'une semelle carrée de dimensions réduites. Dépourvue de poignée latérale, elle est destinée aux ponçages qui précèdent de peu la finition. En effet, cette machine laisse de petites marques qui doivent ensuite être effacées par un ponçage manuel. Ces marques résultent du mouvement de la semelle et sont d'autant plus nombreuses lorsque la sciure s'accumule sous l'abrasif. Pour éviter cela, semelles et feuilles sont percées de trous par lesquels la sciure est aspirée et évacuée vers un petit sac. Néanmoins, il faut veiller à remplacer l'abrasif régulièrement et à employer des grains de plus en plus fins (jusqu'au 180 ou 240). Suivant sa taille, la semelle permet d'utiliser un tiers ou une demi-feuille d'abrasif de dimension normalisée (230 x 260 mm), compatible avec un usage à la machine. Même au corindon, ce papier est nettement plus économique que les feuilles vendues aux dimensions des semelles (voir p. 61).

1 Les feuilles correspondant à chaque modèle de ponceuse offrent l'avantage d'être perforées, ce qui assure une extraction efficace de la poussière. Cependant, certains machines sont vendues avec un emporte-pièce (semelle perforante) qui permet de percer les feuilles ordinaires.

2 Une ponceuse « une main » convient bien aux ponçages fins. Pour ce faire, travaillez sur toute la surface en effectuant des mouvements circulaires croisés, et terminez par de longues passes dans le sens du fil.

3 Beaucoup moins abrasive qu'une ponceuse à bande, une ponceuse vibrante est aussi plus facile à contrôler, surtout à la verticale. Ce type de machine est par ailleurs équipé d'une semelle en mousse qui le rend plus confortable à utiliser.

Dans le sens du fil

L'ultime rectification doit toujours être effectuée dans le sens du fil, quel que soit celui-ci. Pour obtenir un résultat satisfaisant, il faut au préalable observer avec soin la face de la pièce, car sur sa longueur, ce sens peut varier et même s'inverser… Le ponçage de fibres grossières ou très irrégulières n'étant pas aisé, vous pourrez être amené à rejeter certaines pièces, à moins de contourner la difficulté en rabotant les zones à problèmes avec un rabot de retouche (fer sorti au minimum). Il est également possible d'utiliser un racloir d'ébéniste, fort utile dans ces circonstances.

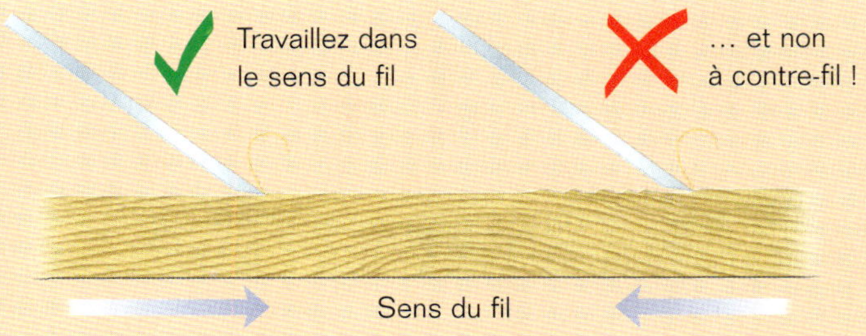

6

LES ASSEMBLAGES

Les techniques de base exposées dans le chapitre précédent trouvent leur prolongement dans le domaine des assemblages. Patience, soin et souci du détail sont nécessaires pour aborder ces derniers. Comprendre leur fonction vous aidera également à choisir le plus approprié. Il existe en effet un grand nombre d'assemblages, faisant appel à des techniques très anciennes. Certains sont assez faciles à maîtriser, lorsqu'il s'agit par exemple de superposer deux pièces ; d'autres exigent davantage d'habileté mais offrent une résistance nettement supérieure et un aspect plus décoratif. Le propos de ce chapitre est de les décrire simplement afin qu'avec un peu de pratique et de bons outils, chacun puisse les utiliser comme il l'entend.

Les assemblages feuillurés et à mi-bois

L'assemblage le plus simple est obtenu en superposant deux pièces, mais ce n'est pas le plus résistant. Il faut souvent ajouter un renfort (colle, chevilles, pointes, vis...) ou modifier la géométrie des pièces. On peut ainsi avoir recours, lorsque les pièces sont de même épaisseur, à un assemblage à mi-bois.

Assemblage d'angle à feuillure

Très facile à réaliser, cet assemblage sert, par exemple, à réunir les côtés d'un tiroir ou d'une boîte. Ils gagnent ainsi en rigidité par la présence d'arasements, qui offrent un appui aux pièces rapportées (voir aussi p. 110 en bas). Quoi qu'il en soit, l'assemblage nécessite d'être renforcé à l'aide de fines pointes.

1 À l'aide d'une équerre et d'un poinçon (ou au trusquin), repérez l'entaille à réaliser à mi-épaisseur de la pièce. Puis découpez l'arasement à la scie à dos (lame côté chute).

2 Bridez la pièce sur l'établi ou dans sa presse, puis attaquez-la en bout au ciseau. Progressez jusqu'au repère tracé à mi-épaisseur en laissant 1 à 2 mm de marge.

3 Rectifiez la partie horizontale à l'aide d'un ciseau dont le fer doit être de même largeur. Vérifiez l'exactitude de l'assemblage avec l'autre pièce (photo du haut), encollez et clouez.

Assemblage en onglets à mi-bois

Collé puis cloué par-dessous, cet assemblage est deux fois plus résistant qu'un simple assemblage en onglets.

Ci-dessus Assemblage en onglets à mi-bois terminé. Notez qu'un seul chant d'extrémité est visible.

1 À l'aide d'une équerre, repérez l'entaille à mi-bois sur la pièce supérieure. Réalisez ensuite l'entaille à la scie et au ciseau, puis rectifiez au ciseau l'arasement obtenu.

2 Retournez la pièce, tracez la diagonale à l'équerre (à 45°) et hachurez la chute au crayon. Découpez-la à la scie à dos. Présentez ensuite cette pièce sur l'autre afin de reporter la découpe correspondante.

3 Commencez par découper l'arasement en diagonale de la seconde pièce, puis attaquez-la en bout avec un ciseau étroit. Rectifiez l'entaille jusqu'à obtenir un assemblage parfaitement jointif. Collez ensuite les pièces.

Assemblage à mi-bois en croix

On l'emploie lorsque deux pièces de même épaisseur se croisent à angle droit. Taillez joues et côtés avec précision afin d'obtenir un assemblage jointif.

Ci-dessus Assemblage à mi-bois en croix terminé.

1 Repérez la largeur et la profondeur de l'entaille à réaliser en sous-face de la pièce supérieure. Faites ensuite plusieurs traits de scie en travers de la future entaille.

2 Creusez l'entaille au ciseau en faisant sauter les morceaux de bois un à un. Cette méthode permet de creuser l'entaille sans risquer de fendre le bois.

3 Rectifiez le fond de l'entaille au ciseau afin qu'il soit parfaitement plan. Pour ce faire, maintenez le ciseau à l'horizontale et travaillez de l'extérieur vers le centre.

4 Bridez la seconde pièce à entailler dans la presse de l'établi. Posez la première pièce par-dessus pour repérer l'entaille. Puis répétez les étapes 1 à 3.

Assemblage à mi-bois en T à queue d'aronde

Aussi appelé « trave à queue d'hironde » du fait de la forme trapézoïdale des tenons, cet assemblage permet de rendre solidaires deux pièces en T.

Ci-dessus Assemblage terminé.

1 Entaillez la pièce supérieure à mi-bois (comme pour un assemblage standard) puis retournez-la et tracez la queue d'aronde à la fausse équerre.

2 Serrez la pièce verticalement dans l'étau de l'établi et découpez les côtés de la queue d'aronde à la scie à dos. Rectifiez ces côtés au ciseau.

3 Posez la queue d'aronde sur la pièce inférieure afin d'y reporter sa forme. Entaillez, puis rectifiez avec un guillaume d'ébéniste afin d'obtenir un assemblage parfaitement jointif. Encollez et assemblez.

Rainures, Feuillures et Enfourchements

Une autre façon d'assembler deux pièces perpendiculaires est de rainurer la face de la première pour y engager le chant de la seconde. Leur positionnement est précis et l'assemblage très rigide.

Assemblage à rainure simple

Il permet de rendre solidaires deux pièces perpendiculaires, de type montant et traverse. Le plus souvent, les deux pièces s'assemblent sur toute leur largeur ; la rainure peut aussi s'arrêter avant d'atteindre le chant de l'élément vertical (voir p. 116).

Ci-dessus Assemblage à rainure simple terminé.

1 Le montant doit être suffisamment épais pour accepter une rainure d'au moins 10 mm de profondeur. Quant aux chants des traverses, ils doivent être parfaitement d'équerre.

2 Reportez l'épaisseur de la traverse sur l'un des chants du montant. Tracez et coupez les côtés. Puis creusez l'entaille à mi-épaisseur.

3 Pour rectifier l'entaille et obtenir un assemblage jointif, entourez une chute de tasseau avec du papier abrasif. Poncez bien à plat pour éviter de creuser les côtés et le fond. Si cela est nécessaire, poncez également l'extrémité de la traverse. Encollez et assemblez.

Assemblage à rainure et feuillure

Pour augmenter la rigidité d'un assemblage à rainure, majorez légèrement la longueur du montant rainuré (voir photo page suivante, en bas à droite). Cela permet d'offrir un appui à l'arasement de la feuillure correspondante, réalisée à l'extrémité de la traverse.

1 Repérez à l'équerre ou au trusquin la feuillure à l'extrémité de la traverse puis taillez l'arasement à la scie à dos. Faites ensuite sauter la chute et rectifiez la feuillure au ciseau.

2 Réglez l'écart des pointes du trusquin d'après l'épaisseur de la feuillure. Puis réglez le talon de l'outil afin de pouvoir tracer la rainure à l'emplacement requis.

Assemblage à enfourchement simple

On l'emploie presque toujours dans un angle à 45 ou 90°. Il convient également aux faibles sections. L'épaisseur de la partie mâle (tenon) équivaut habituellement au tiers de l'épaisseur totale de la pièce.

Ci-dessus Assemblage d'angle à enfourchement (dit aussi « à enture ») simple.

1 Tracez la fourche à l'équerre ou au trusquin ; sa largeur doit correspondre au tiers de l'épaisseur totale de la pièce. Découpez-la à la scie à dos et finissez au ciseau.

2 Sans dérégler le trusquin, tracez le tenon correspondant à l'extrémité de l'autre pièce. Appuyez le talon toujours sur la même face de la pièce. Hachurez les chutes au crayon.

3 Bridez à plat la pièce comportant le tenon, sciez ses arasements et ses joues à la scie à dos. Laissez un peu de matière sur le tenon pour disposer d'une marge d'ajustement.

4 Assemblez les deux pièces à blanc sur une surface plane. Le moindre défaut à rectifier sur le tenon apparaîtra alors clairement. Pour finir, encollez et assemblez.

3 Tracez la rainure à l'emplacement voulu, à l'extrémité du montant. Repérez ensuite la profondeur de la rainure. Découpez-la latéralement à la scie à dos, puis évidez au ciseau.

Ci-dessus Assemblage d'angle à rainure et feuillure.

TENONS ET MORTAISES

Les assemblages par tenons et mortaises comptent parmi les plus utiles qui soient. Les maîtriser permet d'aborder la réalisation de portes à panneaux et autres menuiseries traditionnelles. Leur secret ne réside pas tant dans l'absence de jeu entre le tenon et la mortaise, que dans la précision des arasements et des joues du tenon. Ces derniers confèrent à l'assemblage toute sa rigidité.

Tenons et mortaises « standard »

Sans même qu'il soit question de leurs évolutions (assurant des assemblages encore plus rigides), les tenons et mortaises ordinaires permettent déjà de répondre à des situations variées. C'est toujours la mortaise qui est réalisée en premier ; pour ce faire, réglez l'écart des pointes du trusquin à un tiers de l'épaisseur de la pièce.

1 Ajustez la position du talon du trusquin et tracez la mortaise, bien centrée, sur le chant de la pièce. Reposez le trusquin sans modifier l'écart des pointes, car il resservira pour tracer la découpe du tenon.

2 À l'emplacement de la mortaise, percez une série de trous à la profondeur voulue. Un foret à pointe de centrage permet d'aligner facilement tous les perçages. Comme ils doivent être de même profondeur, utilisez un support de perçage ou une perceuse à colonne.

3 Rectifiez ensuite les joues de la mortaise au ciseau à fer large en vous guidant sur les repères tracés initialement. Effectuez cette opération sans précipitation et avec soin pour ne pas risquer de fendre le bois.

4 Utilisez un ciseau plus étroit, de même largeur que la mortaise, pour rectifier ses abouts. Pour plus d'efficacité, vous pouvez employer ici un bédane. Finissez en tout cas au ciseau afin d'obtenir des angles parfaits.

5 Sur toutes les faces de la pièce, repérez les découpes correspondant au tenon. Utilisez pour ce faire votre trusquin en le guidant toujours contre la même face. Hachurez les chutes et repassez sur les arasements avec un cutter.

6 Serrez la pièce dans la presse de l'établi ou bridez-la. Puis taillez d'abord les arasements à la scie à dos, en plaçant sa lame côté chute. Prenez garde de ne pas couper trop profondément.

7 Redressez la pièce afin de tailler les joues du tenon, là encore en plaçant la lame côté chute. Si la pièce est bien verticale, vous aurez toutes les chances de couper droit. Prenez votre temps pour effectuer ces découpes : cela simplifiera grandement la rectification.

8 Bridez la pièce à plat et rectifiez les joues du tenon avec un ciseau assez large. Poussez-le d'une main et guidez sa lame d'un doigt afin qu'elle reste parfaitement à l'horizontale. De temps à autre, essayez le tenon dans la mortaise pour guider votre travail.

Tenon et mortaise traversante à renforts externes

Cette variante des assemblages à tenon et mortaise est de loin la plus résistante des assemblages à tenon et mortaise. On la rencontre dans les menuiseries soumises à des contraintes importantes. La mortaise permet en effet d'enfoncer des chevilles ou « clés » de part et d'autre du tenon. Lorsque les clés sont collées, l'assemblage est à toute épreuve, même si le bois se rétracte.

1 Deux légers biseaux tracés sur les faces de la pièce suffisent à bloquer l'assemblage. Repérez-les à chaque extrémité de la mortaise et découpez-les avec le bout de la scie à dos.

2 Rectifiez les biseaux au ciseau (ou au bédane), en vous guidant d'après les repères tracés sur les faces de la pièce. Reportez cet angle sur de petites chutes afin de tailler les « clés » correspondantes.

3 Encollez les surfaces de contact et assemblez les pièces. Enfoncez ensuite les clés en les frappant alternativement afin que les deux pièces restent bien perpendiculaires. Laissez sécher avant d'araser.

Tenon double

Lorsque la pièce à assembler est très large – la traverse centrale d'une porte à panneaux, par exemple –, il n'est pas conseillé de façonner un tenon ordinaire, car la mortaise correspondante affaiblirait trop l'autre pièce. C'est pourquoi on réalise à la place deux tenons juxtaposés.

1 Réalisez une double mortaise borgne à la manière habituelle. Pour des tenons de 50 mm de large, laissez un intervalle équivalent entre eux.

2 Découpez et rectifiez les deux tenons comme s'ils ne faisaient qu'un. Puis retirez la partie centrale et rectifiez les arasements et les côtés au ciseau.

3 Faites un assemblage à blanc afin de vérifier que les tenons rentrent sans jeu dans les mortaises. Assurez-vous qu'il reste assez de place pour la colle.

Tenon et mortaise borgne à renforts internes

Cette variante de l'assemblage à renforts externes (voir ci-dessus) offre l'avantage d'être compatible avec une mortaise ordinaire. Tout aussi solide, elle est également nettement plus discrète. En contrepartie, la précision est essentielle, car l'assemblage ne peut être effectué qu'une seule fois !

1 Réalisez une mortaise borgne et un tenon classiques. Puis effectuez deux entailles jusqu'à mi-longueur du tenon. Ce sont elles qui, sous la pression des clés, écarteront les extrémités du tenon, le bloquant ainsi dans sa mortaise.

2 Découpez deux petites clés, juste assez longues pour s'enfoncer complètement lorsqu'elles rencontreront le fond de la mortaise. Placez-les dans les entailles, encollez les surfaces de contact et assemblez.

LES ASSEMBLAGES SUR CHANT

Associant une grande rigidité à une présentation décorative, l'assemblage à queues d'aronde est le plus classique des assemblages sur chant. Il est fréquemment utilisé pour la réalisation de meubles de facture traditionnelle et témoigne de l'habileté de ceux qui les ont construits.

Assemblage à queues d'aronde découvertes

Le repérage doit ici être très précis et l'exécution soignée. L'orientation des queues d'aronde détermine la façon d'assembler les pièces.

1 Avant de tracer les tenons et mortaises correspondant aux queues d'aronde sur la première pièce, assurez-vous que son chant est parfaitement d'équerre. Si cela est nécessaire, dressez-le au rabot en plaçant la pièce sur un montage.

2 Dans un bois dur, des angles d'environ 7° offrent une résistance élevée sans affaiblir les tenons. Notez que les mortaises d'extrémité sont moitié moins larges que les mortaises intermédiaires.

3 Hachurez toujours les chutes à retirer (ici les mortaises) afin d'éviter les confusions. Utilisez un poinçon ou un cutter pour marquer les coupes des arasements.

4 Serrez la pièce à la verticale pour découper les côtés des tenons. Inclinez la pièce d'un côté (de 7°) afin d'effectuer la moitié des découpes à la verticale. Puis inclinez-la de l'autre côté pour les autres découpes.

5 Utilisez une scie à chantourner pour découper les chutes séparant les tenons. Clairement repérées, elles permettent d'éviter toute confusion.

6 Serrez la pièce sur chant pour finir de découper les demi-mortaises d'extrémité à l'aide d'une scie à dos.

7 Placez la pièce à plat pour rectifier côtés et arasements au ciseau. Travaillez progressivement, en direction des repères, en vous assurant que les faces obtenues sont parfaitement verticales.

8 Pour reporter la position des tenons de la seconde pièce, serrez celle-ci à la verticale en la faisant dépasser de 20 mm environ au-dessus de l'établi. Déposez ensuite de la craie sur toute la longueur du chant.

9 Posez la première pièce à plat sur une chute de 20 mm d'épaisseur et faites reposer ses tenons sur le chant de la seconde pièce. L'ensemble étant d'équerre, reportez la position des tenons sur le chant de la seconde pièce.

10 Marquez les emplacements des mortaises au cutter et hachurez-les. Retirez les chutes correspondantes (étapes 4 à 7). Puis rectifiez les tenons au ciseau jusqu'à ce que les deux pièces s'assemblent parfaitement.

Les autres assemblages sur chant

Plusieurs variantes d'assemblages à queues d'aronde ont été créées pour répondre à des exigences diverses. Ces variantes étant généralement plus complexes que les queues d'aronde découvertes, mieux vaut bien maîtriser ces dernières avant de les aborder. Les assemblages à queues semi-recouvertes ou à queues recouvertes une face (queues de tiroir) sont principalement employés pour les façades de tiroirs. Plus discrètes, les queues d'aronde à double recouvrement (queues recouvertes) sont insoupçonnables, mais elles impliquent de laisser apparente une partie des chants latéraux de la façade. Un inconvénient que ne présentent pas les queues perdues (ou cachées) qui, en contrepartie, nécessitent des coupes en onglets.

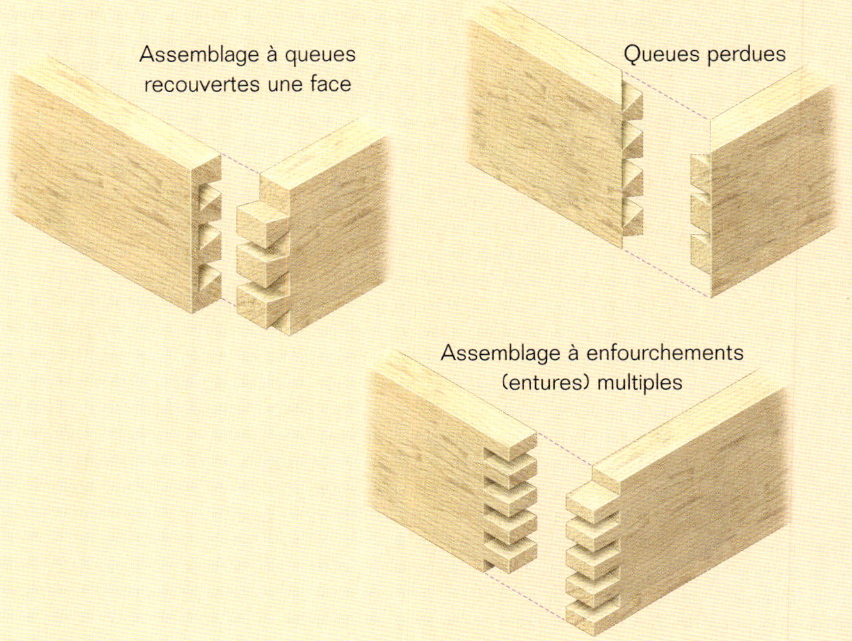

Ci-dessus L'assemblage terminé.
Les queues d'aronde tirent leur nom de leur forme trapézoïdale qui rappelle celle d'une queue d'hirondelle. Il arrive parfois que les tenons d'un des côtés soient moins larges que les mortaises qui les séparent. Quoi qu'il en soit, un assemblage parfait exige toujours de repérer les mortaises de la seconde pièce à partir des tenons de la première.

Les assemblages à rainure

Réalisables en série et sans difficultés, les assemblages à rainure font appel à une défonceuse équipée d'une fraise à rainurer, droite ou circulaire. Pour produire les meilleurs résultats, cette technique exige une approche méthodique et un minimum de précision dans les réglages. Il est donc préférable de vérifier systématiquement ces derniers, en essayant la machine sur une chute avant de façonner les pièces.

Rainure borgne

Elle est idéale pour assembler des étagères ou pour inclure un cloisonnement vertical. La rainure, simplement fraisée en une seule passe à la défonceuse, dispose d'une largeur égale à l'épaisseur de la pièce qui vient s'y loger. La rigidité de l'assemblage dépend uniquement de la précision de l'usinage. Si celui-ci se prolonge jusqu'au chant de la pièce, il s'agit d'une rainure simple. Dans le cas contraire, c'est une rainure borgne.

1 Délimitez l'extrémité avant de la rainure et commencez le fraisage par l'extrémité opposée en vous arrêtant un peu avant le repère.

2 Pour éviter tout éclatement (ici du panneau en médium), délimitez la rectification au cutter.

3 Rectifiez ensuite l'extrémité de la rainure avec un ciseau de même largeur.

4 Présentez le second panneau pour un essai à blanc, puis encollez la rainure et assemblez.

Rainure et languette

Une défonceuse est tout particulièrement destinée à fraiser des panneaux sur leur longueur. Selon l'épaisseur du bois et la fraise utilisée, elle permet également de réaliser des languettes en une ou deux passes.

Ci-dessus Assemblage à rainure et languette terminé.

1 Réglez le guide latéral de la machine et fraisez une rainure sur toute la longueur de la première pièce.

2 Réglez à nouveau le guide et fraisez la languette sur le chant de la seconde pièce. Une fraise à bouveter permet de réaliser la languette en une seule passe, sans retourner la pièce.

Rainure et languette en queue d'aronde

Seule une fraise à queue d'aronde permet de réaliser facilement ce type d'assemblage qui, s'il était exécuté à la main, demanderait un temps considérable et une précision extrême. Cette fraise n'est utilisée que pour rectifier une rainure ordinaire exécutée au préalable à la profondeur souhaitée. Il en va de même pour la languette du chant qui est d'abord fraisée à la manière habituelle (en prenant en compte la largeur la plus importante de la rainure) puis rectifiée au rabot ou à la fraise à queue d'aronde. Une fois assemblé, l'ensemble offre une excellente rigidité.

Pour réaliser une languette régulière en une seule opération, posez la défonceuse sur un guide biseauté réalisé spécifiquement pour cela, ou fixez-la en biais. Une machine combinée à bois (équipement combinant plusieurs machines) est également très pratique.

1 Exécutez d'abord une rainure à profil carré ou rectangulaire à la fraise droite. Puis utilisez la fraise à queue d'aronde pour la rectification.

2 Fraisez la languette correspondante puis rectifiez-la des deux côtés avec un guillaume d'ébéniste.

À droite Assemblage à rainure et languette en queue d'aronde terminé.

Profils et contre-profils

Indispensables pour réaliser des bâtis de portes à panneaux, ces assemblages font appel à des fraises à profils inversés.

1 Ce type d'assemblage exige de régler parfaitement la profondeur de chacune des fraises afin que les faces des pièces restent sur le même plan ; effectuez des essais sur des chutes.

2 Fraisez le profil mâle avant de fraiser le chant femelle. Progressez lentement afin d'obtenir une surface exempte de défauts.

3 Une fois réalisés, les deux profils doivent correspondre exactement. Vérifiez-le en disposant les pièces sur une surface plane et en les assemblant à blanc.

LE TOURILLONNAGE

Les tourillons en hêtre offrent un moyen simple et rapide de réaliser des assemblages d'angle. Ils sont disponibles en trois dimensions courantes : Ø 6 x 30, 8 x 40 et 10 x 40 mm ; leur diamètre se choisit en fonction de l'épaisseur des pièces, en comptant une marge suffisante : Ø 6 pour 15 mm, 8 pour 18 ou 19 mm, 10 pour 21 mm et plus, etc. Plusieurs méthodes permettent de repérer les emplacements des tourillons.

Les centreurs

Ces douilles métalliques permettent de reporter l'emplacement exact des trous sur la pièce en vis-à-vis. Leur diamètre correspond à celui des tourillons.

Ci-dessus Les tourillons sont invisibles une fois l'assemblage réalisé.

Conseil pratique

Les meilleurs tourillons sont cannelés afin de faciliter la répartition de la colle.

1 Utilisez un foret à pointe de centrage afin de percer chaque logement avec précision. Un ruban adhésif enroulé autour du foret sert de repère de profondeur. Pour être sûr de percer à la verticale, utilisez un support ou une perceuse à colonne.

2 Placez les centreurs dans les trous puis présentez les deux pièces comme si vous procédiez à leur assemblage. Ce faisant, vérifiez qu'elles sont bien d'équerre.

3 Percez la seconde pièce à la profondeur voulue en utilisant les repères laissés par les centreurs.

4 Encollez les tourillons, enfoncez-les dans leur logement et assemblez.

Le guide de perçage

Aussi appelé « tourillonneur », cet accessoire accepte en général les diamètres 6, 8 et 10 même si les modèles diffèrent selon les marques. Plus cher qu'un jeu de centreurs, il est aussi plus précis et donc vite amorti si vous utilisez souvent la technique du tourillonnage.

1 Repérez les pièces pour éviter les confusions lors du perçage. Serrez-les dans le guide en veillant à les placer correctement l'une par rapport à l'autre et à aligner leurs chants.

2 Repérez la profondeur de perçage sur le foret avec du ruban adhésif. Percez ensuite le chant de la pièce B et, dans la foulée, la face de la pièce A.

3 Repositionnez le guide, effectuez les trous suivants, puis encollez les tourillons ainsi que les surfaces de contact et assemblez les pièces.

Les chevilles plates

Parfois appelées « biscuits », ces chevilles bien particulières étaient à l'origine l'exclusivité d'une marque (Lamello) dont le nom sert encore à les désigner. Fabriquées avec des fibres de hêtre comprimées sous haute pression, elles mesurent 4 mm d'épaisseur et existent en trois tailles : 0 (45 x 15 mm), 10 (55 x 19) et 20 (61 x 23). Stockées à l'abri de l'humidité, ces chevilles gonflent légèrement sous l'effet de la colle, si bien qu'elles permettent un assemblage sans jeu.

Assemblage chanfreiné

Le repérage et l'exécution de leur logement sont simples : il suffit de présenter les deux pièces à assembler face contre chant et de tracer quelques traits de crayon aux intervalles requis, puis de fraiser les logements des chevilles à l'aide d'une lamelleuse.

1 Pour fabriquer un socle (ouvert par-dessous), présentez les pièces en alignant leurs chants et tracez les emplacements des chevilles.

2 Serrez chaque pièce sur chant et fraisez les logements des chevilles en alignant le repère du kit de fraisage sur celui de la pièce.

3 Bridez l'autre pièce à plat sur l'établi et, en tenant fermement la lamelleuse, fraisez le demi-logement de cheville correspondant au premier.

4 Pour fraiser des logements sur un chanfrein, orientez la semelle de la lamelleuse en suivant l'angle correspondant (ici à 45°). N'hésitez pas à soutenir la machine avec une cale de l'épaisseur voulue.

5 Dépoussiérez bien leurs logements avant d'encoller modérément les chevilles et de les y placer.

6 Encollez également les surfaces de contact des pièces et assemblez le tout. Pour finir, mettez sous presse (ici à l'aide d'une presse à sangle).

Assemblage en onglets

Coupés en onglets, les éléments d'un bâti ou d'un cadre peuvent également être assemblés avec des chevilles plates, s'ils présentent une épaisseur suffisante. Les logements sont percés de la même manière que précédemment.

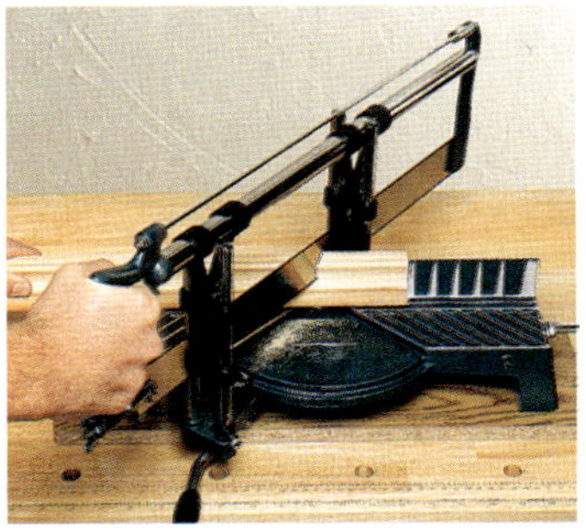

1 Pour obtenir une coupe en angle précise, découpez les pièces à l'aide d'une scie à onglets.

2 Présentez les pièces d'équerre, chant contre chant. Tracez un trait au crayon en guise de repère.

3 La forme des chevilles leur permet de se centrer automatiquement dans les fraisages correspondants.

Les assemblages de panneaux

Bien que les dérivés du bois soient disponibles en grands panneaux, il est parfois nécessaire de les assembler chant contre chant afin de les prolonger ; et bien sûr, on est aussi amené à les assembler en angle. Il existe pour ce faire plusieurs méthodes et accessoires, que l'on retrouve souvent dans les meubles en kit. Toutefois, chacun peut y recourir pour ses propres réalisations.

Feuillures à mi-bois

Ce type d'assemblage s'exécute très facilement avec une défonceuse. Il est très utile pour juxtaposer des panneaux plaqués dans un but décoratif.

1 Équipez votre défonceuse d'une fraise à feuillurer. Réglez son guide latéral, ainsi que la profondeur de coupe à mi-épaisseur des panneaux.

2 Encollez les feuillures des panneaux et assemblez-les. Lorsque les veinages se correspondent, la jonction des panneaux est quasi invisible.

Fausse languette

Très résistant, cet assemblage suppose de fraiser une rainure au milieu du chant de chaque panneau afin qu'elle reçoive une fausse languette. Utilisez une fausse languette en contreplaqué de 5 mm d'épaisseur : elle est incontestablement plus résistante à la flexion qu'un équivalent en bois dur.

1 Fraisez le chant des deux panneaux en tenant compte de la largeur de la languette. Encollez l'une des rainures et mettez la languette (coupée à la longueur souhaitée) en place.

2 Encollez la rainure du second panneau et assemblez-le. Bridez fermement l'ensemble à plat sur l'établi avant de le mettre sous presse transversalement.

Assemblage abouté en sifflet

On peut abouter deux panneaux en contreplaqué après avoir biseauté leurs chants correspondants. Exécuté correctement, cet assemblage est suffisamment résistant pour permettre de cintrer le panneau obtenu.

1 Les chants des panneaux peuvent être biseautés à l'aide d'un rabot : il faut cependant le guider sur une chute, elle-même biseautée.

2 Encollez et assemblez. Avant de mettre sous presse, enfoncez quelques fines pointes pour maintenir les panneaux. Vous les retirerez après séchage.

Excentriques d'assemblage
Il en existe de nombreux modèles dans le commerce, mais les plus courants sont en métal. Tous permettent de rendre solidaires des panneaux perpendiculaires en un quart de tour de tournevis. On peut ainsi percer en série des logements dans les chants des panneaux et fraiser les logements correspondants dans les faces, puis assembler les deux panneaux en une seule opération.

1 Fraisez les logements correspondant aux deux moitiés de l'élément d'assemblage en suivant les instructions ou le gabarit du fabricant. Puis mettez-les en place.

2 Emboîtez la partie mâle de l'élément dans la partie femelle et verrouillez l'assemblage en tournant l'excentrique d'un quart de tour.

Vis d'assemblage
Ces vis particulières disposent d'un filetage assez gros conçu pour pénétrer dans les panneaux de particules sans les faire éclater. Elles peuvent être vendues avec un guide spécial, que vous utiliserez pour percer les avant-trous traversants nécessaires.

1 Positionnez le guide (ou, à défaut, un guide à tourillons, voir p. 118) à l'endroit souhaité et percez les avant-trous traversants nécessaires.

2 À l'aide du même guide, effectuez les perçages correspondants dans les chants du second panneau. Utilisez pour ce faire un foret de plus petit diamètre, équipé d'une butée de profondeur.

Taquets d'assemblage

Fabriqués en plastique, ces accessoires se substituent aux traditionnels tasseaux ; ils se vissent de la même façon dans chacun des panneaux.

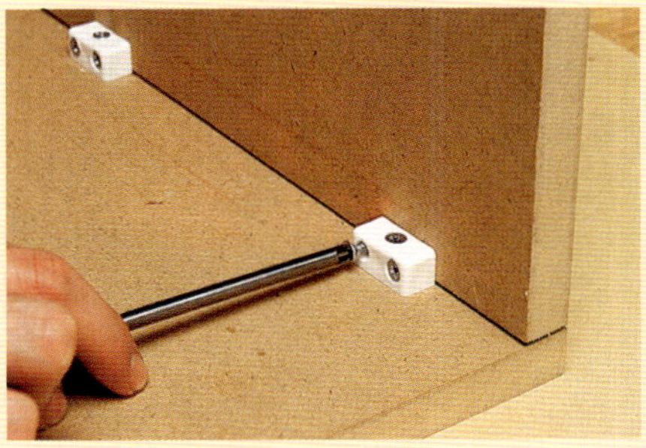

Ferrures de plan de travail
Contrairement aux tourillons, ces éléments sont démontables et peuvent être utilisés pour des assemblages temporaires. Ils permettent aussi un assemblage beaucoup plus résistant, mais ne sont compatibles qu'avec des panneaux épais (30 mm au moins).

1 Alignez le chant des panneaux. Repérez l'emplacement des ferrures, fraisez le logement des étriers (Ø 35) à 20 mm des chants et sciez les rainures de 10 x 10 (profondeur x largeur).

2 Pour un alignement parfait et un assemblage définitif, prévoyez des tourillons ou des chevilles plates. Puis aboutez les panneaux, placez les ferrures et serrez leurs écrous.

Les assemblages spéciaux

Certaines pièces ne peuvent être assemblées directement : il faut au préalable effectuer des découpes spéciales correspondant à leur profil. Suivant sa complexité, ce profil peut être relevé à la main ou, dans le cas d'une moulure, à l'aide d'un calibre de profilage (peigne à moulures).

Utiliser un calibre de profilage

Cet outil comporte un certain nombre de « dents » en plastique qui coulissent indépendamment les unes des autres. Placées au contact d'un profil quelconque, concave ou convexe, elles permettent de reporter celui-ci à l'identique sur une autre pièce. Avant de l'utiliser, assurez-vous que la moulure à copier repose sur une surface parfaitement plane.

1 Présentez le calibre verticalement, en travers de la moulure à copier, et appuyez dessus jusqu'à ce que les dents situées de part et d'autre de la moulure touchent le support.

2 Tracez un repère à l'équerre en travers du dos de l'autre pièce. Posez ensuite le calibre à plat, alignez-le avec le repère et reportez le profil correspondant au crayon.

3 Serrez la moulure verticalement et coupez-la transversalement, le long du repère tracé à l'équerre. Puis découpez le profil à la scie à chantourner en suivant précisément le tracé.

4 Pour finir, rectifiez la découpe avec une gouge de sculpteur. Exécutez l'opération avec soin pour ne pas faire éclater les fibres au bout de la pièce.

Copier à main levée

Un profil simple peut être reporté à la main, à l'aide d'un crayon appuyé sur une petite cale que l'on fait glisser le long du profil à copier.

1 Appuyez le crayon bien à plat contre la cale et faites coulisser celle-ci vers le bas. Le crayon reporte alors le profil sur l'autre pièce.

2 Retaillez ensuite la pièce à la scie à chantourner : cette dernière permet une coupe nette et donc un assemblage précis.

À gauche L'assemblage terminé.

Habillage et Assemblage des chants

Diverses moulures peuvent être utilisées pour réaliser des assemblages et/ou habiller des chants de panneaux de dérivés du bois. Facilement disponibles en grandes surfaces de bricolage (GSB), elles existent en plusieurs essences et profils courants. Il est alors facile de les assortir aux nombreux panneaux plaqués utilisés dans l'aménagement.

Les moulures en bois

1 Vissée dans l'angle formé par deux panneaux perpendiculaires (voir étape 2), une moulure de section triangulaire permet de réaliser un assemblage simple et discret. Ci-dessus, on la visse dans le premier panneau.

2 Une moulure concave a été choisie ici pour habiller la partie extérieure de l'angle et renforcer l'assemblage. Pour ce faire, elle est collée puis clouée.

3 Une moulure épaisse peut servir à masquer le chant d'une tablette. Réalisé à l'aide de chevilles plates, cet assemblage confère à la tablette une extrême solidité, tout en dissimulant élégamment la bordure.

4 Complétez le collage de la moulure avec de petites pointes à tête d'homme, enfoncées à l'aide d'un chasse-pointes.

Les chants thermocollants

1 Les chants peuvent être masqués par une multitude de bandes thermo-adhésives, synthétiques ou en vrai bois de placage. Ces bandes se collent à l'aide d'un fer à repasser (position « laine ») qui permet de faire fondre la colle.

2 Laissez la colle refroidir une demi-heure puis arasez les côtés de la bande, toujours plus large que le chant à habiller. Pour cela, utilisez un ciseau à bois, un cutter ou un rabot. Dans tous les cas, terminez en ponçant soigneusement.

7

TECHNIQUES AVANCÉES

Pour un débutant, l'une des principales qualités à acquérir est la précision, tant dans la prise de mesures que dans le façonnage du matériau brut : elle seule permet d'obtenir des surfaces planes, des chants perpendiculaires, des angles droits et finalement, des assemblages jointifs. Cela se complique dès que l'on travaille un matériau naturel qui, de fait, comporte certains défauts et irrégularités. Habileté et expérience aident toutefois à surmonter ces difficultés et à tirer le meilleur parti possible de chaque pièce de bois en lui trouvant, quand cela est nécessaire, une finalité différente de celle que l'on avait initialement prévue. Cette approche a conduit à sculpter, cintrer et former le bois à l'aide de divers outils et techniques qui rendent possible la création d'une infinité d'objets, du simple bol à la sculpture la plus complexe. Tel est le propos de ce chapitre qui, en indiquant quelques pistes à explorer, vous permettra d'approfondir vos connaissances en menuiserie.

COURBES ET CINTRAGES

Une des qualités principales du bois est de parler à au moins deux de nos sens : la vue et le toucher. Ainsi de nombreux objets en bois sont-ils autant faits pour le plaisir de l'œil que pour celui des doigts. Cela se retrouve notamment dans les arêtes adoucies et la plupart des courbes, qu'il s'agisse du chant avant du plateau d'un guéridon ou de la ligne que suit le dossier d'un fauteuil. Des courbes auxquelles bien peu de menuisiers résistent, d'autant que les possibilités d'en créer sont quasiment sans limites.

Les découpes décoratives

Ajourer un panneau plein constitue une façon très simple de l'ornementer. Compte tenu de la facilité avec laquelle elles se réalisent, les courbes sont les plus fréquemment réalisées. À cet égard, peu d'outils peuvent rivaliser avec la scie à chantourner dont la lame s'introduit *via* un perçage situé au centre ou à l'extrémité d'un motif. Cette lame est par ailleurs si fine qu'elle autorise des découpes d'un très faible rayon.

1 Décrochez la lame à l'opposé de la poignée, passez-la à travers le perçage initial, refixez-la sur la monture et tendez-la normalement. La hauteur de la monture, qui peut atteindre 30 cm, permet d'effectuer les découpes assez loin des chants.

2 Serrez la pièce à la verticale et repositionnez-la chaque fois afin de toujours scier à l'horizontale. Ce type de lame coupe en tirant, pour une meilleure précision.

La découpe circulaire à la défonceuse

Panneaux et gabarits peuvent être découpés en cercle ou en demi-cercle à l'aide d'une défonceuse équipée d'une fraise droite à rainurer. C'est l'une des nombreuses applications de cet outil. Il suffit de visser l'extrémité de son guide latéral au centre du panneau : la machine décrit alors un cercle parfait, dont le rayon maximal est déterminé par la longueur du guide. La découpe doit en général être effectuée en plusieurs passes, mais cela dépend de l'épaisseur du panneau. Bridez toujours la pièce sur une chute permettant à la fraise de déboucher sur l'autre face sans endommager l'établi. Assurez-vous aussi que la machine ne rencontrera aucun serre-joint, butée ou griffe sur sa course.

1 Pour réaliser une découpe circulaire, déterminez le centre du panneau et percez-le (Ø 8 ou 10). Vous pourrez ainsi fixer l'extrémité du guide latéral de la défonceuse au moyen d'une vis (M8 ou 10) et d'un écrou. Réglez sa longueur afin que l'intervalle séparant la fraise de l'extrémité opposée du guide soit égal au rayon du cercle à découper.

2 La pièce découpée précédemment sert en fait de gabarit pour découper le panneau définitif. La machine doit pour ce faire être équipée d'une bague de copiage qui permet de suivre le contour du gabarit, positionné avec grande précision sur la pièce (voir p. 97). Le gabarit devra donc être plus court que la pièce afin que leurs chants arrière soient alignés.

Les découpes courbes à la scie sauteuse

C'est précisément pour ce type de découpes que la scie sauteuse a été inventée. Utilisez de préférence une machine équipée d'un variateur de vitesse afin de travailler assez lentement. Le cas échéant, vous pouvez maintenir la semelle bien à plat sur le panneau avec un doigt, en observant la plus grande prudence ! Notez tout de même que les lames plus étroites se prêtent mieux que les autres au chantournage.

1 À défaut de lame à chantourner ou orientable (grâce à une molette sur certaines machines), mieux vaut effectuer au préalable une série de découpes radiales qui s'arrêteront un peu avant le repère de coupe. Les chutes s'évacueront ainsi au fur et à mesure sans contraindre la lame et lui éviteront les risques de surchauffe ou de casse.

La découpe en vue du cintrage

Une scie circulaire sert habituellement à découper une pièce de part en part, mais elle peut aussi laisser une simple entaille non traversante. Effectuées parallèlement en travers d'une pièce, de telles entailles permettent de cintrer celle-ci quelle que soit son épaisseur. Il faut cependant veiller à ajuster la profondeur de coupe avec précision afin de laisser suffisamment de matière pour que la pièce ne casse pas lors du cintrage. Celui-ci s'effectue par collage, le plus souvent sur une forme (gabarit). Cette technique s'emploie, par exemple, pour réaliser des contremarches courbes ou, en ébénisterie, pour certains secrétaires de style.

1 Le cintrage de ce panneau en contreplaqué de 18 mm exige des entailles de 15 mm de profondeur afin de garder intacts un ou deux plis. Pour obtenir un rayon de 20 cm, tracez et effectuez une première entaille à cette cote, c'est-à-dire à 20 cm de l'extrémité du panneau. Évaluez la résistance du panneau lors du cintrage et, au besoin, augmentez la profondeur de coupe. Lorsque les bords de l'entaille se rejoignent, mesurez la valeur obtenue avec une règle. Cette valeur correspond à l'espacement entre les entailles. Reportez-la sur le panneau pour effectuer les entailles suivantes.

2 Les entailles s'exécutent en principe à la scie circulaire en poste fixe. Cependant, on peut aussi utiliser la machine à main levée. Pour ce faire, bridez une chute plane et d'équerre sur la pièce afin de guider latéralement la semelle de la scie. Effectuez ensuite une série d'entailles, parallèles à l'extrémité de la pièce.

3 Plus les entailles sont rapprochées, plus la courbe sera harmonieuse. Idéalement, les bords des entailles doivent se rejoindre pour former la courbe souhaitée. Enduisez-les de colle puis mettez sous presse sur la forme correspondante (voir p. 129).

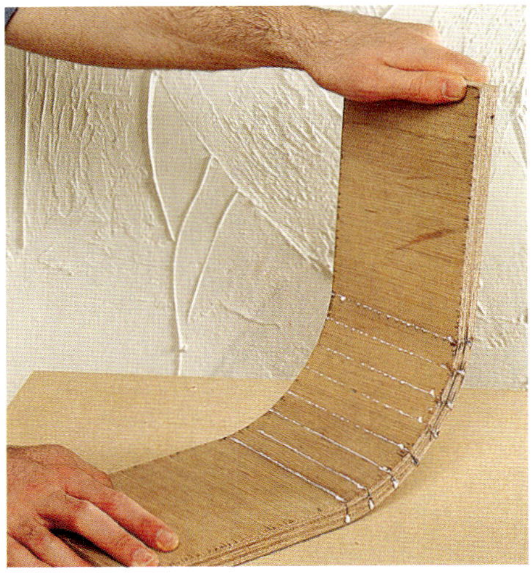

La technique du lamellé-collé

Superposées et collées, plusieurs pièces de bois indépendantes peuvent prendre à peu près n'importe quelle forme, rectiligne ou courbe. Il s'agit dans ce dernier cas de pièces de faible épaisseur (lames) mises en forme au moyen d'un gabarit, ou bien directement au contact d'une autre pièce dont elles deviennent solidaires. La technique du lamellé-collé permet également de disposer de pièces beaucoup plus stables que leurs équivalents en bois massif. Nous présentons ci-après quelques-unes de ses applications accessibles à l'amateur.

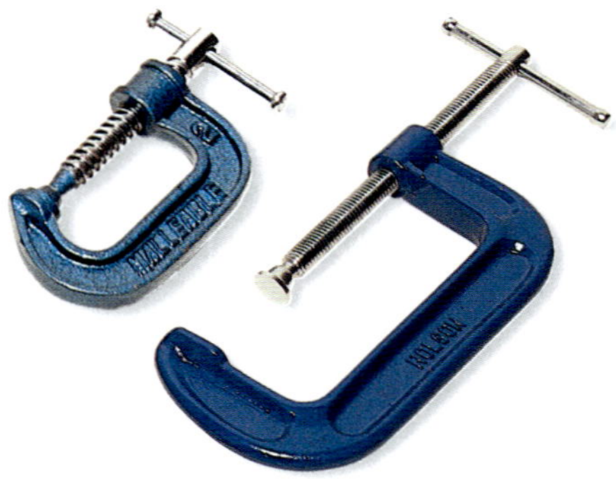

Un chant lamellé

Il est souvent nécessaire de renforcer la rigidité d'un plateau de table ou une tablette d'étagère ; un bon moyen pour y parvenir est de fixer un tasseau sur le ou les chants longitudinaux du panneau. Ce même tasseau ne pouvant évidemment être cintré pour épouser un chant courbe, il devra donc être partiellement entaillé puis lamellé-collé.

1 Une pièce en lamellé-collé peut être confectionnée à partir d'un tasseau ordinaire retaillé, en partie dans le sens de la longueur et sur chant, à la scie circulaire (sur table) ou à la scie à ruban. Retaillez ensuite des lamelles plus fines (de 2 mm) que les entailles réalisées précédemment (3 mm) afin qu'une fois encollées, elles s'insèrent dans ces mêmes entailles.

2 Bridez la partie rectiligne du tasseau à l'avant du plateau. Encollez l'envers du tasseau et, progressivement, mettez celui-ci en forme le long du chant courbe. Pour ce faire, servez-vous de plusieurs presses à vis qui maintiendront la pièce en place au fur et à mesure de son cintrage. Notez que la pièce doit être plus longue que nécessaire afin de faciliter sa mise en forme.

3 Poursuivez le cintrage jusqu'à l'extrémité de la courbe. Des cales, insérées entre les presses et la pièce mise en forme, assurent un parfait maintien de ses épaisseurs. Notez que les lamelles de 2 mm d'épaisseur sont légèrement plus larges que le tasseau entaillé afin de compenser un éventuel défaut d'alignement.

4 Laissez sécher l'assemblage durant au moins 24 heures avant de raboter les lamelles qui dépassent de la surface du plateau. Retaillez ensuite la pièce cintrée à la longueur voulue, rabotez-la éventuellement puis poncez ses chants et ses arêtes. La colle à bois est transparente après séchage ; elle rend ainsi l'assemblage quasi invisible.

Fabriquer un gabarit de cintrage

Il s'agit ici de fabriquer des pieds de chaise en forme de « S » à partir de lamelles de 3 mm de bois tendre. Une fois réalisés, ces pieds seront suffisamment résistants pour remplir leur fonction, tout en apportant une certaine élasticité. Leur fabrication fait appel à un gabarit de cintrage confectionné à partir d'une chute de plan de travail mélaminé, donc insensible à la colle employée. Néanmoins, si vous utilisez du contreplaqué, pensez à cirer sa surface ou à la recouvrir avec des journaux ou du film alimentaire étirable afin d'éviter qu'il ne se colle à la pièce.

1 Tracez la forme à obtenir sur la planche de mélaminé et découpez les galbes correspondants dans des chutes ou dans du médium. Vissez ensuite, par-dessous, les butées qui serviront d'appui aux presses.

2 Encollez les lamelles à cintrer. À l'une de leurs extrémités, enfoncez une pointe avant de placer l'assemblage dans le gabarit : cela évite aux lamelles de se décaler dans la hauteur avant la pose de la première presse.

3 Ajoutez les presses suivantes, du centre vers les extrémités. Les lamelles doivent être plus longues que nécessaire afin que leur décalage (en longueur), provoqué par les courbes inversées, soit sans incidence.

4 Frappez les lamelles avec une cale et un maillet pour les aligner les unes par rapport aux autres. Elles resteront ainsi au contact du plateau du gabarit. Vérifiez ensuite le serrage de chaque presse, du centre vers les extrémités.

Assembler un plateau de billot

En juxtaposant des petits éléments à la verticale ou sur chant (des sections de tasseau, par exemple), on obtient facilement, et à peu de frais, des pièces extrêmement solides. Cette technique, bien connue des sculpteurs, est aussi employée par les ébénistes pour fabriquer un billot de boucher ou de cuisine (voir p. 205). Ce type de réalisation fait appel à des pièces d'un bois dur comme l'érable, par exemple, placées dans un gabarit d'assemblage en forme de cadre.

1 Pour être aussi jointifs que possible, les éléments doivent être ajustés un à un. Coupez un premier tasseau un peu plus long que nécessaire et utilisez une chute de même section pour tracer la coupe définitive. Les pièces étant ici collées extrémité contre chant, la précision est essentielle.

2 Poursuivez l'assemblage dans le sens des aiguilles d'une montre en numérotant chaque pièce pour éviter les erreurs. Travailler de la périphérie vers le centre est le meilleur moyen d'éviter les décalages qui peuvent modifier sensiblement les dimensions d'ensemble du plateau.

LE PLACAGE

Le placage est un art très ancien qui consiste à coller une mince épaisseur de bois précieux sur un support de moindre valeur, mais plus facile à travailler. Par ce moyen, on obtient de superbes pièces à un prix très avantageux. L'argument financier n'est cependant plus le seul depuis que certains bois exotiques se sont raréfiés. Facilement disponibles, les placages permettent ainsi de satisfaire les amateurs de ces essences, tout en limitant l'exploitation des ressources naturelles. À n'en pas douter, la maîtrise de cette technique traditionnelle ouvre de larges perspectives ; elle ne présente pas de réelles difficultés mais exige beaucoup de soin.

Les bois de placage

À l'origine, les placages étaient découpés manuellement à l'aide d'une scie. Ils sont aujourd'hui obtenus par tranchage ou déroulage d'un tronc en feuilles très minces d'à peine 1 mm d'épaisseur.
Les bois de placage ne sont pas tous d'origine exotique. Il peut très bien s'agir d'un bois qui se distingue par sa teinte ou le dessin de ses fibres, mais qui est difficile à travailler sous forme massive. Tel est le cas de la ronce de noyer et de la loupe d'orme.

Les bois de placage sont aussi bien vendus en feuilles de tailles diverses qu'en rouleaux. Tous doivent néanmoins être stockés au sec et au frais, à plat sous un panneau de contreplaqué épais. Les feuilles sont fragiles et doivent donc être manipulées avec soin, sur des surfaces propres.
Le support choisi pour le placage doit lui aussi être sec, propre et parfaitement plan. Ce support prend souvent la forme d'un dérivé du bois (contreplaqué, médium, latté…), car il offre une structure homogène et stable. Cependant, hormis le médium et l'aggloméré dont les fibres n'ont pas de sens, il faut veiller à orienter le placage perpendiculairement par rapport au fil du support. Cela permet de se prémunir contre les effets de mouvements éventuels.

La découpe du placage

Les feuilles de placage se découpent facilement dans le sens du fil à l'aide d'une lame de cutter parfaitement aiguisée. On obtient ainsi de très fines bandes permettant de réaliser des incrustations. Les coupes en travers s'effectuent plutôt avec une scie spéciale : guidée contre un tasseau, sa lame convexe à dents très fines ne fait pas éclater le bois. Coupées d'équerre, les feuilles de placage peuvent être assorties et collées bord à bord de façon très discrète.

Le collage

Autrefois, seule la colle d'origine animale était employée ; elle compte aujourd'hui encore de nombreux partisans. Cette colle est disponible sous forme de plaquettes ou de granulés, qui se chauffent au bain-marie. Étalée sur le support et au dos du placage, elle commence à refroidir et à devenir poisseuse. Présentez alors le placage sur le support puis recouvrez-le d'une feuille de papier avant de passer un fer à repasser tiède sur toute sa surface ; en ramollissant, la colle pénétrera les fibres du placage. Marouflez ensuite le placage du centre vers

De gauche à droite et de haut en bas
Veinage du frêne, de l'orme, du noyer, du vavona, du myrte et du chêne.

les bords et en zigzag avec un marteau à plaquer tenu en biais. Cet outil ne doit jamais être utilisé comme un vrai marteau, car sa tête est en bois ; parfaitement lisse, c'est elle qui s'appuie sur le placage pour chasser les bulles d'air et l'excédent de colle. Lorsqu'une cloque se forme au centre d'un panneau, il faut l'inciser avec une fine lame pour faire sortir l'air emprisonné. Le fer à repasser doit également être réemployé sur toute zone où se produit un décollement.

Les dégâts sont plus ou moins difficiles à réparer selon leur gravité et leur étendue, mais aussi selon l'âge du placage. Si un amateur ne doit pas intervenir sur un meuble de prix, rien ne l'empêche de recoller un fragment détaché, voire de reconstituer une partie manquante. La plus grande difficulté consiste alors à retrouver une pièce parfaitement assortie.

La colle d'origine animale présente l'inconvénient de mal supporter la chaleur et de ne pas être stable dans le temps. Elle peut être remplacée par une colle moderne, utilisable à froid. Attention toutefois aux produits solvantés qui sont inflammables et assez difficiles à retirer par la suite. Le plus simple à mettre en œuvre est sans doute le placage préencollé, dont la colle se ramollit à l'aide d'un fer à repasser, exactement comme celle d'un chant thermocollant (voir p. 123).

Créer des effets

À l'origine, les placages étaient fréquemment constitués de grandes feuilles, mais on peut obtenir un résultat tout aussi séduisant en associant des petites pièces de tonalités contrastées. On produit également des effets intéressants en jouant sur le sens du fil des feuilles d'un même lot, grâce à des raccords diversement orientés : en losange, en livre, à la suite, en X... Pour ce faire, il faut tout d'abord disposer les feuilles recoupées aux dimensions souhaitées et les maintenir sur les supports avec des pointes à placage. Il faut ensuite recouvrir les joints avec de l'adhésif de masquage, puis ôter les pointes et coller le placage à la manière habituelle. Après avoir maîtrisé ce type d'assemblage, vous pourrez envisager des compositions plus complexes allant jusqu'à la marqueterie.

À droite et ci-dessous Les portes de ce placard signé Tony McMullen sont ornées d'un ouvrage de marqueterie réalisé avec des bandes de taille identique collées entre elles.

Raccord en livre

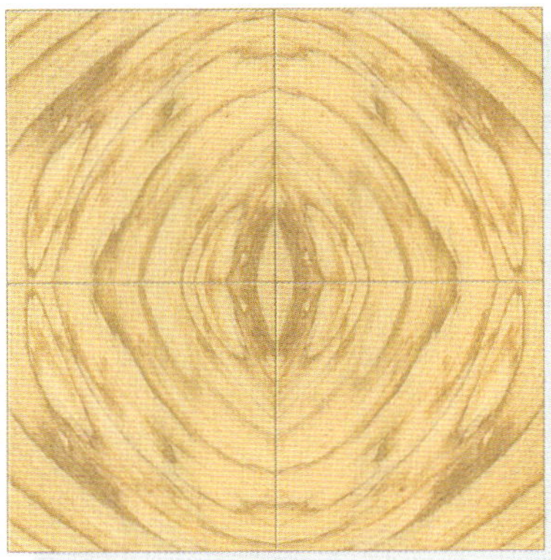

Raccord en losange

LE TOURNAGE

Le façonnage d'une pièce de bois à mesure qu'elle tourne sur elle-même apporte une autre dimension au travail du bois. On peut ainsi réaliser quantité de pièces cylindriques (des pieds de table aux barreaux d'un garde-corps) ou creuses (coupes, bols...) et même, aborder les formes libres. Le matériel nécessaire est peu encombrant et la technique elle-même est si riche qu'une vie entière n'est pas de trop pour en explorer toutes les possibilités.

Pour aborder le tournage

Un tour à bois a ceci d'unique qu'il met la pièce en mouvement afin qu'elle soit travaillée à l'aide d'un outil qui reste quasiment immobile. Cette technique n'est pas plus dangereuse qu'une autre, à condition d'en avoir fait l'apprentissage dans de bonnes conditions. Aussi, à moins de pouvoir effectuer ses premiers pas sous la direction d'un ami expérimenté, un débutant doit-il envisager de suivre un stage de formation avant de se lancer seul. Les coordonnées des associations, organismes de formation et autres professionnels qui les organisent peuvent être obtenues auprès des fabricants de matériel de tournage. Outre l'indispensable formation, ces stages permettent également de se familiariser avec plusieurs modèles de machine avant d'en choisir un. Comme souvent en matière d'outillage, les modèles pour débutants ne sont guère conseillés, car leurs capacités sont assez restreintes. Mieux vaut opter pour un modèle professionnel d'entrée de gamme, plus solide et moins limité.

Un tour se compose d'un bâti (banc) portant à une extrémité un moteur à plusieurs vitesses (mécaniques). Celui-ci entraîne un support (poupée fixe) équipé d'un plateau au centre duquel figure une pointe. Face à cette pointe se trouve la contre-pointe, montée sur un autre support (poupée mobile) qui coulisse d'un bout à l'autre du banc. Ce sont ces deux pointes qui maintiennent la pièce en mouvement. Le tourneur, lui, prend appui sur un porte-outil, réglable en hauteur et qui coulisse lui aussi sur le banc.

Outre les caractéristiques de son moteur (tension, puissance...), un tour se définit d'une part par la longueur entre pointe et contre-pointe et, d'autre part, par la hauteur de la pointe au banc. Ce sont ces dimensions qui conditionnent la taille maximale de la pièce à tourner.

Selon la forme choisie et notamment pour réaliser des formes creuses, une pièce peut être tournée « en l'air » en étant uniquement maintenue, non plus entre pointes mais par un mandrin universel monté à la place du plateau. On apprécie alors de pouvoir faire pivoter la poupée fixe sur le côté afin de ne plus être limité par la hauteur de la pointe au banc.

Les outils de tournage

Plus chers que les gouges et ciseaux en acier au carbone, les modèles en acier rapide (HSS) s'affûtent plus facilement. De bons outils étant essentiels à un bon travail, mieux vaut là encore restreindre son équipement initial à quelques profils courants

Ci-dessus Coupe en chêne tournée par Anthony Bryant.
À gauche Tour à bois et outils correspondants.

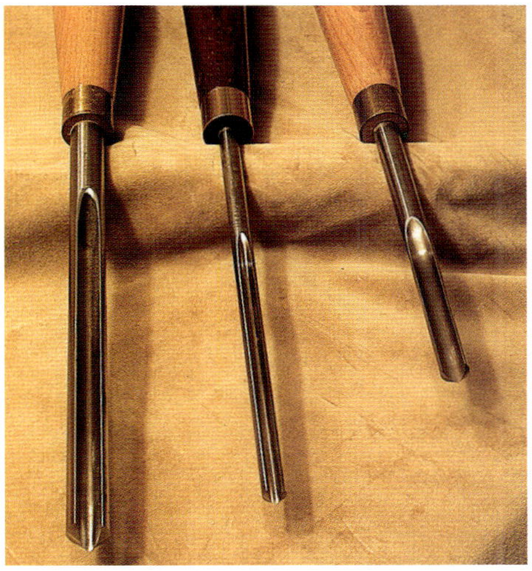

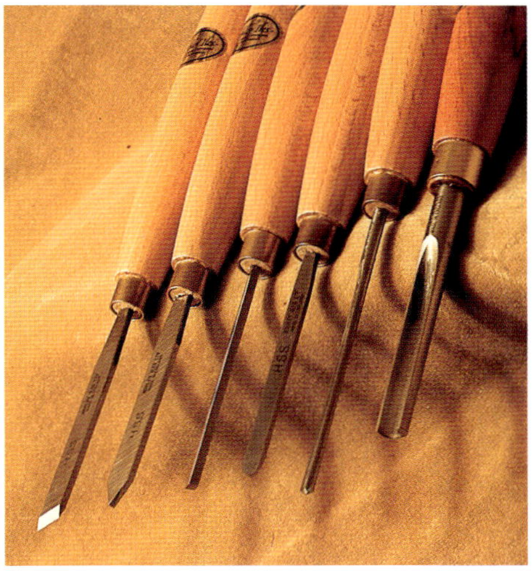

Ci-dessus, à gauche Ciseau demi-rond de 23 mm, ciseau à racler (nez droit) de 25 mm, ciseau demi-rond de 11 mm, ciseau à racler (nez droit) de 11 mm et ciseau oblique de 23 mm.
Ci-dessus, au centre Grain d'orge, fermoir à nez long (ou néron) et fermoir à nez carré.
Ci-dessus, à droite Gouge à dégrossir creuse, demi-ronde et demi-plate.
Ci-contre, à gauche Gouges à profiler de diverses largeurs.
Ci-contre Les outils de tour existent aussi en version miniature.

(coupoir, fermoirs, et gouges à dégrossir, anneau), puis les compléter au fil des besoins. Comme la plupart des outils de façonnage, ceux-ci sont dénommés par leur profil.

Le ciseau demi-rond : avec son tranchant arrondi et plat, il est destiné à la finition intérieure des pièces creuses. Sa largeur varie de 11 à 23 mm.

La gouge à dégrossir : assez large et de forme concave, le fer de cet outil enlève de la matière rapidement. Il est parfait pour arrondir une pièce carrée. Largeur optimale : 19 mm.

Le ciseau oblique (coupoir) : son tranchant biais permet d'adoucir une surface, mais convient aussi au façonnage. Largeurs optimales : 11 à 23 mm.

Le ciseau à racler (nez droit) : parfait pour rendre très lisses les pièces coniques ou cylindriques. Largeur optimale : 25 mm.

La gouge à profiler : aussi appelé « gouge anneau », cet outil polyvalent dispose d'un tranchant plus étroit que celui d'une gouge à dégrossir. Largeurs optimales : 5 à 11 mm.

Le fermoir : c'est un ciseau plat dont le tranchant, qui se trouve à mi-épaisseur de la lame, est affûté des deux côtés. Il permet d'ôter les copeaux de bois.

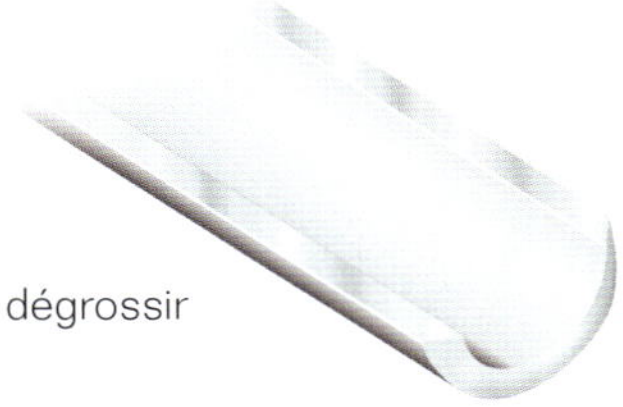

Gouge à dégrossir

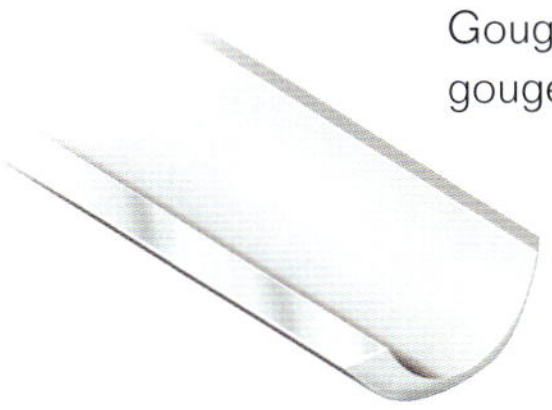

Gouge à profiler, gouge anneau

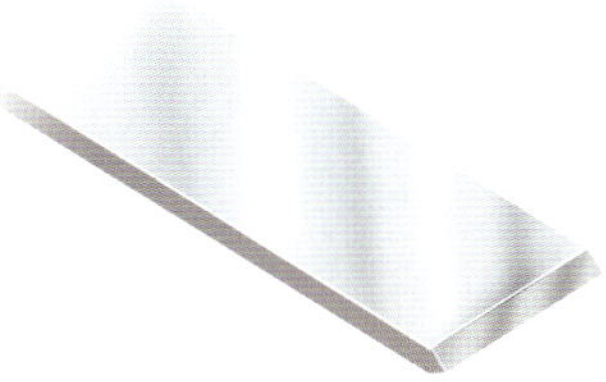

Fermoir

Ciseau oblique, coupoir

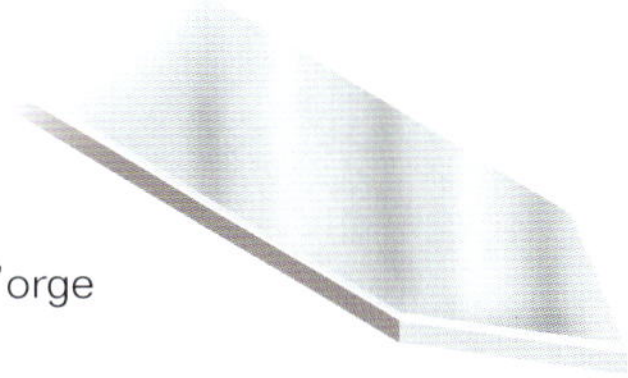

Grain d'orge

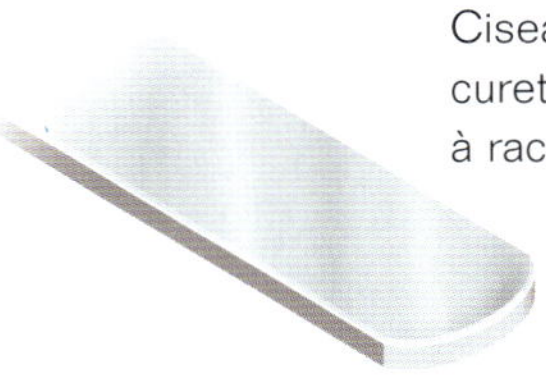

Ciseau demi-rond, curette, ciseau à racler (nez rond)

LES TECHNIQUES DE TOURNAGE

La confiance acquise en se familiarisant avec le fonctionnement d'un tour permet d'envisager des réalisations de plus en plus ambitieuses. Cela suppose de savoir exécuter plusieurs types d'opérations courantes : centrer la pièce, la rendre cylindrique quelle que soit sa forme initiale (carrelet ou bûche !), puis la façonner à l'aide des outils appropriés, avant de passer au finissage (ponçage, brunissage, polissage…). Grâce à leur long manche, les outils de tour se manient sans fatigue et avec beaucoup de précision.

Ci-dessus, de gauche à droite Équerre à centrer, calibre à profils, compas « comparateur ».

Comment tourner ?

Pour commencer, le tour doit être placé à bonne hauteur : vérifiez que le porte-outil se trouve dans l'axe de votre coude et adoptez une position confortable, en répartissant le poids de votre corps sur vos deux jambes. Pour débuter, tournez entre pointes une pièce de section carrée (carrelet) ou octogonale. Ce cylindrage est généralement la première étape du tournage. Il suppose au départ de centrer la pièce entre les pointes, sans faux rond… La vérification s'effectue en faisant tourner la pièce à la main. Cela permet, entre autres, de constater qu'elle ne frotte nulle part, ni sur le banc, ni sur le porte-outil, approché au plus près de la pièce. Mettez le tour en marche et posez une gouge à dégrossir sur le porte-outil. Approchez-la progressivement afin qu'elle commence à retirer un peu de matière. Déplacez-la ensuite le long du porte-outil, tout en relevant progressivement l'arrière du manche. C'est seulement après avoir maîtrisé cette opération que vous pourrez aller plus loin. Ce faisant, observez systématiquement les consignes de sécurité et… patience ! Ne cherchez pas à brûler les étapes, mais progressez à votre rythme.

Ci-dessous Observez l'inclinaison de l'outil, qui attaque ici la pièce en douceur.

Le bois apte au tournage

Pratiquement toutes les essences peuvent convenir, mais certaines sont considérées comme idéales (tout au moins pour débuter) par la finesse et la régularité de leur grain, ainsi que leur dureté moyenne. Avec de l'expérience, des outils bien affûtés et une vitesse soigneusement choisie, il est possible de passer à des bois durs, ou à des bois dont le fil présente des particularités intéressantes, jusqu'aux ronces et loupes qui constituent le défi ultime pour un tourneur.

Les bois aptes au tournage
Tilleul d'Amérique
Hêtre
Platane
Noyer
Érable
If
Frêne
Merisier

Consignes de sécurité

Bien qu'un tour à bois ne comporte aucune partie coupante, il doit être utilisé avec prudence, car il s'agit d'une machine très puissante qu'il est impossible d'arrêter instantanément.

- Évitez les vêtements trop amples, relevez vos manches au-dessus du coude et retirez vos bagues.
- Avant de mettre le tour en route, vérifiez que la pièce tourne librement.
- Utilisez systématiquement le porte-outil. Réglez-le au plus près de la pièce à tourner et déplacez-le aussi souvent que nécessaire, c'est-à-dire latéralement et vers la pièce.
- Approchez l'outil doucement et surveillez son inclinaison pour ne pas risquer de planter le fer dans la pièce.
- Restez concentré sur votre travail et ne quittez jamais la pièce des yeux.
- Mettez toujours le tour hors tension lorsque vous effectuez un réglage ou si vous vous absentez momentanément.
- Attendez l'arrêt complet de la pièce avant de la toucher.
- Nettoyez fréquemment la zone de travail afin d'éviter l'accumulation de copeaux sur le sol.

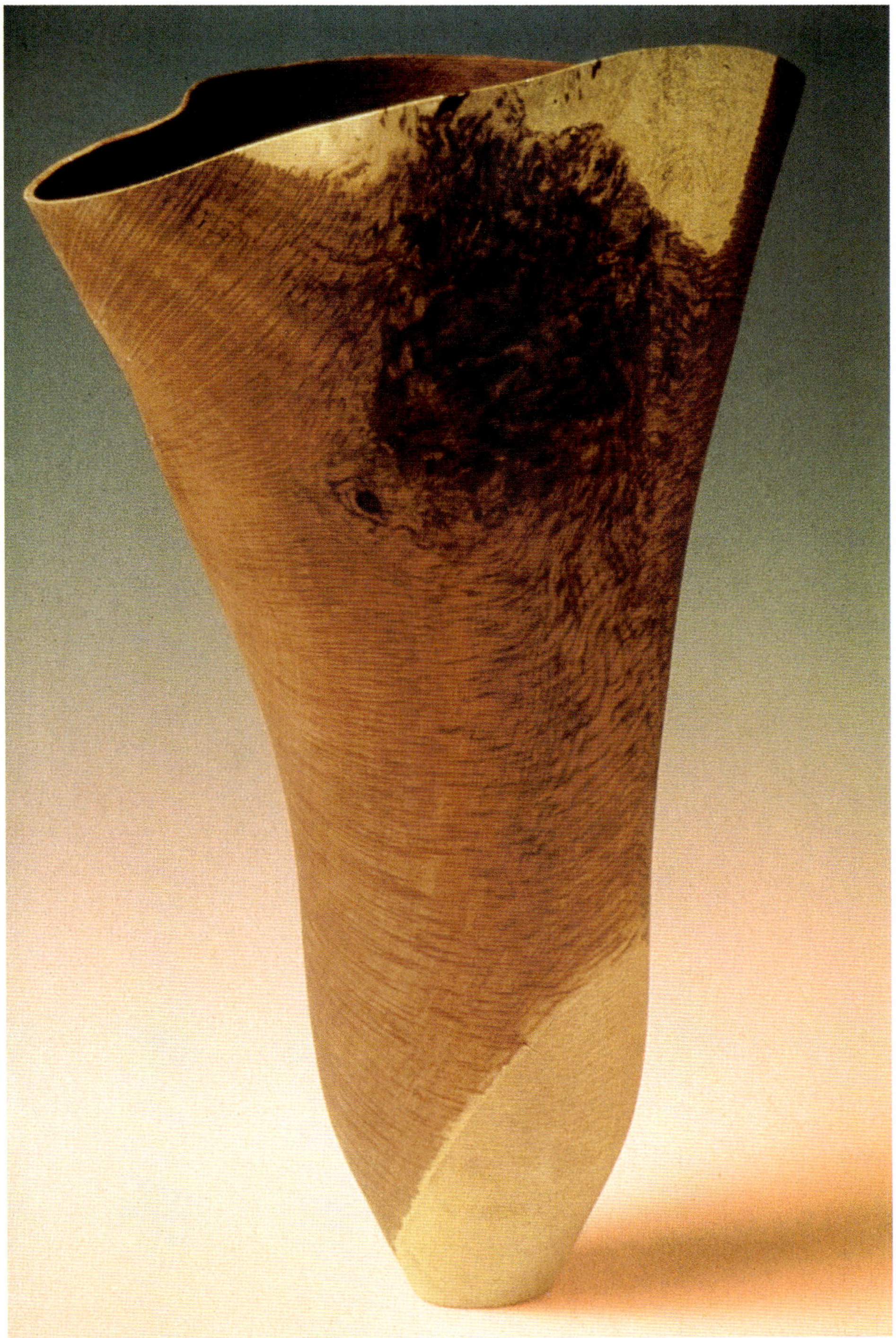

En haut à droite, et ci-dessous Ce vase en chêne et cette coupe à fruits en loupe de chêne ont été tournés par Anthony Bryant. *En bas à droite* Le tournage permet aussi d'obtenir des pièces massives, comme ces plats signés Ian Durrant.

La sculpture

Parmi les diverses techniques permettant de travailler le bois, la sculpture est sans doute celle qui offre le plus de liberté. Mais c'est aussi l'une des plus délicates ! Contrairement à beaucoup d'autres, elle ne fait pas appel à un assemblage permettant de reconstituer une forme, mais consiste à révéler la forme qui se cache au cœur de toute pièce de bois, en ôtant sa matière superflue. Ainsi la sculpture la plus achevée témoigne-t-elle d'une parfaite harmonie entre la pièce et l'inspiration du sculpteur.

Les types de sculptures

En dehors de l'inspiration et du savoir-faire du sculpteur, cette discipline ne connaît absolument aucune limite, pas même en dimensions. Plusieurs approches sont possibles à travers une infinité de styles. De ce point de vue, le bas-relief constitue une catégorie à part entière puisqu'il consiste à faire apparaître des formes au relief peu marqué sur un fond uni.

La sculpture réaliste, d'inspiration végétale, dans du bois de tilleul a quant à elle connu son âge d'or au XVIIe siècle, notamment grâce aux œuvres de Grinling Gibbons.

Bien éloignée des deux précédentes, la sculpture « figurative », réalisée à partir d'un assemblage de pièces, atteint pour sa part un degré de réalisme rarement égalé. Alors que par la grâce de mains expertes, des œuvres plus abstraites laissent au contraire toute liberté au matériau pour s'exprimer.

Les bois aptes à la sculpture

Ces bois se distinguent en principe par leur grain serré et leur stabilité. Cela dit, chaque sculpteur ayant sa façon de travailler et décidant au fur et à mesure de la direction à donner à son travail, tout type de bois peut finalement être retenu : même la pièce la plus noueuse finira par se laisser travailler si elle est entreprise dans le sens et au rythme qui lui conviennent. Pour débuter, mieux vaut toutefois se limiter à des bois parfaitement secs, ce qui leur évitera de se fendre par la suite et de ruiner un travail riche en détails.

Les pièces de bois destinées à la sculpture n'ont pas systématiquement reçu un traitement qui leur évite d'absorber l'humidité. Néanmoins, il est conseillé de se procurer du bois en plateau (disponible chez tous les marchands de bois à sculpter). Cette planche épaisse débitée dans le tronc a la particularité d'être beaucoup plus stable. Il suffit ensuite d'assembler plusieurs épaisseurs de plateau pour obtenir une pièce d'une grande solidité.

Les essences les plus adaptées à la sculpture

Aulne
Tilleul
Jelutong
Acajou
Ramin
Chêne
Noyer
Tulipier

Ci-dessous à gauche Détail d'un bas-relief de Kenneth Wilson.

Ci-dessous Sculpté par Ashley Sands, ce cadre d'inspiration végétale fait référence au style de Grinling Gibbons.

Les outils du sculpteur

Ces outils couvrent un éventail très large allant du couteau de poche aux ciseaux, gouges et autres bédanes. La gouge est l'outil de base permettant d'effectuer la majeure partie du travail grâce à son tranchant (biseau) usiné à l'extérieur du fer. La gouge coudée dispose d'un fer courbe et d'un tranchant intérieur utile pour creuser le fond d'un relief. Suivant la largeur de leur fer, les autres ciseaux et gouges d'une panoplie standard conviennent au dégrossissage ainsi qu'à l'exécution de détails. Ils s'utilisent avec un maillet spécial (généralement en hêtre) dont la tête tronconique peut s'approcher au plus près de la pièce sans risquer de la marquer.

Gouge à biseau extérieur de 25 mm

Gouge à biseau extérieur de 19 mm

Gouge à biseau extérieur de 12 mm

Gouge à biseau intérieur de 6 mm

Gouge coudée ou cuillère

Gouge demi-plate

Burin

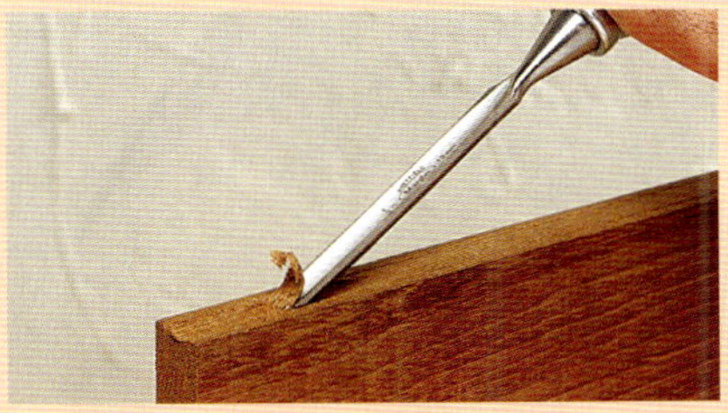

Bien utiliser les gouges

Les gouges s'utilisent couramment en sculpture ainsi que sur tous les profils concaves. Elles se manient comme les ciseaux classiques : en les inclinant plus ou moins suivant la profondeur de coupe désirée. Quoi qu'il en soit, n'utilisez jamais ces outils vers vous et frappez à petits coups avec un maillet léger.

À droite Cette œuvre de Bob Cleveland a été réalisée en plusieurs parties à l'aide de pièces de jelutong collées au préalable. À ce stade de perfection, il ne s'agit plus d'un jouet !

LES TECHNIQUES DE SCULPTURE

Sculpter implique de se représenter une forme en trois dimensions à partir d'une pièce aux faces généralement planes. Facilitée par l'habitude, cette démarche n'exclut toutefois pas de décomposer le projet en plusieurs vues complémentaires qui seront utilisées tour à tour. Ainsi, pour réaliser par exemple une colonne torse à partir d'un carrelet, il faut tracer la forme à sculpter sur les quatre faces de la pièce et travailler ses faces opposées alternativement.

Le traçage d'une colonne torse

1 Il est indispensable de choisir au départ une pièce rectiligne. Délimitez les extrémités à l'équerre (base et chapiteau).

2 À l'aide d'une scie à tenon (ou d'une scie égoïne fine), entaillez les arêtes de la pièce en suivant précisément les tracés.

3 Creusez ensuite sous les entailles avec une gouge coudée afin d'arrondir parfaitement les arêtes sur quelques centimètres.

4 Abattez le reste des arêtes avec un wastringue en travaillant du centre vers les extrémités si le fil le permet.

5 Continuez afin d'arrondir progressivement le fût de la colonne. Pour ce faire, tournez régulièrement celle-ci sur elle-même. En faisant à peine dépasser la lame, il est possible de travailler à contre-fil.

6 Enroulez deux bandes d'adhésif de masquage autour du fût. Chacune d'elles doit effectuer un demi-tour (contre un tour complet pour le modèle à doubles tores, page suivante) : partant d'une face, elle aboutit ainsi à la face opposée. Repassez ensuite au crayon le long des bords de l'adhésif avant de dégrossir.

Le dégrossissage de la colonne

1 Ici, ce sont les parties à conserver qui sont hachurées. Évidez les autres à l'aide d'un bédane et d'un maillet en formant une profonde cannelure sur la ligne médiane de la spirale.

2 Creusez les zones à évider, toujours à partir de leur cannelure médiane : travaillez dans un sens, puis dans l'autre, afin d'obtenir peu à peu une gorge. Creusez dans le sens du fil et en travers afin de ne pas faire éclater le bois.

3 Les gorges terminées, il n'est pas trop difficile d'arrondir chaque tore au moyen d'une gouge coudée utilisée dans le sens du fil. Le dégrossissage achevé, il doit subsister une marge de 3 mm environ permettant de sculpter les tores.

Sculpter des doubles tores

Cette colonne torse est sculptée dans du frêne, un bois assez dur, mais facile à travailler. Chacun des quatre tores qui la composent effectue ici un tour complet du fût.

1 Dégrossissez chaque tore (voir ci-dessus) et fignolez son profil à la gouge coudée. Ce jeu de patience exige concentration et contrôle de l'outil, qui doit être tenu à deux mains.

2 Rectifiez le fond des cannelures séparant les tores avec une gouge étroite à biseau intérieur ou un burin, en travaillant dans le sens du fil.

3 Effacez les marques laissées par les gouges à l'aide d'un abrasif à grain moyen enroulé sur une section de chanplat. Pour atteindre le fond des cannelures, repliez l'abrasif sur lui-même et utilisez l'arête obtenue.

Ci-dessus Colonne torse terminée.

8

LES FINITIONS

Bien qu'une finition s'applique, par nature, en dernier lieu, il faut en réalité l'envisager dès le début en prenant en compte la destination finale de la réalisation et ses conditions d'utilisation. Ainsi, suivant que l'objet sera ou non appelé à être manipulé souvent, sa finition ne pourra faire appel aux mêmes produits. Ensuite, de l'élaboration du plan à l'assemblage final, la nature de la finition influencera chacune des étapes de la réalisation : le choix du bois, la manière d'orienter les fibres de chaque pièce, le type d'assemblage et de colle retenu, les outils et techniques mis en œuvre et même, l'ordre suivant lequel les diverses opérations s'accomplissent. C'est donc seulement par une réflexion menée en amont, puis une démarche méthodique qu'un projet, si ambitieux soit-il, devient une réussite.

COMMENT ABORDER LA FINITION ?

Des produits les plus classiques aux plus récents, élaborés pour satisfaire les exigences de l'industrie de l'ameublement, le choix ne manque pas. Ce large éventail permet d'envisager et d'essayer plusieurs possibilités pour un même projet. Ce faisant, on peut non seulement choisir l'option la plus appropriée, mais aussi se familiariser avec d'autres produits et acquérir de nouveaux tours de main. Et cela d'autant plus aisément que le matériel de base ne coûte pas très cher et peut être complété au gré des besoins.

La préparation

Le secret d'une finition réussie réside avant tout dans la préparation, notamment si l'on opte pour un aspect brillant, qui ne manquera pas de souligner les petites rayures passées inaperçues après le ponçage final ! Seule une démarche méthodique, mettant en œuvre un abrasif au grain de plus en plus fin, permet d'éviter ce type de problème. À l'issue du ponçage, vos doigts ne doivent plus percevoir le moindre défaut. Veillez à ne manipuler les pièces qu'avec des mains propres et sèches et, autant que possible, par les chants. Entreposez ensuite les pièces sur des tasseaux, eux-mêmes dépoussiérés. Idéalement, la préparation doit d'ailleurs se dérouler à une certaine distance de la zone où s'applique la finition, ce qui suppose d'inévitables allers et retours entre ces deux endroits, notamment lors de l'égrenage des couches d'un vernis. Faites provision de chiffons propres, de laine d'acier, de grattoirs d'ébéniste et de feuilles de papier abrasif, y compris usagées : en ayant perdu leur mordant, elles peuvent produire un fini plus doux.

En haut Laines d'acier, pâte à bois, spatule, chiffon doux, cale à poncer. *En bas* Grattoirs d'ébéniste et papiers abrasifs.

Remédier aux défauts

Malgré le soin apporté à la préparation, de petits défauts peuvent n'apparaître qu'à un stade assez avancé de votre travail. Heureusement, il est possible d'y remédier à l'aide de produits de rebouchage de type gomme-laque ou pâte à bois. Ces produits, disponibles en plusieurs teintes miscibles entre elles, doivent être poncés après séchage. Certains acceptent quelques gouttes d'une teinte à bois. Un défaut plus important (fente large) peut être réparé à l'aide d'une petite pièce taillée sur mesure (flipot) et arasée après mise en place. Quoi qu'il en soit, évitez d'employer un produit de rebouchage en grande quantité : plus sa masse est importante, plus elle a tendance à se rétracter en séchant…

Organiser les lieux

Même si la poussière du ponçage est récupérée d'une façon quelconque, cette opération ne peut être accomplie n'importe où. Il faudrait en principe lui réserver une pièce ou, à défaut, un volume délimité avec des bâches en plastique ou des panneaux rigides mais jointifs (plaques de plâtre, contreplaqué…). Il est par ailleurs préférable d'appliquer la finition le lendemain du ponçage afin d'éliminer le maximum de poussière en suspension, et de limiter les mouvements aux alentours d'une pièce en cours de séchage. Ce dernier se produisant par évaporation des solvants, il est indispensable de ventiler le volume, en évitant toutefois l'intrusion de poussière et les courants d'air ! Si des râteliers muraux sont utiles pour de petites pièces, placez plutôt les assemblages importants, comme les bâtis, au centre du volume afin de pouvoir évoluer autour.

Votre sécurité

Les produits de finition sont souvent inflammables ou contiennent des substances nocives. C'est pourquoi il faut impérativement les conserver dans un placard fermé à clé. Respectez les consignes d'utilisation et de stockage mentionnées par leurs fabricants et rebouchez toujours les récipients après usage. Ne videz pas les résidus de ces produits à l'égout, mais dans des récipients que vous déposerez ensuite dans une déchetterie. Faites de même avec les vieux pinceaux et chiffons, qui ne doivent théoriquement pas être mélangés avec les détritus ménagers.

Les pinceaux
Les professionnels ont coutume de dire qu'en la matière, on en a toujours pour son argent... Aussi vaut-il mieux affecter les pinceaux bas de gamme (à jeter après usage) au rebouchage ou aux premières étapes de la finition, et investir dans des pinceaux de qualité pour la finition proprement dite. Séparez-les des précédents pour ne pas les confondre ou les salir et nettoyez-les immédiatement après utilisation. Rincez-les ensuite à l'eau savonneuse avant de les stocker au sec et à l'abri de la poussière. Bien traité, un pinceau de qualité se bonifie avec l'âge !

En haut, de gauche à droite Brosse plate jetable de 75 mm, spalter de 100 mm, brosses plates de 50, 38 et 12 mm.
En bas Brosses rondes et divers modèles de brosses à tableau.

La gomme-laque
Ce produit appartient à la catégorie des reboucheurs et se présente en bâton dans plusieurs teintes courantes. Il peut ainsi être utilisé directement sur le bois, auquel il adhère facilement et avec très peu de retrait.

1 L'élimination de la couche de vernis recouvrant ce plateau de table a révélé la présence d'un nœud. Loin d'être inesthétique, ce dernier ne pouvait toutefois être laissé tel quel. La zone qui l'entoure est donc tout d'abord raclée au grattoir d'ébéniste (voir p. 103).

2 En séchant, le centre du nœud s'est creusé. Pour combler ce petit trou, faites fondre l'extrémité d'un bâton de gomme-laque au fer à souder et déposez quelques gouttes dans l'orifice et autour du nœud.

3 Lorsque le produit a durci, grattez l'excédent à l'aide d'un ciseau bien affûté. Appliquez de nouveau un peu de gomme-laque, laissez sécher puis grattez-la, et ainsi de suite jusqu'à l'obtention d'une surface parfaitement lisse.

4 Appliquez ensuite de la gomme-laque directement sur tout le reste de la zone afin de stabiliser le bois qui, ainsi, aura moins tendance à se rétracter.

5 Poncez le plateau avec un abrasif très fin (grain 320) monté sur une cale. Effectuez tout d'abord des mouvements circulaires puis poncez dans le sens du fil.

6 Pour finir, essuyez l'ensemble de la surface avec un chiffon humide, toujours dans le sens du fil. Cela a pour effet d'éliminer la poussière et de faire légèrement gonfler les fibres. Après séchage, effectuez un dernier ponçage (grain 400) avant d'appliquer la finition.

TEINTER LE BOIS

Le bois teinté et poli évoque les meubles anciens, notamment ceux du XIXe siècle, fabriqués avec du chêne ou de l'acajou. Ce type de finition est encore très largement employé. Aux nuances classiques de brun plus ou moins soutenu se sont peu à peu ajoutées diverses teintes, des plus vives aux plus pastel. Toutes ont pour vocation de laisser le veinage apparent et, autant que possible, de le mettre en valeur. Savamment diluée, une même teinte permet, par ailleurs, d'assortir des pièces d'origine diverse, d'obtenir des effets de contraste ou de camaïeu très réussis. Cela dit, les teintes vives restent encore souvent réservées aux meubles et jouets contemporains.

Les teintes à bois

Vendues prêtes à l'emploi, les teintes à bois présentent d'incontestables avantages. Cependant, il faut impérativement s'assurer que celle que vous avez choisie est bien compatible avec la future finition (cire, vernis ou autre). Par ailleurs, ces teintes font souvent référence à une essence connue (acajou ou chêne, par exemple) dont elles se proposent de reproduire la nuance, avec plus ou moins de succès suivant l'essence qui les recevra... Il faut donc systématiquement faire un ou plusieurs essais sur une chute du bois que vous avez choisi. Cet essai doit inclure teinte et finition afin de vérifier l'absence de réaction entre les deux produits.

Ci-dessus Plusieurs nuances de teintes appliquées ici sur des lames de pin identiques.

La décoloration

Cette technique peut être utilisée pour rajeunir un bois ancien ou remédier à un aspect peu homogène avant l'application d'une nouvelle teinte. En revanche, elle produit des résultats très variables suivant l'essence employée. Bien supportée par l'acajou, le chêne, le hêtre ou le bouleau, elle convient beaucoup moins bien au teck, au châtaignier ou au bois de rose, par exemple. La réaction chimique est obtenue à l'aide de produits spéciaux, qui imposent le port de gants en caoutchouc épais ainsi que des vêtements et lunettes de protection. Ces produits s'utilisent généralement en deux temps : une première décoloration durant 15 à 30 minutes, au terme de laquelle un second produit doit être appliqué pour arrêter le processus. Après séchage, la pièce peut être poncée.

Le fumage

Ce procédé ne doit pas être confondu avec le flammage, qui consiste à promener sur le bois la flamme d'une lampe à souder. Le fumage est obtenu en 24 heures environ ; des émanations d'ammoniaque donnent aux bois à fort contenu en tanin (chêne, acajou, noyer, châtaignier...) une teinte marron aux reflets mordorés. Sa mise en œuvre est particulière à plus d'un titre, car elle permet de traiter, quasiment sans intervention, un meuble entier ou un assemblage important (un bâti, par exemple). En contrepartie, elle impose certaines précautions. Les vapeurs d'ammoniaque proviennent en effet d'un ou de plusieurs larges récipients placés, ouverts, sous le meuble. Celui-ci doit, pour cette raison, être installé dans une « cabine de fumage », c'est-à-dire dans un bâti en bois fermé par des panneaux de contreplaqué, ou recouvert d'une bâche imperméable et opaque. L'ensemble doit être parfaitement clos (avec de l'adhésif) afin d'éviter la dispersion des vapeurs d'ammoniaque. La manipulation d'un récipient ouvert contenant ce produit impose, là encore, de porter des gants montants en caoutchouc épais, ainsi que des vêtements et des lunettes de protection. La cabine doit aussi se trouver dans une pièce bien ventilée ou, mieux, à l'extérieur, mais hors de portée des enfants et des animaux.

L'application d'une teinte

Enfilez une paire de gants en latex, notamment si vous employez un produit solvanté (non acrylique). Tout en vous protégeant, ces gants vous éviteront de laisser des traces de doigts sur la pièce. Agitez le produit au dernier moment et si vous avez effectué un mélange, assurez-vous d'en avoir suffisamment pour terminer la mise en teinte.

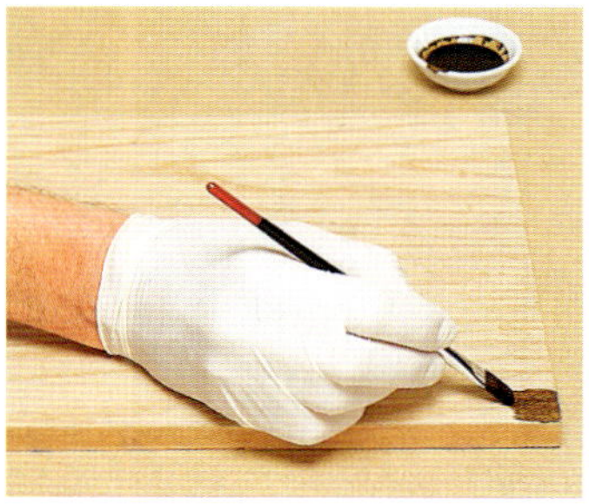

1 Utilisez une brosse étroite pour faire un essai, ou pour appliquer la teinte en petites touches là où le bois est plus clair. En bout de pièce, appliquez une teinte diluée, faute de quoi le bois deviendra plus foncé, car il « boit » davantage.

2 Appliquez la teinte avec un tampon (confectionné à l'aide d'un chiffon de coton) en effectuant de petits mouvements circulaires. Veillez à ce que le tampon reste bien chargé en teinte afin que l'application soit homogène.

3 Sans attendre que la teinte sèche, passez le tampon dans le sens du fil et à contre-fil afin de retirer l'excédent de produit.

Les retouches

Ici, un petit éclat de placage a sauté après la mise en teinte. La retouche s'effectue à l'aide d'une petite brosse ronde qui convient bien aux veinages marqués.

1 Ajoutez une goutte de teinte à une pâte à bois correspondant à la nuance la plus claire du veinage. Puis appliquez la pâte avec une spatule ou un ébauchoir.

2 Poncez légèrement et appliquez un peu de teinte pour estomper la réparation. Après séchage, appliquez une teinte plus foncée et reproduisez le veinage.

3 La dernière couche de finition rendra la réparation quasi invisible.

Les teintes à bois

Les teintes acryliques

Avantages : économiques et exemptes de solvants pétroliers, elles acceptent tout type de finition et sont sans danger. Elles conviennent donc aux objets en contact avec des aliments et aux jouets.

Inconvénients : elles pénètrent mal les bois huileux ou résineux. Le résultat peut manquer d'homogénéité et de stabilité dans le temps, en particulier face aux rayons UV. En outre, elles peuvent faire gonfler certains bois tendres.

Les teintes à l'alcool

Avantages : elles se mélangent facilement entre elles ou avec la gomme-laque et sèchent vite (grâce à l'alcool méthylique) sans faire gonfler le bois. La plupart résistent également aux rayons UV.

Inconvénients : la rapidité du séchage impose de travailler vite et avec soin pour éviter le manque d'uniformité et les traces de reprises entre deux applications. Ces teintes peuvent ne pas être compatibles avec des vernis cellulosiques.

Les teintes à l'huile

Avantages : disponibles en nuances prêtes à l'emploi, elles sont faciles à appliquer. Attention : une seule couche suffit ! Une seconde application diluerait la première.

Inconvénients : ces teintes sont difficilement miscibles entre elles et donnent des résultats peu homogènes sur les bois à grain serré. Elles ne sont pas non plus compatibles avec les vernis à base polyuréthane ou les finitions cirées.

VERNIR ET PEINDRE LE BOIS

Plus ou moins résistants et imperméables, les vernis forment une famille assez étendue dans laquelle on trouve des produits traditionnels à l'huile, préconisés pour la restauration des meubles anciens, et des vernis synthétiques, c'est-à-dire à base cellulosique, polyester, urée-formol, polyuréthane ou encore acrylique. Ces derniers sont, de loin, les plus respectueux de l'environnement parmi les produits dits « modernes » et ils conviennent généralement très bien à un usage intérieur, donc à l'ébénisterie.

Les laques d'aujourd'hui s'emploient en couches assez minces, d'où la nécessité de recourir à plusieurs applications. Les meilleurs résultats s'obtiennent d'ailleurs par pulvérisation. Cependant, une application au rouleau laqueur donne un rendu tout à fait honorable.

La préparation

Un vernis n'est généralement pas conçu pour être appliqué directement sur le bois, mais après un bouche-porage (exécuté avec un fondur) qui a aussi pour effet de fixer la teinte éventuellement appliquée au préalable. L'autre solution consiste à appliquer une couche d'apprêt diluée à 10 ou 20 % avec du white-spirit ou un autre diluant préconisé par le fabricant. Laissez sécher 24 heures puis égrenez finement.

Les peintures

Bien que les finitions laissant le veinage apparent soient majoritaires aujourd'hui, les peintures s'emploient encore très largement, notamment pour les meubles destinés aux chambres d'enfants.

La préparation se limite en général à l'application d'une sous-couche adaptée, qui a pour effet de réduire l'absorption du bois, d'unifier le fond et, ainsi, d'éviter les aspects peu homogènes. Il arrive toutefois que la sous-couche fasse apparaître de petits défauts ; il faut alors les mastiquer et poncer avant d'appliquer le reste de la finition.

Les peintures acryliques offrent une vaste palette de possibilités, notamment la combinaison de teintes et de glacis acryliques. Sachez toutefois que les produits acryliques doivent en principe être protégés avec un vernis acrylique ou polyuréthane. Par ailleurs, même de bonne qualité, une peinture a tendance à se décolorer sous l'action des UV.

Principaux défauts : causes et remèdes

Peau d'orange (petits trous)
Dilution insuffisante du vernis, application trop épaisse, séchage irrégulier.

Stries et rides
Traces de pinceau aux reprises entre deux applications de vernis ; réduisez la zone d'application et abaissez la température ambiante.

Aspect irrégulier (teinte peu homogène)
Préparation insuffisante (ponçage irrégulier). Problème de nettoyage (dépôts gras).

Traces blanchâtres
Atmosphère de la pièce trop humide courants d'air froids. présence de moisissures dans les poils de la brosse.

Craquelures
Temps de séchage insuffisant entre les couches. Réaction entre les solvants de la teinte et du vernis ou ceux de la sous-couche (glycéro) et de la peinture (acrylique).

Ci-dessus Le cloisonnement de cette vitrine a été fabriqué en médium et peint après assemblage (deux couches). *À gauche* Cette table a reçu plusieurs couches de vernis incolore, chacune soigneusement égrenée pour un fini impeccablement lisse.

L'application du vernis

Choisissez un pinceau propre et en parfait état. Poussières et particules de peinture ou de vernis ne demanderaient qu'à se détacher au cours de l'application, générant ainsi des défauts difficiles à rattraper... Dans un récipient, versez suffisamment de vernis pour appliquer une couche entière. Rebouchez ensuite le bidon ou le pot. Trempez les poils du pinceau à mi-longueur dans le vernis, pas plus. Puis essorez-les sur le bord du récipient pour éviter les coulures, défaut le plus fréquent.

1 Pour vernir une pièce composée de plusieurs éléments, comme ce panneau de porte, commencez toujours par les parties les plus délicates (ici, le pourtour du panneau central). Appliquez le vernis avec une brosse fine.

2 Utilisez ensuite une brosse plate pour couvrir la zone centrale. Inclinez la brosse et travaillez avec soin, mais sans vous attarder. Attention aux rainures en V (grains d'orge) : le vernis a tendance à s'y accumuler.

3 Disposez la pièce sur des tasseaux ou des cales afin de pouvoir accéder facilement aux chants extérieurs du cadre. Essorez bien la brosse afin que le vernis n'ait pas tendance à former des gouttes sur l'envers du panneau.

4 Appliquez ensuite le vernis sur les faces des traverses du cadre. Travaillez toujours dans le sens du fil.

5 Poursuivez par les montants du cadre en passant le pinceau d'un trait de haut en bas. Après séchage complet, retournez le panneau et répétez les opérations précédentes sur son envers.

6 Laissez sécher, puis égrenez la surface avec de la laine d'acier fine (000) afin de supprimer les derniers petits défauts. Dépoussiérez ensuite à fond en insistant dans les angles et les rainures (grains d'orge).

7 Poncez ensuite toutes les surfaces avec un abrasif à grain très fin (320) jusqu'à ce que le vernis soit lisse. Dépoussiérez, repassez une couche de vernis et poncez. Recommencez 4 ou 5 fois pour un résultat parfait.

8 Appliquez la dernière couche de vernis avec une brosse ronde. Si la surface est parfaitement lisse, l'application s'effectue très vite sans risque de laisser des traces. L'aspect obtenu est lisse comme un miroir.

LES FINITIONS CIRÉES ET HUILÉES

Utilisée depuis des siècles, la cire est toujours très appréciée. Contrairement au vernis qui ne forme qu'une pellicule à la surface du bois, elle pénètre dans celui-ci et lui confère un aspect lustré qui embellit avec l'âge. Aucun tour de main n'est par ailleurs nécessaire à son application et il n'est jamais difficile de lui redonner une nouvelle jeunesse. L'huile est encore plus simple à mettre en œuvre, surtout lorsqu'il s'agit d'un produit « moderne », plus durable et résistant à la chaleur. En dehors de chiffons et de laine d'acier, cire et huile n'exigent aucun matériel spécifique.

Les types de cires

Difficile à trouver à l'état pur, la cire d'abeille est traditionnellement mélangée à de la cire végétale (principalement de carnauba) et à de l'essence de térébenthine. C'est ce type de cire qu'il convient d'employer, à l'exclusion de tout autre produit à base de silicones. Ces derniers offrent en effet un brillant sans égal, mais peu durable, et ils sont incompatibles avec les autres types de cires. Qui plus est, il est impossible de les retirer du bois dans lequel ils ont pénétré !

Les cires traditionnelles sont disponibles teintées. Bien qu'elles ne suffisent pas à teinter un bois brut, elles parviennent toutefois, avec le temps, à renforcer sa tonalité au point de lui donner un aspect et une profondeur incomparables.

La cire est par ailleurs compatible avec la plupart des teintes à bois, hormis celles à base d'huile ; un essai à un endroit peu visible est donc recommandé. Son application peut être précédée d'un bouche-porage, en particulier lorsqu'il s'agit d'un bois tendre (à fibres ouvertes). En revanche, sur un bois dur, il peut être nécessaire de réchauffer légèrement la cire (sur un radiateur, par exemple) pour l'aider à pénétrer. Passez toujours la cire dans le sens du fil et attendez 2 heures avant de lustrer au chiffon de coton.

Ci-contre Cire à céruser, cire de carnauba et huile pour teck (*en haut*). Cire d'abeille sous forme solide et en pâte, bâtons de cire teintante et chiffon de coton (*en bas*).

1 Appliquez une légère couche de fondur, qui a l'avantage de stabiliser le support sans empêcher la cire d'y pénétrer. Laissez sécher, puis poncez finement le bouche-pores avec un abrasif fin (ou moyen et usé) et dépoussiérez à fond.

2 Appliquez la cire avec un tampon de laine d'acier roulé en boule : la cire limitera l'action abrasive des fils d'acier, mais pénétrera dans les fibres du bois. Effectuez des mouvements circulaires assez appuyés ; plus vous appuierez, plus la cire s'échauffera et mieux elle pénétrera dans le bois.

3 À l'aide d'un chiffon, frottez vigoureusement la surface pour la lustrer. Repassez une ou deux fines couches de cire et lustrez de nouveau. Pour rajeunir une finition cirée, nettoyez-la d'abord à l'eau savonneuse. Si elle est très sale, utilisez de la laine d'acier fine trempée dans du white-spirit. Cirez de nouveau.

La finition cérusée

Elle met bien en valeur les veinages marqués à pores ouverts (chêne, frêne, châtaignier, orme, etc.). Les fibres devant impérativement être « ouvertes » afin de conserver un peu de cire à céruser, il est conseillé de frotter au départ le bois dans le sens du fil avec une brosse en acier laitonné.

Ci-dessus La cire à céruser est idéale pour faire ressortir le veinage d'un bois.

1 Appliquez éventuellement un primaire de céruse à la mèche de coton, et dans le sens du fil. Étalez ensuite la cire à céruser au pinceau ou avec un tampon de laine d'acier fine (000) et effectuez des mouvements circulaires, comme avec une cire ordinaire. Ne terminez pas dans le sens du fil, car cela retirerait de la cire.

2 Avant le séchage complet, retirez l'excédent en frottant un chiffon (ou une vieille spatule à angles arrondis) en travers des fibres. Laissez sécher puis ôtez ce qui reste de cire avec de la mèche de coton et du white-spirit (ou tout autre solvant préconisé). Vous pouvez ensuite appliquer un vernis ou une cire incolore.

La finition huilée

Imperméabilisant naturel, l'huile convient idéalement au mobilier de jardin et en particulier aux bois exotiques comme le teck, car sa longévité dépasse à coup sûr celle d'un vernis. Contrairement à tous les produit filmogènes de type vernis ou lasure (non pénétrante), l'huile ne risque en effet à aucun moment de se décoller à la suite d'une pénétration d'eau !

Outre sa fonction protectrice, l'huile est également appréciée pour l'aspect qu'elle donne au bois. Ce dernier peut être maintenu dans son état initial, grâce à des applications régulières. L'huile de lin est toutefois déconseillée, car la surface traitée reste poisseuse et s'encrasse facilement. Dans tous les cas, il vaut donc mieux s'en tenir à l'huile pour teck qui ne connaît à peu près aucune restriction d'emploi, exception faite des ustensiles de cuisine et de la vaisselle en bois.

1 Dépoussiérez à fond le bois et appliquez l'huile dans le sens du fil avec un tampon de laine d'acier. Laissez bien pénétrer et, si des zones plus claires apparaissent, renouvelez l'application jusqu'à l'obtention d'une teinte uniforme.

2 Terminez l'application dans le sens du fil à l'aide d'un chiffon doux, qui permettra à l'huile de bien pénétrer. Si le bois n'est pas parfaitement homogène et que certaines zones aient absorbé plus d'huile que d'autres, appliquez de nouveau un peu d'huile. Laissez ensuite sécher pendant une nuit complète.

VERNIR AU TAMPON

Si le pinceau et la mèche de coton sont irremplaçables pour vernir des petites surfaces planes, des moulures ou des motifs sculptés, vous trouverez avantage à utiliser l'outil des professionnels sur les surfaces planes plus étendues : un tampon que vous aurez fabriqué vous-même avec un carré de drap et de la mèche de coton.

Ci-dessus Pots de vernis au tampon (en demi-cercle), tampon d'ouate (au centre), chiffon de lin et de laine, pinceaux ronds (en bas).

Le vernis au tampon

Classique de l'ébénisterie, le vernis au tampon apporte un superbe fini qui est à peu près le seul, hormis la cire, à être digne d'un meuble ancien ; son brillant incomparable met en valeur les placages, notamment de bois précieux. Il offre en outre l'avantage de s'enlever facilement avec un solvant. En contrepartie, son application exige de procéder avec méthode et, éventuellement, de se faire la main sur une petite pièce ou un morceau de contreplaqué.

À l'origine, ce produit était préparé par les ébénistes eux-mêmes à l'aide de gomme-laque (à base de résines tropicales) dissoute dans de l'alcool éthylique ou méthylique. Aujourd'hui, ce vernis est vendu prêt à l'emploi, mais sa mise en œuvre reste la même. Elle commence en principe par un bouche-porage (ou remplissage).

Le bouche-porage (remplissage)

Une bonne préparation est absolument essentielle pour obtenir un vernis au fini parfait, c'est-à-dire extra-lisse. Il s'agit d'éliminer les aspérités présentes à la surface du bois, tout en bouchant ses pores. Attention ! il ne faut pas ici employer un produit classique de type bouche-pores ou fondur, mais de la pierre ponce en poudre tamisée (ponce-soie).

Répandez d'abord celle-ci sur le bois, puis frottez-la en cercles de plus en plus petits avec un tampon confectionné spécialement (voir page de droite) et humecté d'alcool à 95° (ou à défaut à 90°). La pierre ponce polira ainsi le bois tout en comblant ses pores. De temps à autre, rechargez le tampon en alcool ou la surface avec de la pierre ponce. Peu à peu, les aspérités disparaîtront et la surface deviendra de plus en plus lisse, absorbant ainsi de moins en moins de pierre ponce. Peu avant la fin du remplissage, additionnez un peu de vernis à l'alcool du tampon, et continuez de l'utiliser jusqu'à ce qu'il devienne sec.

1 En présence d'un bois dont les pores sont très ouverts, vous pouvez vous contenter d'appliquer une pâte à bois mélangée à une teinte acrylique.

2 Laissez sécher pendant le temps nécessaire. Puis poncez le panneau avec un abrasif à grain très fin (400).

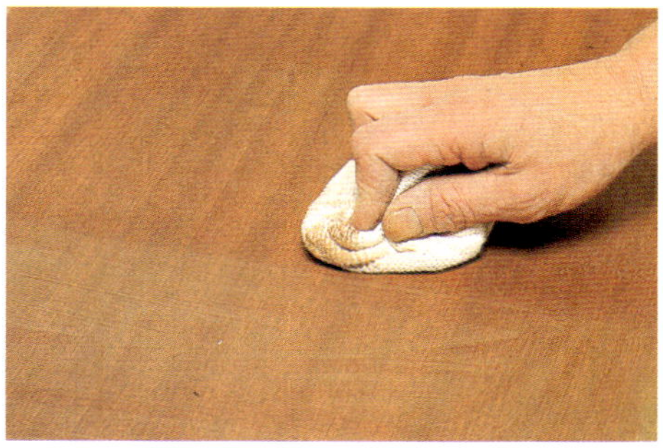

3 Dépoussiérez ensuite la surface. Puis, pour parfaire l'opération, passez un tampon de coton imbibé d'alcool à 90 ou 95°.

Le vernissage

L'application du vernis se fait environ 2 semaines après le bouche-porage et, en principe, à l'aide du même tampon, en remplaçant uniquement sa « toile ». Ce tampon aura été confectionné à l'aide d'une poignée de mèche de coton ou de laine vierge (imbibée d'alcool à vernir), serrée au centre d'un carré (toile) de drap ou de tout autre tissu non pelucheux de 20 x 20 cm environ. Le tampon s'utilise à main nue, sans gant, ce qui permet d'évaluer en cours d'application – sur le dos de la main libre – la quantité de vernis qu'il contient.

1 Étalez la toile à plat et placez au centre la mèche de coton ou de laine imbibée d'alcool. Rabattez ensuite les bords de la toile.

2 Repliez deux coins du carré afin de former une pointe. Avant de poursuivre, assurez-vous que le tampon ne forme aucun pli.

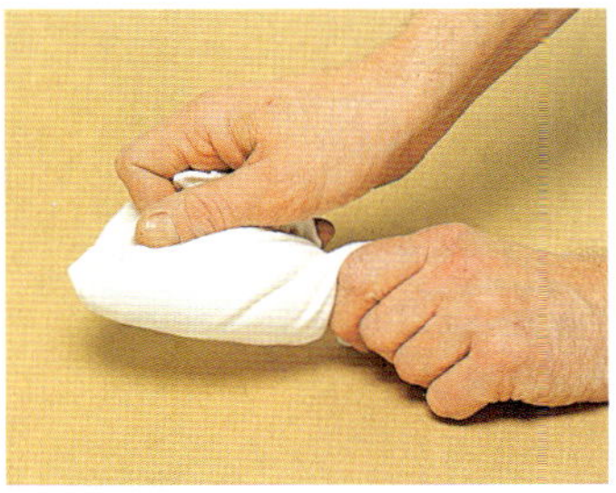

3 Tordez la partie arrière du tampon sur elle-même afin de donner à l'ensemble une forme oblongue, que l'on tienne bien en main.

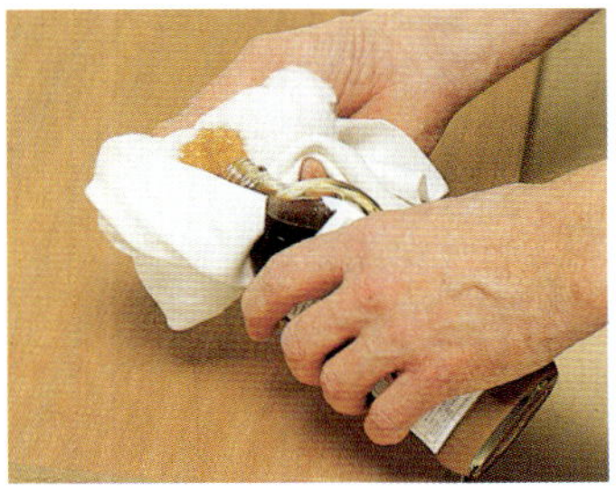

4 Avant d'utiliser le tampon, ouvrez-le et répandez un peu de vernis pur sur la mèche ou la laine. L'objectif est d'utiliser celle-ci comme « réservoir » afin de diffuser le produit à travers la toile, et non d'appliquer le vernis sur la toile elle-même.

5 Appliquez d'abord le vernis dans le sens du fil puis à contre-fil. Commencez en n'appuyant pas trop, puis augmentez la pression. Maintenez le tampon continuellement en mouvement et recouvrez en partie chaque passe par la suivante.

6 « Bouchonnez » ensuite en mouvements arrondis. Puis formez des séries de « 8 » allongés en travers du fil, sans vous arrêter. Un léger halo se forme juste derrière le tampon : c'est le signe que l'alcool s'évapore et que le vernis s'applique normalement.

7 Pour corriger les petits défauts d'aspect, vous pouvez éventuellement égrener la surface avec un abrasif fin ou de la laine d'acier (0). L'idéal est de poncer la pièce dans un autre lieu afin que la poussière ne contamine pas la finition. Dépoussiérez ensuite à fond.

8 Poursuivez l'application. Le vernis devenant plus épais, le tampon, même régulièrement rechargé, aura tendance à coller. Pour résoudre ce problème, déposez dessus un peu d'huile de lin ou de vaseline.

9 Appliquez ainsi plusieurs couches en laissant sécher chaque couche quelques heures. Pendant ce temps, entreposez le tampon dans un bocal fermé. Après chaque application, le brillant devient de plus en plus intense et le vernis profond.

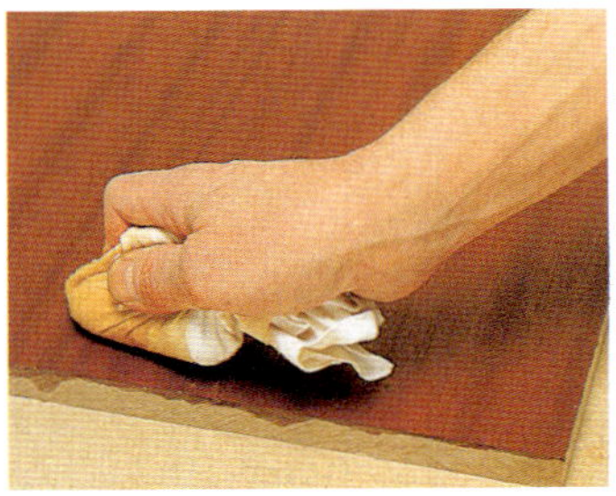

10 Pour donner de la transparence au vernis, « séchez » la dernière application en versant un peu d'alcool sur le tampon. Placez ensuite la pièce à l'abri de la poussière pendant 15 jours. Puis éclaircissez à la popote douce et faites briller immédiatement au chiffon doux.

9

LES RÉALISATIONS

Jusqu'ici, nous vous avons présenté le bois en tant que matériau, ainsi que les outils et techniques qui permettent de le façonner. Enrichissantes en elles-mêmes, ces connaissances sont toutefois destinées à être mises en pratique... Voici donc, dans les pages qui suivent, des réalisations inédites qui vous aideront à les appliquer. Quelles que soient vos compétences, parions qu'il en est au moins une qui vous donnera envie de vous lancer. Les illustrations et explications peuvent d'ailleurs être suivies pas à pas, utilisées comme une simple confirmation, voire uniquement comme base en vue de modifier les dimensions et/ou le style de l'objet correspondant. Telle est en effet la particularité du travail du bois qui, d'un même point de départ, aboutit souvent à des réalisations uniques. Quoi qu'il en soit, chacune de celles que vous mènerez à bien contribuera à vous faire gagner en habileté, en assurance et en sérénité... dans la perspective de la suivante !

Avant de commencer...

- Sauf indication contraire, toutes les mesures sont en millimètres.
- Vous rencontrerez au fil des explications différentes abréviations. Pour mémoire, voici leur signification :

Boulon TRCC	Boulon à tête ronde et collet carré
CTP	Contreplaqué
Vis TF	Vis à tête fraisée

Casier à bouteilles

Fournitures

- CTP de bouleau (ou autre) : panneau de 760 x 600 x 15

Cette petite réalisation offre l'occasion de manier un certain nombre d'outils de base et d'apprendre à scier droit. C'est une qualité absolument indispensable pour effectuer un assemblage à enfourchements. Sont utilisés ici des panneaux de contreplaqué (CTP) de bouleau qui s'accommodent d'un vernis incolore ou teinté.

Mise en œuvre

Cette réalisation comporte 6 pièces de deux dimensions différentes. Une fois assemblés, les panneaux forment des compartiments correspondant à des bouteilles courantes (de 75 ou 80 mm de diamètre).

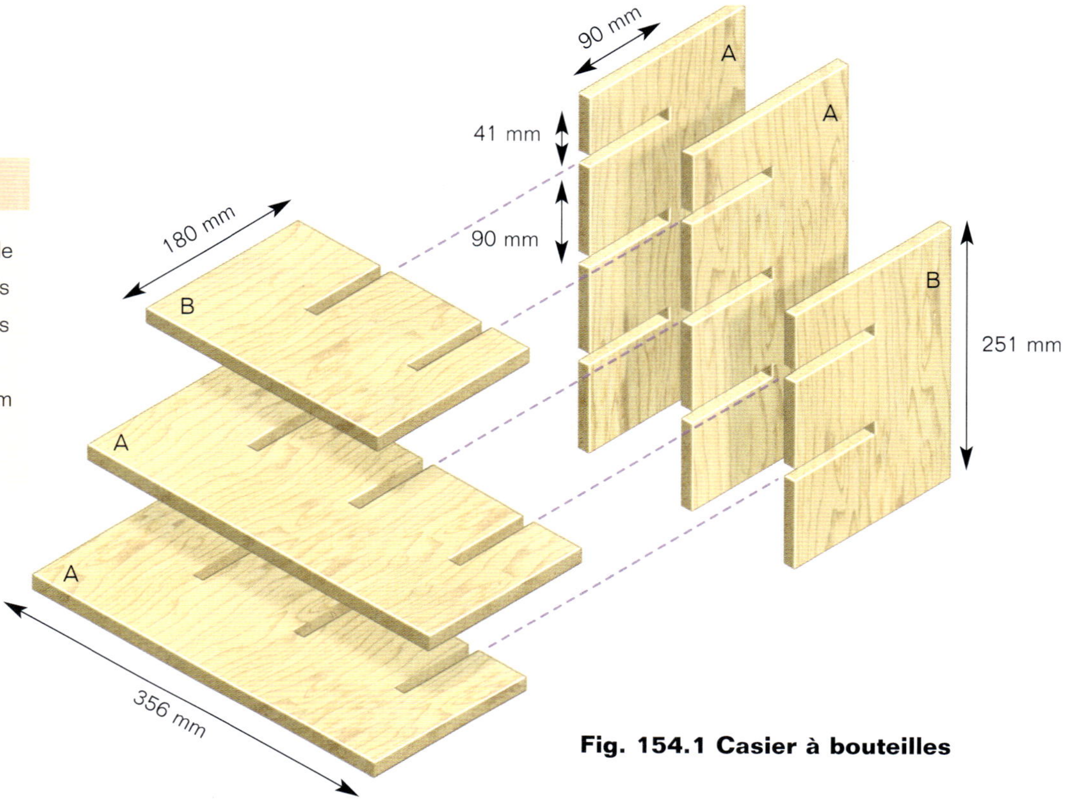

Fig. 154.1 Casier à bouteilles

1 Découpez les pièces aux dimensions avec une scie égoïne ou une scie circulaire guidée (ou montée en poste fixe), en vérifiant qu'elles sont bien d'équerre. Pour limiter l'éclatement des fibres lors des coupes transversales, repassez au préalable sur les repères avec la lame d'un cutter.

2 Des découpes précises rendent tout rabotage inutile. Si pareille rectification est malgré tout nécessaire, serrez la pièce à la verticale dans la presse de l'établi. Poncez ensuite les chants à l'abrasif fin monté sur une cale à poncer, en effectuant des mouvements longs et réguliers.

3 Repérez l'emplacement des entailles en vous aidant des cotes indiquées ci-dessus. Tracez les repères correspondants à l'aide d'une chute de même épaisseur pour éviter d'avoir à reporter la mesure chaque fois. Après découpe, utilisez la première pièce comme gabarit pour tracer les suivantes.

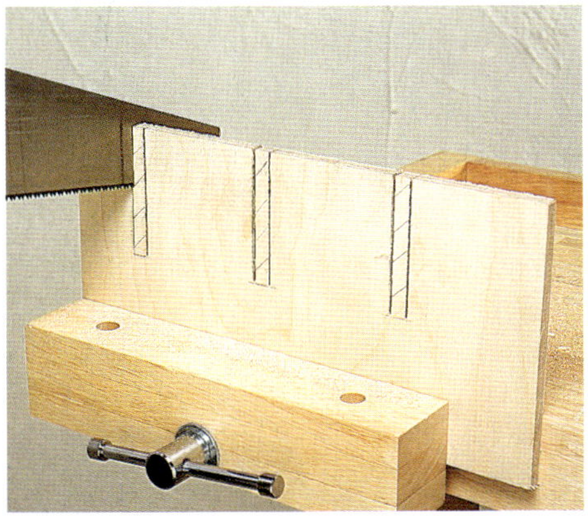

4 Chaque pièce tracée, serrez-la sur chant bien à l'horizontale. Découpez ensuite les entailles avec une égoïne. Vous pouvez aussi utiliser une scie circulaire en poste fixe si l'écart maximal du guide latéral le permet.

5 Découpez le fond des entailles au ciseau de 15 mm. Chaque entaille se prolonge jusqu'à mi-largeur de la pièce afin que les chants avant des pièces soient tous sur le même plan. Faites un assemblage à blanc pour le vérifier.

6 Le cas échéant, rectifiez les chants des entailles avec un abrasif fin monté sur une petite cale de 13 mm d'épaisseur. Chacune d'elles doit permettre à la pièce correspondante de s'engager facilement, mais sans jeu.

7 La finition est beaucoup plus facile à appliquer sur des pièces non assemblées. Poncez leurs faces à l'abrasif fin monté sur une cale. Dépoussiérez à fond et appliquez un vernis incolore, ou la finition de votre choix.

8 Emboîtez les pièces, en utilisant au besoin un peu de colle à bois pour maintenir les assemblages ; la colle est cependant inutile si ceux-ci s'effectuent sans jeu.

Cadre en chêne

Fournitures

- Moulure en bois massif de 50 x 25 et 1,50 m de long
- Panneau de fibres dures (ou CTP) de 3 d'épaisseur pour le dos
- Colle à bois
- Pointes à tête d'homme
- Tournettes en laiton et petites vis à tête fraisée

Une visite chez un encadreur offre un bon aperçu de l'immense variété qui caractérise ce type de réalisations ; vous pourrez y glaner des idées pour encadrer une photo ou un dessin. Nous vous proposons de commencer par cet encadrement massif et profond, avec ses moulures en chêne verni ; à vous de l'adapter ensuite au style de votre choix.

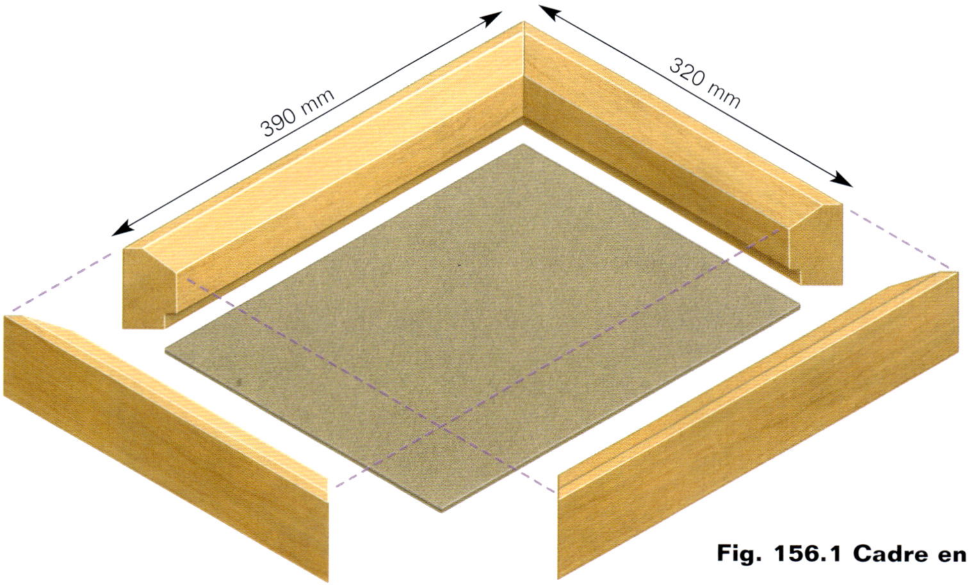

Fig. 156.1 Cadre en chêne

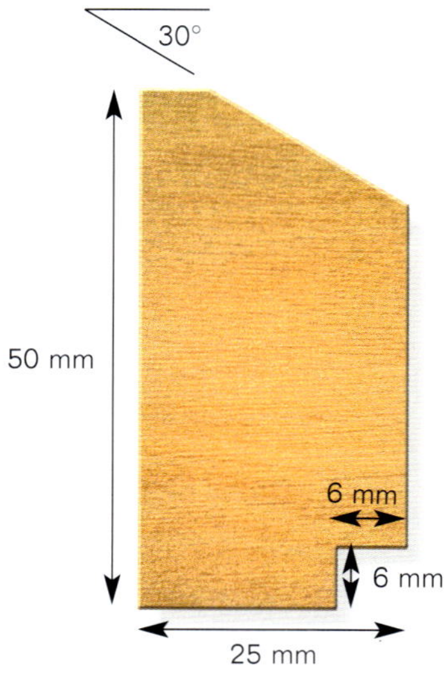

Fig. 156.2
Vue de profil

Conseil pratique

Pour déterminer les dimensions intérieures d'un encadrement, partez du format de l'illustration et ajoutez une marge tournante de 10 cm pour le passe-partout. Les dimensions intérieures du cadre seront inférieures de 6 à 10 mm pour permettre d'encastrer dos et verre dans la feuillure correspondante.

Mise en œuvre

Biseautées vers l'intérieur (voir Fig. 156.2), les moulures formant le cadre ajoutent du relief à l'ensemble. La profondeur de la feuillure est dictée par l'épaisseur du verre, du dos, du passe-partout et de l'illustration elle-même. Après assemblage du cadre, vissez les tournettes au dos de celui-ci. Puis découpez le dos aux dimensions et faites couper un verre de même taille. Mettez le tout en place à blanc pour vérifier l'exactitude des dimensions. Puis retirez le dos pour introduire l'illustration, et fixez-le ensuite définitivement.

1 Retaillez les 4 éléments du cadre à la longueur + 3 ou 4 cm. Serrez bien chaque pièce dans la presse de l'établi et feuillurez leur chant inférieur au rabot à combinaisons ou, plus simplement, à la défonceuse.

2 Retournez les pièces et, à chaque extrémité, repérez l'angle à la fausse équerre. Reportez-le sur les faces avant et chants supérieurs. Biseautez ensuite ces derniers avec un rabot de retouche ou à la défonceuse.

3 Vérifiez régulièrement l'angle du biseau à la fausse équerre, notamment aux extrémités en vue des futurs assemblages.

4 À l'aide d'une scie à onglets, recoupez l'une des extrémités à 45°. Puis reportez la mesure intérieure exacte à l'autre extrémité.

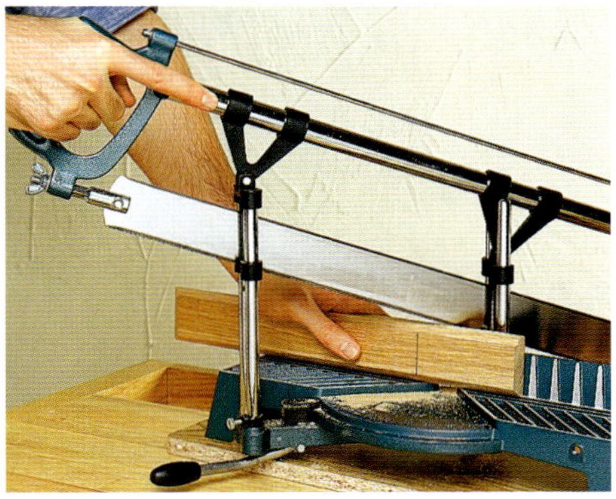

5 À l'aide d'une équerre, reportez le repère précédent sur la face opposée de la pièce. Puis recoupez-la à la scie à onglets.

6 Faites de même pour les 3 autres éléments et disposez le tout, à blanc, dans des presses d'angle. Vous pourrez ainsi vérifier l'exactitude des assemblages. Rabotez si nécessaire, puis encollez et mettez sous presse.

7 Renforcez chaque angle en enfonçant une pointe à tête d'homme de part et d'autre. Dans un bois dur comme le chêne, percez éventuellement des avant-trous afin de ne pas faire éclater les onglets.

8 Retirez les presses d'angle et disposez une presse à sangle tout autour du cadre. Serrez celle-ci tout en contrôlant l'équerrage de l'assemblage. Épongez l'excédent de colle et laissez sécher.

9 Après séchage, nettoyez les angles si cela est nécessaire, et poncez toutes les surfaces à l'abrasif fin. Dépoussiérez bien à l'éponge humide, appliquez le vernis, puis vissez les tournettes.

BOB DYLAN BRINGING IT ALL BACK HOME
THE BEST OF THE STYLISTICS
DAVID BOWIE Station To Station
CDP 79 6435 2
BOB DYLAN THE TIMES THEY ARE A-CHANGIN'
BRANDY NEVER SAY NEVER
ATLANTIC
A JAZZ HOUR WITH SARAH VAUGHAN
JHR 73581
THE ROLLING STONES — BEGGARS BANQUET
LONDON
DENON

RANGE-CD

CETTE PETITE RÉALISATION EST NÉE DE LA RENCONTRE d'une chute de merisier au veinage assez marqué et d'une chute de bois d'if à chants non dressés. Naturellement, d'autres essences peuvent être employées et les dimensions de l'ensemble ne demandent elles aussi qu'à être modifiées en fonction de ce que vous trouverez dans votre atelier.

Fournitures

Toutes les pièces sont en bois massif.

- Moitiés de support : 760 x 255 x 12
- Côtés du support : 760 x 25 x 12
- Base du support : 280 x 150 x 19
- Colle à bois
- Pointes en laiton

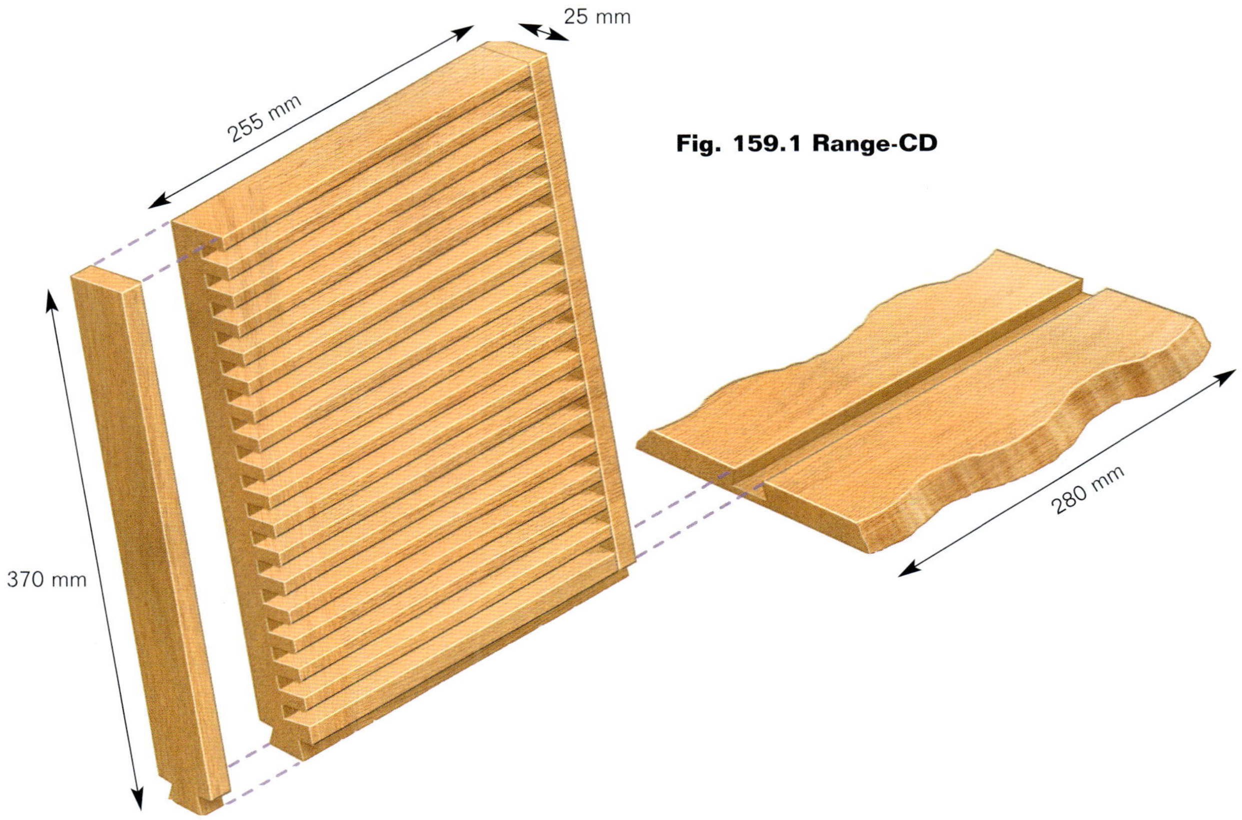

Fig. 159.1 Range-CD

Mise en œuvre

Cette réalisation repose sur un principe très simple, celui du cantilever, afin de supporter le poids des disques compacts. La largeur de l'étagère permet de disposer les CD en double pile. La hauteur n'est pas limitative sous réserve d'élargir la base en proportion : veillez toujours à ce que son chant arrière se trouve à l'aplomb de la partie haute, inclinée à 80°. L'assemblage support-base fait appel à une queue d'aronde usinée sur toute la longueur des pièces.

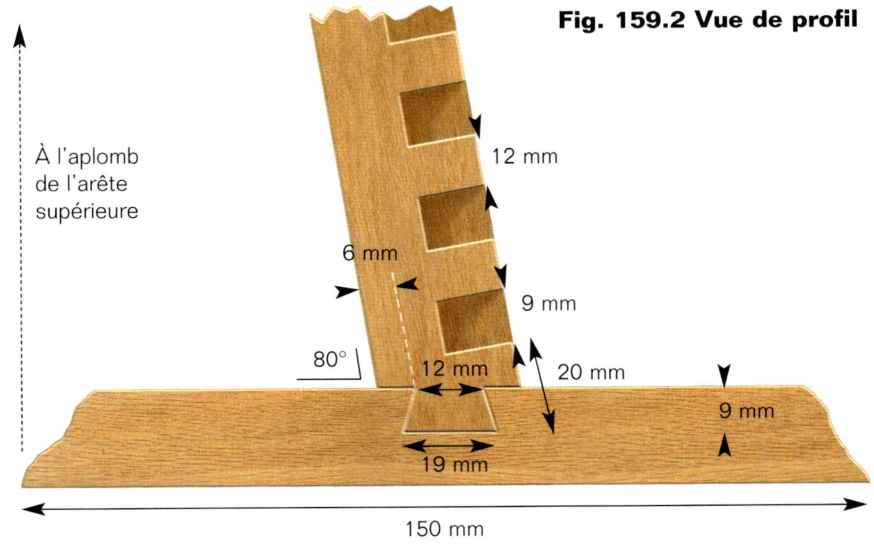

Fig. 159.2 Vue de profil

1 Découpez les 2 épaisseurs du support (370 x 255 x 12). Vérifiez l'équerrage des chants et rectifiez au besoin avec un rabot. Encollez et assemblez les pièces face contre face. Mettez sous presse à l'horizontale avec des presses à panneaux prenant appui sur un tasseau (épaisseur maximale 24 mm) à chaque extrémité. Puis ajoutez un tasseau et deux serre-joints pour effectuer un serrage perpendiculaire.

2 Après séchage complet, effectuez la première rainure à la défonceuse équipée d'une fraise droite Ø 9. Fabriquez ensuite un guide spécial avec une chute de panneau percée en son centre et fixée sous la semelle de l'outil. À 12 mm de la fraise, vissez sous le panneau une section de moulure de 9 x 9. Engagée dans la première rainure (à 2 cm du bas), elle servira de guide pour fraiser la suivante et ainsi de suite.

3 Comme indiqué précédemment, il est très facile d'exécuter le fraisage grâce au guide fait maison. Assurez-vous toutefois que la pièce est fermement maintenue sur l'établi au moyen d'un serre-joint, d'un valet ou de griffes. Effectuez ainsi toutes les rainures jusqu'en haut du support (voir p. 116).

4 Tracez et fraisez la rainure en queue d'aronde sur toute la longueur de l'axe médian de la base (voir p. 117). Comme la machine ne peut être guidée le long d'un chant non dressé, clouez la base sur une chute de contreplaqué un peu plus large, que vous visserez sur un panneau quelconque.

5 En bas des côtés, et à l'aide d'un gabarit, reportez le profil de la queue d'aronde correspondant à la rainure (voir p. 117). N'oubliez pas de prévoir une inclinaison de 10° avant la verticale, soit en réalité 80° (voir Fig. 159.2). Utilisez une scie à dos pour les découpes.

6 Utilisez le gabarit précédent pour reporter le profil de la queue d'aronde à réaliser sur toute la longueur en bas du support. Tracez l'arasement au trusquin sur les deux faces. Bridez une chute à chant bien droit pour guider la lame de la scie à dos bien à la verticale.

7 Biseautez l'un des chants de la chute précédente afin qu'une fois bridée sur la pièce, son chant serve de guide lors du rabotage du premier côté de la rainure en queue d'aronde. L'opération s'exécute avec un guillaume d'ébéniste et suivant un angle différent pour le second côté, afin de correspondre au tracé et de permettre l'inclinaison du support.

8 Rabotez le chant inférieur de la pièce afin qu'elle s'engage et coulisse facilement dans la rainure de la base. Avant d'assembler les côtés, n'hésitez pas à poncer légèrement chaque fraisage avec un abrasif fin disposé sur une petite cale.

9 Collez et clouez les côtés de part et d'autre du support. Au préalable, alignez parfaitement les pièces et évitez d'enfoncer les pointes face aux fraisages. Encollez ensuite la rainure de la base et engagez-y les 3 pièces formant le support. Après séchage, appliquez la finition.

Miroir encadré

Il est étonnant de constater à quel point un simple cadre biseauté peut mettre en valeur un miroir ordinaire. De section respectable, ce cadre en frêne massif présente un veinage très marqué qui accepte une finition simple – ici un vernis incolore satiné.

Fournitures

- Bois massif de 75 x 30 (longueur selon la taille du miroir)
- 4 vis de liaison M6 ou M8 (pour serrage d'épaisseurs de 30 mm)
- 2 pitons ronds pour la fixation

Fig. 163.1 Miroir encadré

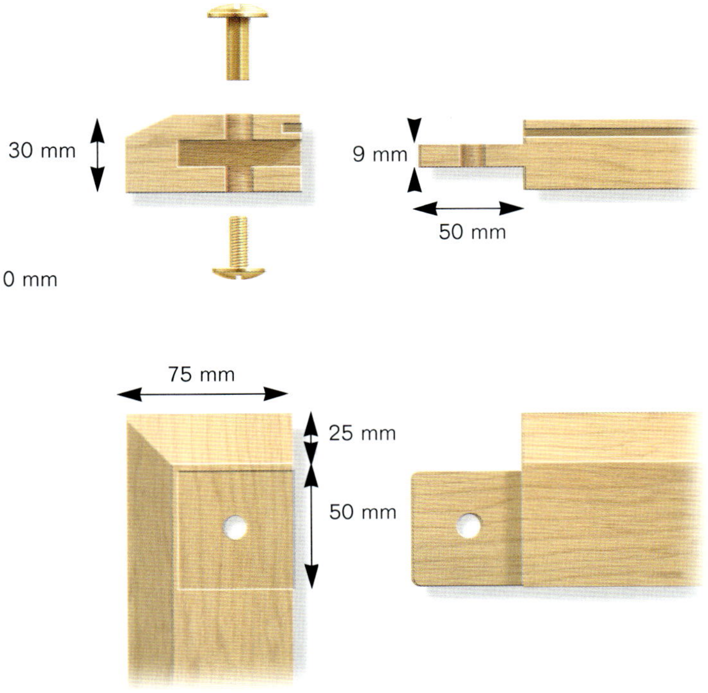

Fig. 163.2 Détail des assemblages

Mise en œuvre

Rainurés sur leur face interne, les côtés du cadre sont assemblés par tenons et mortaises. Ces derniers sont maintenus, non par de la colle, mais par des vis de liaison qui les traversent de part en part : leur partie mâle, filetée, s'engage dans leur partie femelle taraudée (l'écrou). L'ensemble reste ainsi démontable très facilement… s'il faut remplacer le miroir, par exemple.

1 Découpez les éléments du cadre aux longueurs requises par le miroir moins 6 mm (voir étape 3) tout autour. Tracez ensuite les tenons et mortaises (voir Fig. 163.2). Creusez ces dernières à 25 mm de l'extrémité des montants, jusqu'à une profondeur de 50 mm (voir p. 112). Rectifiez leurs extrémités au ciseau.

2 Tenonnez les extrémités des traverses. Puis, côté extérieur, réduisez la largeur de chaque tenon de 25 mm. Rectifiez-les afin qu'ils s'engagent librement (mais pas trop !) dans chaque mortaise. Abattez ensuite les angles des tenons afin qu'ils ne butent pas au fond de la mortaise.

3 Rainurez le chant intérieur des éléments du cadre à la défonceuse ou à la scie circulaire montée en poste fixe à environ 5 mm du bord. La largeur et la profondeur de la rainure dépendent du miroir (épaisseur et/ou biseau). Elle est ici de 3 mm de large et 6 mm de profondeur. Poncez à l'aide d'un abrasif fin replié sur lui-même.

4 Biseautez l'arête extérieure de chaque montant et traverse constituant le cadre. Les extrémités des montants devront aussi être biseautées, mais mieux vaut exécuter cette opération après l'assemblage. Pour plus de facilité, confectionnez un guide (voir p. 120).

5 Avant l'assemblage, percez un trou Ø 6 ou 8 (suivant les vis) au centre et de part en part de chaque mortaise. Ôtez la sciure, engagez le tenon correspondant et, à l'aide d'un poinçon, repérez l'emplacement de son perçage. Profitez-en également pour repérer les biseaux aux extrémités des montants et effectuez-les avec un rabot de retouche.

6 Désassemblez les éléments et percez les trous des vis à travers les tenons. Pour que les assemblages soient bien jointifs, ces trous doivent être légèrement décalés (1,5 mm) en direction de l'arasement afin de contraindre un peu les pièces. Utilisez un poinçon pour marquer les perçages, qui doivent être parfaitement perpendiculaires.

7 N'hésitez pas à assembler le cadre à blanc et sans le miroir : vous pourrez ainsi vérifier que les assemblages sont d'équerre et jointifs. Insérez les écrous des vis de liaison afin de contrôler que les montants sont « attirés » par les arasements des traverses. Retirez deux d'entre eux, glissez le miroir et réassemblez définitivement.

8 Par l'arrière, insérez toutes les vis de liaison dans leurs écrous. Serrez chacune d'elles à l'aide d'un tournevis à lame large, tout en appuyant fortement sur l'écrou correspondant avec le pouce. Si cela ne suffit pas, utilisez un second tournevis. Au dos du cadre, vissez un ou deux pitons ronds, selon le poids du miroir.

Porte-revues

Ce modèle pliant ne fait appel qu'à des assemblages simples, donc à des outils et des techniques de base. Tout au plus faut-il veiller à tracer des repères précis, puis à découper et à assembler les pièces avec soin. Les fournitures sont disponibles partout et ne demandent qu'un minimum de façonnage. Une fois terminé, l'ensemble peut être replié sur lui-même et rangé à plat sans même qu'un dispositif de blocage soit nécessaire.

Fournitures

- Lattes en pin raboté : 75 x 12 (ou section proche) et 4,20 m de long
- Montants en pin raboté : 50 x 25 (ou section proche) et 2,80 m de long
- Gabarit : panneau en médium ou CTP de 10 d'épaisseur
- 32 vis TF agglo Ø 4 x 25 bichromatées
- 2 vis TF agglo Ø 4 x 50 bichromatées
- 1 grosse pointe Ø 3
- 2 boulons TRCC Ø 6 x 60 + 4 rondelles Ø 6 et 2 écrous freinés M6
- Cordelette

Fig. 167.1 Porte-revues

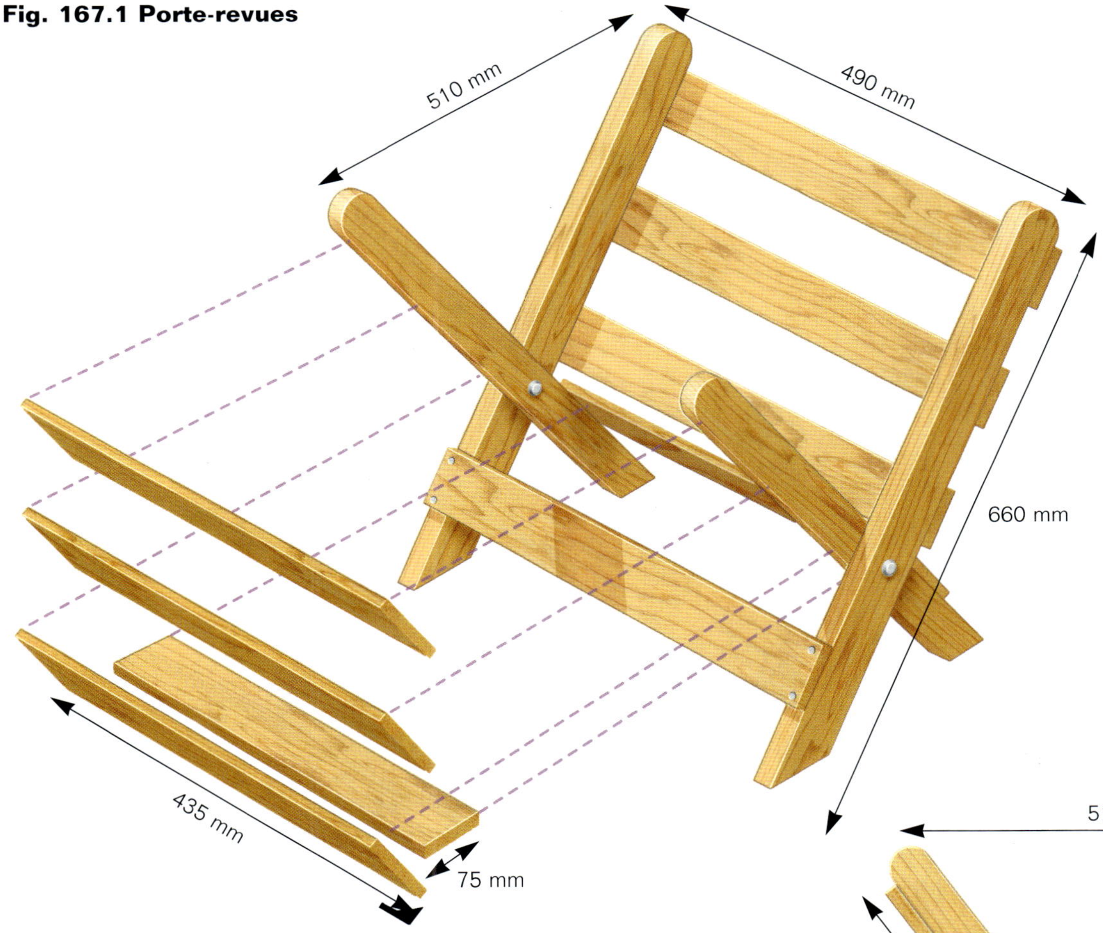

Mise en œuvre

Le porte-revues se compose de 2 bâtis, chacun formé de 2 montants reliés par des lattes horizontales. De largeurs inégales, ces bâtis sont conçus pour pivoter et se replier l'un (intérieur) dans l'autre (extérieur). Les dimensions de l'ensemble peuvent être modifiées ou reprises à partir des cotes indiquées sur les figures, ce qui évite de recalculer l'angle formé par les montants. Reportez le schéma de montage à taille réelle sur le gabarit.

Fig. 167.2 Vue de profil

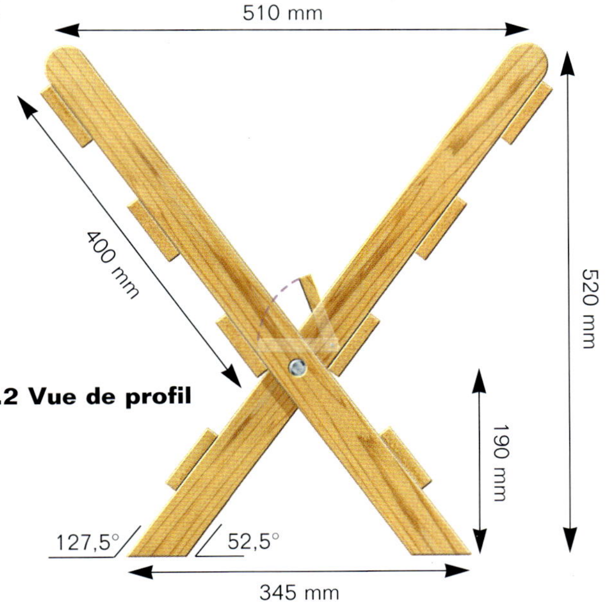

1 Découpez les lattes aux longueurs requises. Celles du bâti intérieur sont plus courtes de 55 mm que celles du bâti extérieur. Découpez également les montants, avec une marge de 20 mm environ en longueur afin d'arrondir leur extrémité haute. Profilez l'extrémité d'un montant, rectifiez à la râpe et servez-vous-en pour tracer les suivants.

2 Recoupez l'extrémité basse des montants après traçage à la fausse équerre. Puis positionnez-les par deux sur le gabarit (celui du dessus soutenu par une cale) afin de repérer les emplacements des lattes et des perçages Ø 3 (avant-trous) correspondant aux pivots.

3 Assemblez les montants et les lattes du bâti intérieur. Vérifiez l'équerrage de chaque latte après avoir vissé les deux premières vis. Cet équerrage est essentiel, de même que l'alignement des chants latéraux des montants et des lattes.

4 Vissez la troisième latte, puis retournez l'ensemble pour visser celle du bas. L'assemblage final sera plus facile si vous ne vissez la seconde latte qu'après coup, et cela ne nuira nullement à la rigidité de l'ensemble.

5 Utilisez le bâti intérieur posé sur des chutes de 12 mm pour assembler le bâti extérieur. Placez les pièces avec soin, en vérifiant notamment que les biseaux des montants sont en sens contraire et que les logements des pivots sont bien alignés. Enfoncez éventuellement une grosse pointe pour éviter aux montants de se décaler lors du vissage des lattes.

6 De chaque côté, vérifiez que les montants extérieurs et intérieurs sont à la même hauteur et parfaitement parallèles pour éviter qu'ils ne se coincent après montage. Vissez ensuite la première latte sur le haut des montants extérieurs, puis la troisième, en veillant à ce qu'elles soient bien d'équerre.

7 Retournez l'ensemble pour fixer la latte du bas. À ce stade, les 2 bâtis sont emboîtés l'un dans l'autre. Vous pouvez toutefois les faire glisser pour les séparer afin, par exemple, de les poncer avec un abrasif fin puis de les vernir, ou de les lasurer. Faites de même pour les dernières lattes avant de les monter.

8 Élargissez les perçages des pivots au Ø 6. Puis replacez les bâtis dans leur position initiale pour introduire les pivots. Au préalable, insérez une rondelle entre chaque paire de montants. Introduisez les boulons TRCC, puis une autre rondelle pour chacun et enfin les écrous (sans les serrer trop fort). Notez que les troisièmes lattes servent de butées aux 2 bâtis en ouverture maximale.

9 Découpez la latte formant le fond du porte-revues. Puis insérez-la à sa place et vissez-la latéralement à travers les montants intérieurs (vis Ø 4 x 50). Cette latte doit se replier facilement sans entraver le mouvement des bâtis. Vissez enfin les secondes lattes et nouez éventuellement deux cordelettes (entre les dernières lattes) pour retenir l'ensemble en position ouverte.

ÉTAGÈRE DOUBLE

LES PANNEAUX DE DÉRIVÉS DU BOIS comportant un placage décoratif simplifient considérablement le travail du menuisier. Cependant, qu'il s'agisse de contreplaqué (CTP), de latté ou d'aggloméré, leurs chants visibles restent assez fragiles et, surtout, peu esthétiques. Il est heureusement possible de les habiller avec des moulures assorties au placage. Vous les trouverez facilement dans le commerce ou les réaliserez vous-même si vous possédez l'équipement nécessaire. Cette étagère fait appel à des panneaux en latté plaqué de chêne clair ainsi qu'à des moulures en chêne foncé.

Fournitures

- Latté plaqué de chêne de 760 x 615 x 15
- Moulure d'angle en « L » de 19 de large et 2,70 m de long
- Colle à bois
- Pâte à bois
- Pointes à tête d'homme Ø 1,5 x 30

Fig. 171.1 Étagère double

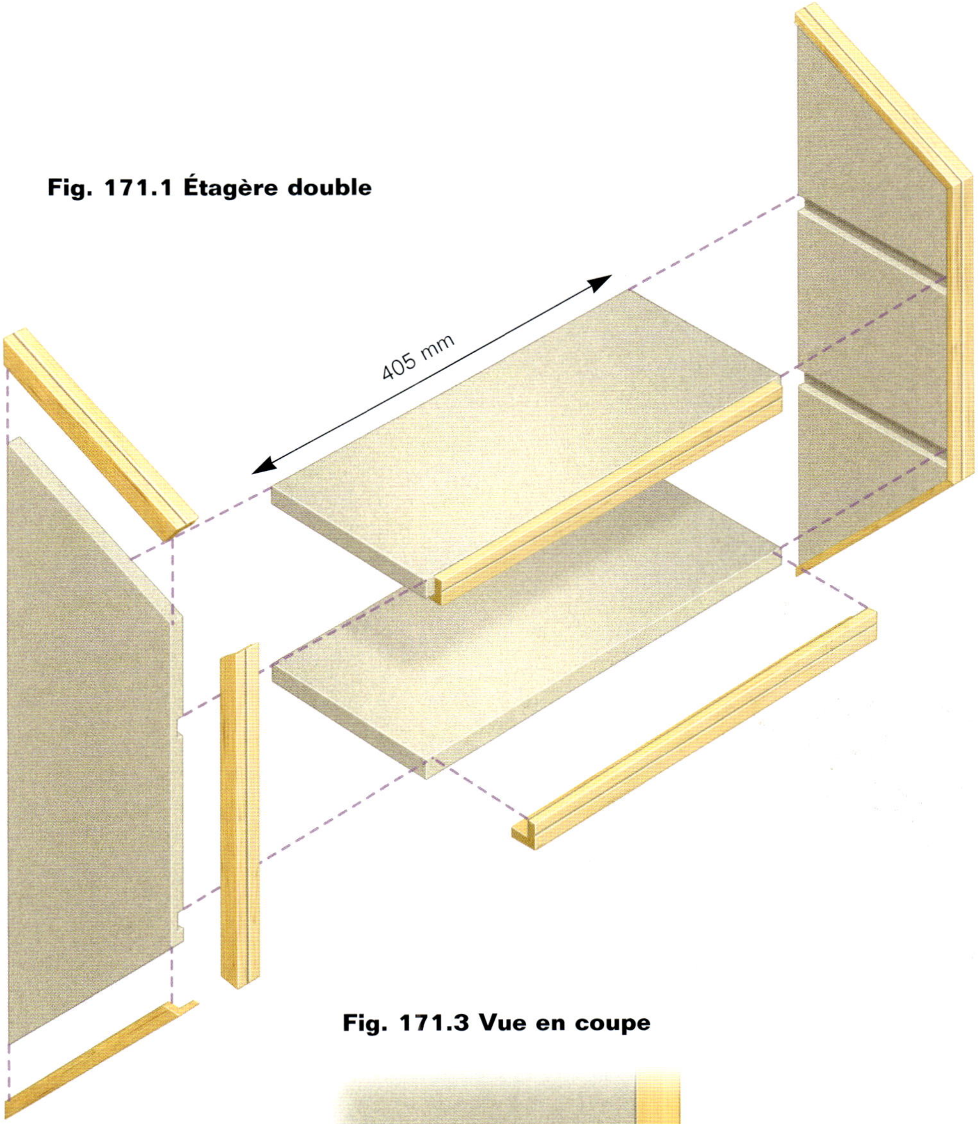

Fig. 171.2 Vue de profil

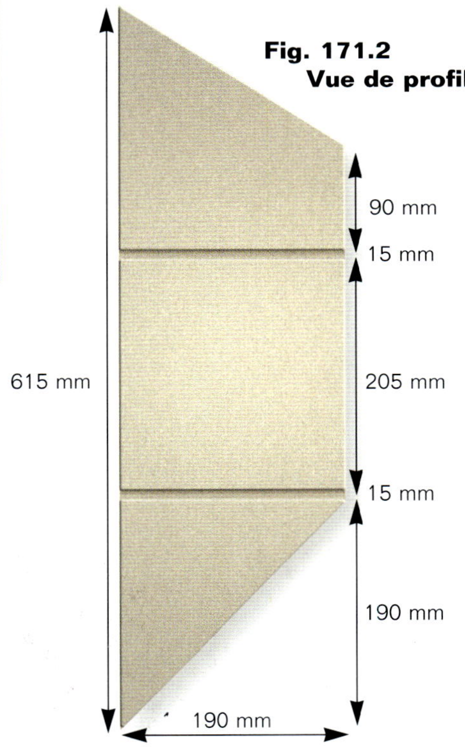

Fig. 171.3 Vue en coupe

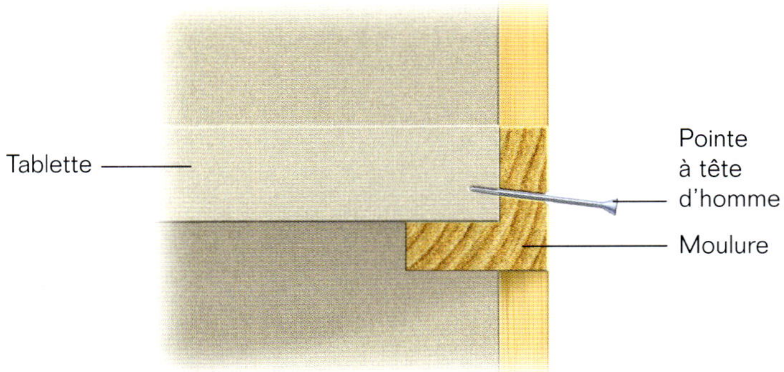

Mise en œuvre

Les cotes ne sont données ici qu'à titre indicatif, rien ne vous empêche de les modifier pour les adapter à vos besoins. La plupart des livres de poche mesurent moins de 20 cm de haut. Attention toutefois de ne pas voir trop grand en largeur… sans quoi les tablettes pourraient fléchir sous le poids de leur contenu !

1 Sur l'un des côtés de l'étagère, en haut et en bas, tracez les coupes en biais à l'aide d'une fausse équerre (voir Fig. 171.2). Repassez au cutter sur le repère pour éviter de faire éclater le placage lors de la découpe, effectuée de préférence à la scie circulaire. Tracez ensuite les coupes en biais sur le second côté à l'aide du premier et découpez-le de la même façon.

2 Serrez chacun des côtés à la verticale et rectifiez éventuellement leurs chants avec un rabot de retouche, idéal pour ce type de travail. Travaillez dans le sens du fil pour ne pas endommager le placage.

3 À la défonceuse, rainurez les faces internes des côtés (pour les tablettes) en utilisant le guide latéral de l'outil ou en clouant un tasseau parallèle au chant de la pièce. Pour un alignement parfait des rainures, bridez les 2 pièces l'une à côté de l'autre, ce qui vous permettra d'usiner deux rainures en une seule passe. Fixez une chute martyr de chaque côté pour ne pas faire éclater le placage.

4 L'épaisseur des panneaux pouvant varier légèrement selon le placage, il n'est pas toujours possible de trouver une fraise dont le diamètre corresponde exactement à l'épaisseur disponible. Vous pouvez alors rainurer en deux fois ou bien rectifier les chants des tablettes avec un rabot à combinaisons afin d'obtenir une petite feuillure qui renforcera la rigidité de l'assemblage.

5 Assemblez à blanc, puis encollez les rainures des côtés et assemblez définitivement les pièces. Évitez l'excès de colle, celle-ci ayant de toute façon tendance à refluer vers l'extérieur. Essuyez immédiatement la colle à l'éponge humide pour ne pas tacher le placage.

6 Mettez sous presse avec de grands serre-joints ou des presses à panneaux en protégeant le placage avec des cales. Puis vérifiez l'équerrage de l'ensemble et clouez les tablettes latéralement, près des chants avant et arrière des côtés. Laissez ensuite sécher jusqu'au lendemain.

7 Découpez les moulures qui viendront habiller les chants avant des tablettes. Ces moulures sont finement rainurées sur leur axe médian afin de rendre leur fixation moins visible : finissez d'enfoncer les pointes avec un chasse-pointes.

8 Le même type de moulure sert également à habiller les chants avant des côtés. Au préalable, retaillez leurs extrémités à la scie à onglets. Pour ce faire, tracez deux repères de part et d'autre de l'angle avec une courte section de moulure. Puis divisez cet angle en deux moitiés égales. Relevez ensuite l'angle obtenu avec une fausse équerre et reportez-le aux extrémités des moulures correspondantes.

9 Encollez modérément les chants avant des côtés et clouez les moulures. Ainsi, un minimum de colle refluera sur les faces des côtés lorsque les pointes seront définitivement enfoncées au chasse-pointes. Laissez séchez, puis mastiquez les emplacements des pointes avec de la pâte à bois teintée. Appliquez celle-ci à la spatule ou avec un petit outil de modelage (de type ébauchoir). Puis poncez légèrement, dépoussiérez et appliquez la finition.

Tabouret de comptoir

Trois plateaux circulaires et trois gros tourillons suffisent à fabriquer ce tabouret de bar ou de cuisine. La simplicité de sa conception se lit au premier coup d'œil, à la manière des meubles « shaker » ou « early american ». Toutes les pièces sont taillées dans du pitchpin : cette essence stable, au veinage contrasté et caractéristique, est facilement disponible en grandes largeurs, ce qui permet de tailler les plateaux d'une seule pièce.

Fournitures

- Assise et repose-pieds : 1 planche de 1 000 x 305 x 25 de pitchpin
- Pieds : 2,45 m de tourillon Ø 30 de pitchpin (ou à défaut : tringle à rideaux)
- Gabarits : panneaux en CTP de 5 et 15 ou en médium de 10 et 16 d'épaisseur
- Colle à bois
- 3 tourillons Ø 6
- Vis TF et pointes

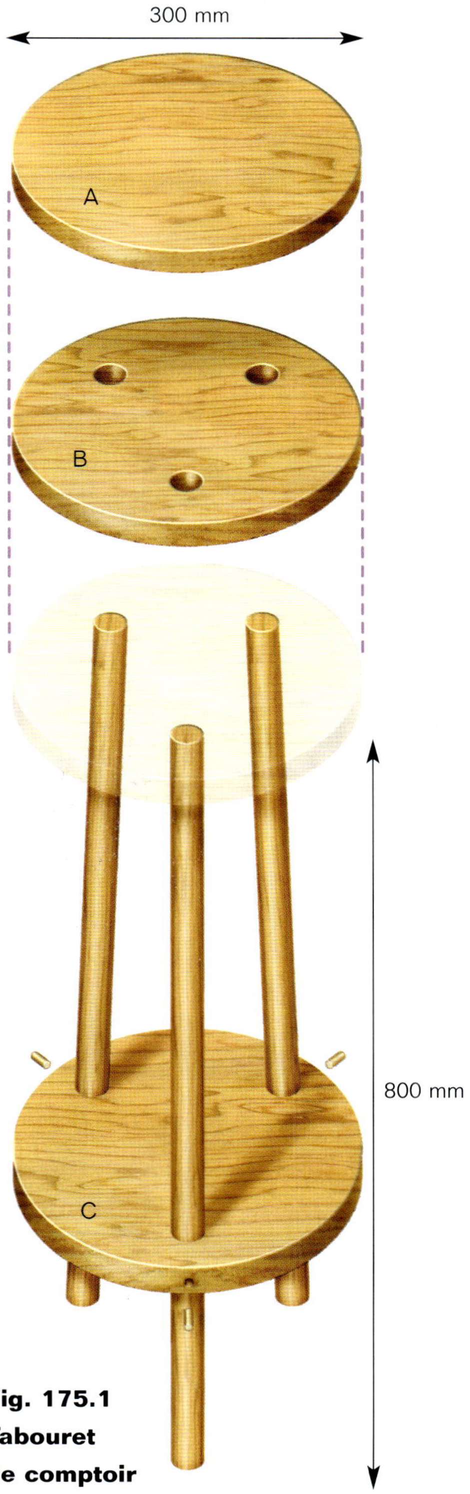

Fig. 175.1 Tabouret de comptoir

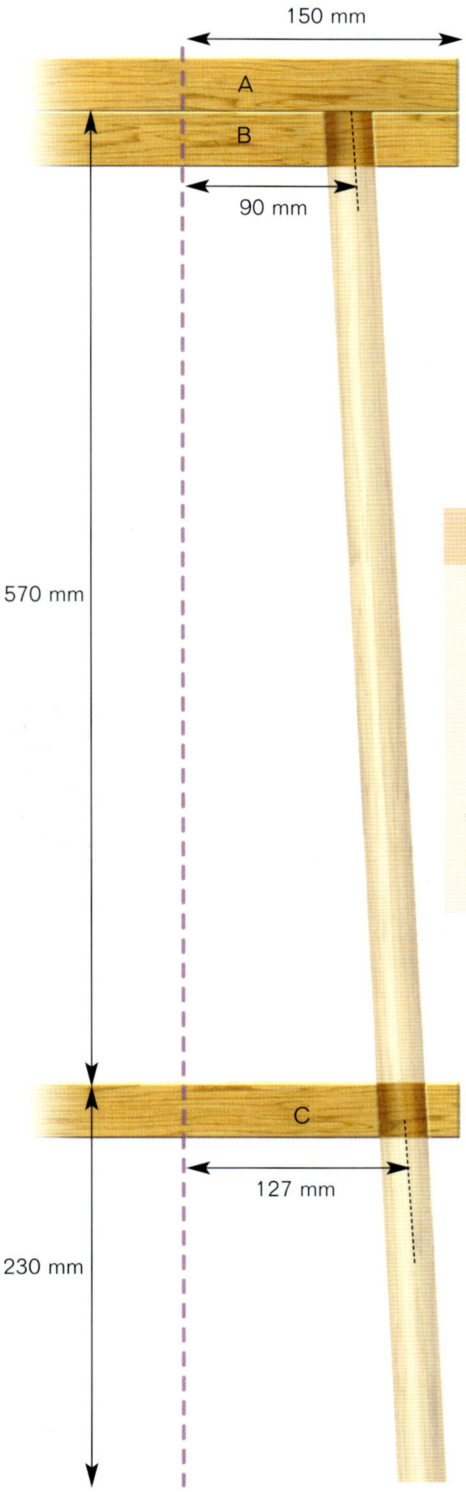

Mise en œuvre

Les 3 plateaux sont de diamètre identique et découpés dans la même planche. Pour plus de stabilité, les pieds sont inclinés vers l'extérieur. Leurs logements sont percés en conséquence à l'aide d'un gabarit spécial… qui permet d'ailleurs de fabriquer des tabourets en série !

Fig. 175.2 Vue en coupe

Fig. 176.1 Réalisation du gabarit incliné

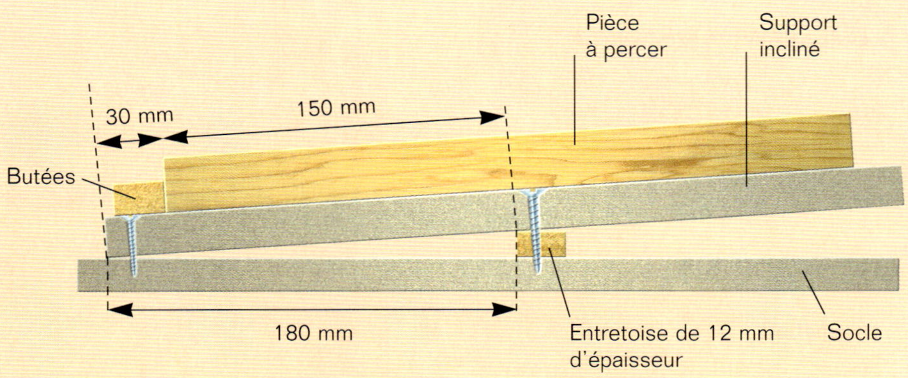

Pour percer les logements des pieds, il est nécessaire de fabriquer un gabarit incliné, à placer ensuite sous le support de perçage vertical d'une perceuse. Pour ce faire, il n'est pas nécessaire de calculer l'angle de perçage : il suffit en effet de découper le panneau qui servira de support incliné puis de visser à exactement 180 mm de son chant avant une entretoise de 12 mm d'épaisseur. Clouez également deux chutes à l'avant du gabarit qui serviront de butées pour chaque pièce à percer. En alignant le centre de chacue futur perçage avec l'axe médian du gabarit, vous percerez les trous suivant l'angle requis (voir photos 3 et 4).

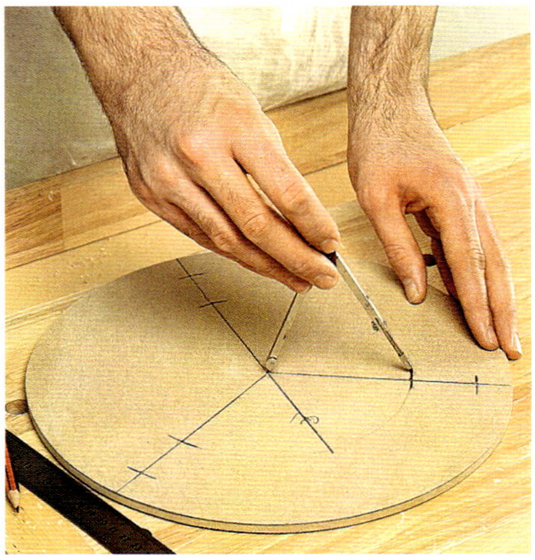

1 Découpez un gabarit (Ø 300) dans du CTP de 5 ou du médium de 10. Tracez ensuite 3 segments orientés à 120° les uns par rapport aux autres. Sur les segments, repérez au compas l'emplacement des perçages des pieds sur le plateau de l'assise et du repose-pieds (voir Fig. 175.2). Puis percez les six avant-trous (Ø 3) correspondants.

2 À la scie sauteuse, découpez les 3 plateaux circulaires en majorant leur diamètre de 5 mm environ. Repérez-les avec les initiales A, B, C (voir Fig. 175.2). Successivement, clouez le gabarit Ø 300 sous chacun des plateaux et rectifiez leur pourtour à la fraise à araser, guidée contre le gabarit. Avant de retirer le gabarit des plateaux B et C, reportez les emplacements des perçages.

3 Montez ensuite une scie-cloche ou une fraise d'encastrement Ø 30 sur la perceuse, elle-même installée dans son support vertical. Bridez le gabarit incliné à l'aplomb du support et placez le plateau C en faisant coïncider l'un des repères de perçage avec l'outil de coupe. Percez et répétez l'opération pour les autres trous, en déplaçant chaque fois le plateau pour que le repère coïncide avec la perceuse.

4 Percez les trous dans le plateau B de la même façon que précédemment. La seconde série de trous étant plus proche du centre, approchez le gabarit de la colonne du support vertical.

5 Recoupez les pieds à la longueur voulue et tracez un repère sur toute leur longueur : il sera à placer par la suite vers l'extérieur afin d'orienter correctement les pieds lors de l'assemblage. Dans le prolongement du repère, réalisez une entaille en V de 19 mm de profondeur en travers de l'extrémité haute de chacun des pieds.

6 Engagez les pieds (repère vers l'extérieur) à travers le plateau C retourné jusqu'à ce qu'ils dépassent de 205 mm (voir Fig. 175.2). Engagez leur extrémité entaillée dans le plateau B retourné. Encollez le tour des pieds au ras du plateau C puis frappez celui-ci à petits coups en vérifiant son horizontalité. Percez ensuite dans son chant un trou Ø 6 en face de chaque pied et enfoncez-y un tourillon.

7 Laissez bien sécher l'assemblage avant de poursuivre. Désengagez successivement chacun des pieds de la pièce B. Encollez ses logements et réassemblez les pieds définitivement en veillant à ce que leurs repères restent orientés dans la même position (vers l'extérieur).

8 Dans du bois dur, taillez 3 chutes pour former des clés ou coins (voir p. 113). Introduisez les clés dans les entailles (encollées) réalisées en haut des pieds. Essuyez immédiatement l'excédent de colle et, après séchage, poncez éventuellement les dernières traces. Laissez sécher, puis rectifiez les 3 pieds en biais afin qu'ils reposent bien à plat sur le sol.

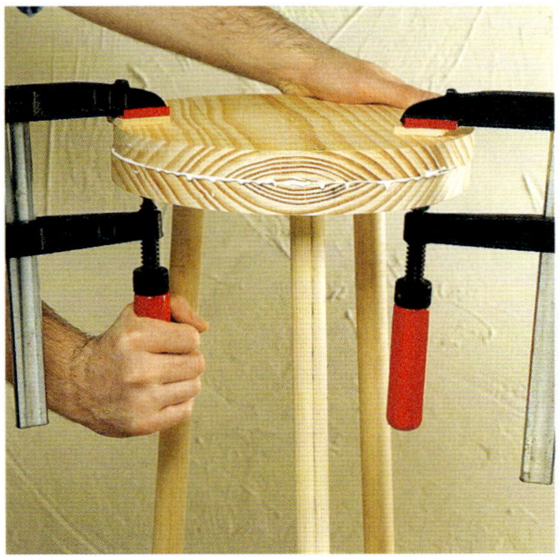

9 Pour finir, encollez les faces des plateaux A et B et assemblez-les. Enfoncez éventuellement deux ou trois pointes fines pour maintenir les pièces le temps de disposer les serre-joints (en protégeant leurs mors avec des cales). Notez au passage que les cernes de croissance ont été orientés de façon symétrique, non seulement pour l'esthétique, mais pour stabiliser l'assemblage.

Table basse

Quel que soit le style d'un intérieur, une table basse y trouve toujours sa place… surtout si elle possède des lignes classiques ! C'est assurément le cas de celle-ci, bien proportionnée grâce à un bâti assez fin qui supporte un plateau ovale d'une grande simplicité. Réalisé en frêne, l'ensemble a reçu un vernis incolore satiné qui met en valeur sa chaude tonalité.

Fournitures

Sauf mention contraire, les pièces sont en frêne.

- Plateau de 1 600 x 205 x 25 (à retailler en deux)
- Pieds : section de 1 250 x 38 x 38 (à retailler en quatre)
- Traverses supérieures du bâti : section de 50 x 19 et 1,40 m de long
- Traverses inférieures du bâti : section de 25 x 12 et 1,40 m de long
- Taquets : tasseau de 20 x 20
- Gabarit : panneau en CTP de 5 ou en médium de 10 d'épaisseur
- Colle à bois
- Chevilles plates
- Vis à bois TF en laiton Ø 4 x 40
- Pointes à tête d'homme

Fig. 179.1 Table basse

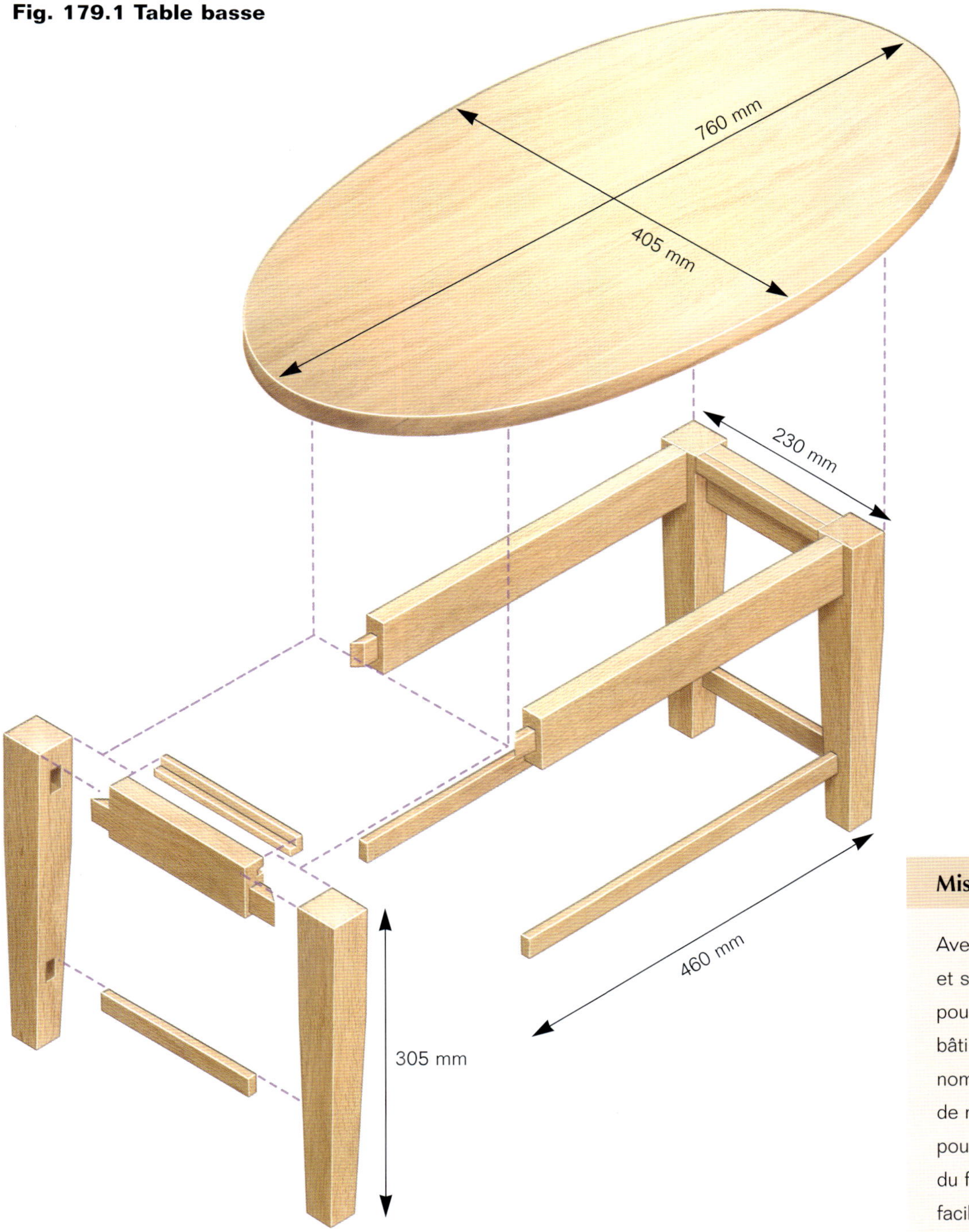

Mise en œuvre

Avec ses assemblages tenonnés et ses pieds taillés en biseaux pour gagner en légèreté, ce bâti pourrait servir de base à de nombreux ouvrages contemporains de menuiserie. Choisi en partie pour mettre en valeur le veinage du frêne, l'ovale du plateau est facile à obtenir à l'aide d'une ficelle et de deux pointes.

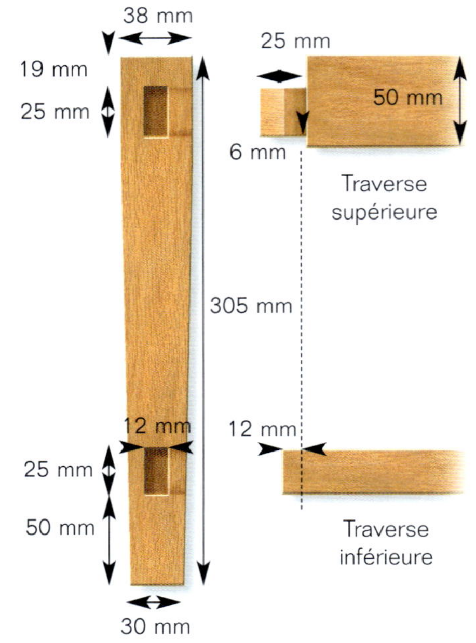

Fig. 180.1 Détail des pieds

1 Les dimensions du plateau déterminant celles du bâti, commencez par tracer un ovale sur le panneau du gabarit (qui doit être un peu plus grand que le futur plateau de la table). Pour cela, tracez son axe médian et plantez une pointe non loin de chaque extrémité. Une ficelle tendue entre les pointes permet de tracer une ellipse parfaite. Plusieurs essais seront peut-être nécessaires avant de trouver la bonne longueur de ficelle !

2 Découpez les moitiés du plateau, vérifiez que leurs chants sont bien d'équerre. Aboutez-les chant contre chant et tracez des repères. Fraisez les logements des chevilles plates sur le chant intérieur de chaque moitié (voir p. 119), suffisamment loin (10 cm) des extrémités. Encollez, introduisez les chevilles et assemblez en vous aidant des repères. Mettez sous presse avec des presses à panneaux. Pendant le séchage, réalisez le bâti.

3 Tracez les emplacements des mortaises sur les pieds (voir Fig. 180.1). Pour plus de simplicité, les pieds partent en biseau à 50 mm de leur extrémité haute afin que les arasements des tenons correspondants restent perpendiculaires. Pour contourner cette difficulté, les traverses basses s'engagent sans tenon dans des mortaises de même section.

4 Rectifiez les tenons des traverses hautes au ciseau ou au rabot. La précision des assemblages est ici essentielle afin que ceux-ci disposent de la rigidité nécessaire et que l'ensemble reste parfaitement d'équerre. Notez que, pour cela, les tenons sont réduits à la même hauteur que celle des traverses basses.

5 Les tenons des traverses se rejoignant perpendiculairement en haut de chaque pied, il est nécessaire de les retailler en onglet. Effectuez un assemblage à blanc et repérez les pièces pour retrouver leur position initiale après avoir retaillé les tenons en onglet.

6 Au trusquin ou à l'équerre, tracez la future section (30 x 30) de chaque pied sur son chant inférieur. Tracez ensuite des repères longitudinaux sur deux faces opposées et servez-vous-en pour raboter les deux autres faces. Travaillez dans le sens du fil, en direction de la partie basse.

7 Sur les deux faces rabotées, tracez des repères identiques aux précédents afin de raboter les deux faces restantes. Notez que la pièce est serrée avec une cale pour compenser son profil. Après rectification, l'extrémité basse des pieds doit mesurer 30 x 30.

8 Les 2 traverses hautes latérales doivent être rainurées (9 x 9) afin de recevoir les taquets de fixation du plateau. Utilisez pour ce faire un rabot à combinaisons ou, plus simplement, une défonceuse équipée d'une fraise droite. Taillez les taquets dans un tasseau de 20 x 20.

9 Assemblez le bâti à l'envers sur une surface plane afin que toutes les pièces restent bien d'équerre. Mettez ensuite sous presse et, pendant le séchage, découpez le gabarit du plateau à la scie sauteuse. Poncez ensuite son chant et clouez le gabarit sous le plateau. Découpez alors ce dernier à la défonceuse, munie d'une fraise à araser (guidée contre le gabarit).

10 Rabotez la face supérieure du plateau si nécessaire, et poncez-la afin qu'elle soit parfaitement lisse. Vous pouvez aussi fraiser le chant pour lui donner un profil particulier (quart-de-rond ou autre). Percez des avant-trous dans les taquets de fixation et vissez-les à leur place, sous le plateau. Tout collage est ici inutile, plateau et bâti pouvant jouer indépendamment.

Coffre de rangement

Voici un coffre aux lignes classiques, sobrement orné de deux poignées en laiton doré. Dans une chambre ou une entrée, il peut aussi bien accueillir des jouets que du linge de maison. Placé devant une fenêtre, il peut également servir de banquette… Inhabituelle pour un bois fraîchement coupé, la teinte très chaude de l'ensemble tient à sa provenance : d'anciennes lames de parquet en pin recouvertes d'une simple cire incolore.

Fournitures

- Côtés et dessus : lames de 150 x 25 et 11 m de long
- Moulures : 50 x 25 et 7 m de long
- Fond : panneau en CTP de 875 x 365 x 5
- 1 charnière à piano en laiton doré, de 915 de long
- Colle à bois
- Chevilles plates
- Pointes de 25
- Vis agglo TF Ø 4 x 35 et Ø 3 x 15
- 2 compas d'abattant (à coulisseaux) en laiton doré
- 2 poignées en laiton doré

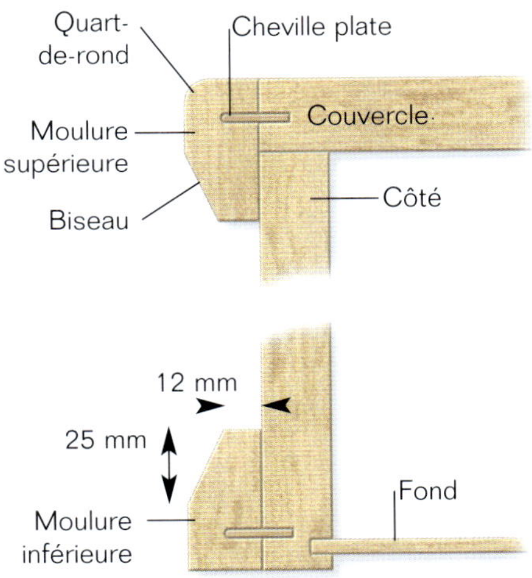

Fig. 183.1 Vue de profil

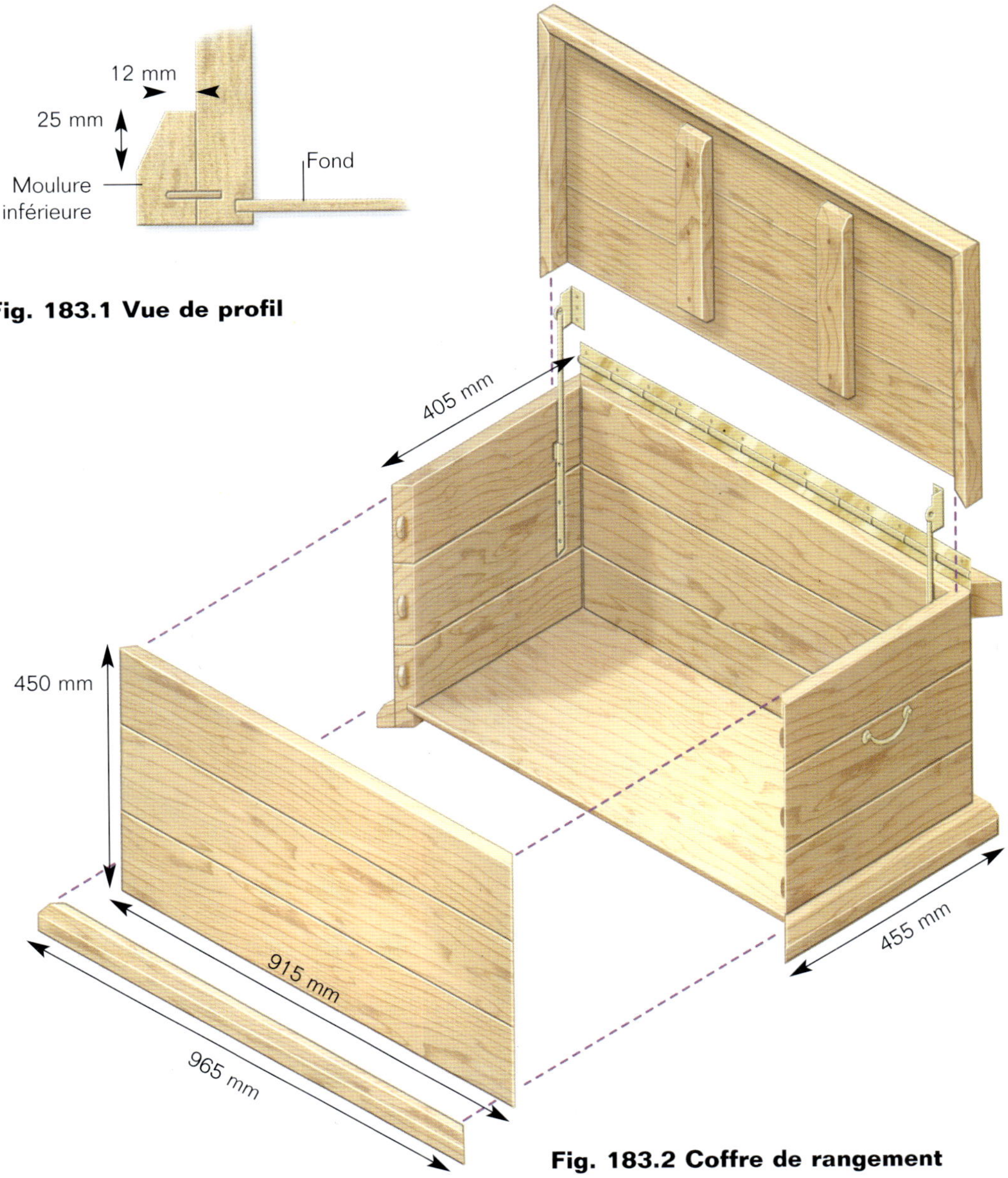

Fig. 183.2 Coffre de rangement

Mise en œuvre

Côtés et couvercle du coffre sont obtenus en juxtaposant les lames et en les assemblant avec des chevilles plates. Au préalable, les extrémités des lames des côtés sont chanfreinées pour un assemblage plus solide et plus esthétique.

1 Recoupez toutes les lames à la longueur (plus quelques millimètres) et rabotez leurs chants longitudinaux. Repérez les logements des chevilles plates (tous les 30 cm). Alignez les lames et tracez à l'équerre les chanfreins de leurs extrémités.

2 Dans ce cas-ci, une scie à onglets n'est pas forcément la plus pratique. N'hésitez pas à employer une scie circulaire montée en poste fixe ou, éventuellement, à raboter les chants des lames en posant celles-ci sur un support lui-même chanfreiné.

3 Fraisez les logements des chevilles plates à chaque repère. Sur la dernière lame de chacun des côtés, fraisez une rainure de 5 x 5, à 5 mm du chant inférieur. Si nécessaire, fignolez ensuite cette rainure avec un abrasif fin enroulé sur une chute mince.

4 Encollez les logements des chevilles et insérez celles-ci l'une après l'autre. Assemblez ensuite les lames en vérifiant que leurs extrémités sont bien alignées et mettez sous presse. Au besoin, vous pourrez les raboter un peu après séchage.

5 Réglez le guide de la lamelleuse à 45° afin de fraiser les logements des chevilles plates aux extrémités des côtés. Répétez l'opération précédente pour assembler tous les côtés entre eux. Glissez le fond à sa place avant d'ajouter le dernier côté.

6 Retaillez les moulures inférieures et supérieures aux longueurs voulues (+ 5 mm environ). Puis biseautez l'une des arêtes de chacune des pièces (voir Fig. 183.1). De temps à autre, vérifiez l'angle à la fausse équerre.

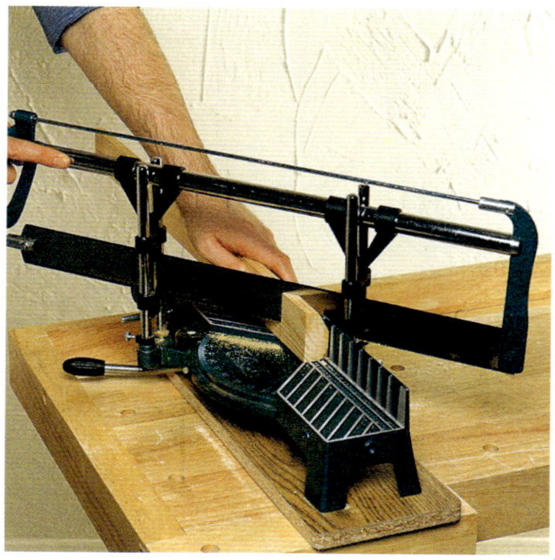

7 Retaillez les extrémités des moulures en onglets d'après les dimensions extérieures du coffre. Assemblez-les, en bas des côtés, avec des chevilles plates. Pour finir, enfoncez une pointe de 25 mm à chaque angle.

8 Assemblez 3 lames (en inversant le sens du fil) avec des chevilles plates pour former le couvercle. Mettez sous presse par-dessus et par-dessous afin d'équilibrer les pressions.

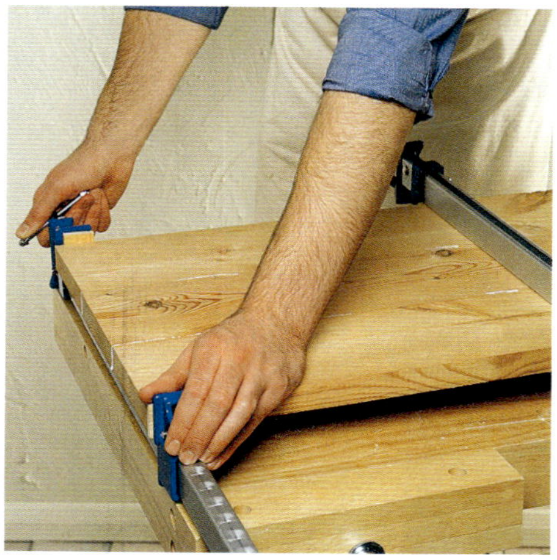

9 Arrondissez une arête des moulures supérieures (fraise quart-de-rond, r = 6). Retaillez-les en onglets, assemblez celles de l'avant et des côtés.

10 Poncez finement le dessus du couvercle, dont le chant arrière n'est pas encore équipé de la moulure correspondante.

11 Avant de fixer le couvercle, préparez les 2 renforts qui seront fixés transversalement par-dessous, pour lui permettre de servir de siège.

12 Biseautez les renforts au rabot et retaillez leurs extrémités de façon identique, à la scie à dos. Collez et vissez (vis TF Ø 4) les renforts à au moins 35 mm de l'arrière du couvercle.

13 La dernière moulure supérieure se fixe en haut du côté arrière et non sur le couvercle. Au préalable, feuillurez sur 2 mm d'épaisseur cette moulure sur toute sa longueur afin d'y visser une aile de la charnière à piano.

14 Retaillez les extrémités de la dernière moulure en onglets et vissez-la (vis TF Ø 4) sur le coffre par l'intérieur. Elle doit légèrement dépasser de l'épaisseur du couvercle et surtout, être parfaitement parallèle au chant du côté arrière.

15 Vissez la charnière à piano à l'arrière du couvercle avec les vis TF Ø 3. Présentez l'ensemble sur le coffre, en plaçant l'aile libre de la charnière contre la feuillure de la moulure. Ne vissez d'abord que quelques vis. N'ajoutez les suivantes que si le couvercle se manœuvre bien.

16 Vissez les compas d'abattant à l'intérieur du coffre puis sous le couvercle. Réglez leur butée afin que le couvercle s'arrête un peu au-delà de la verticale, pas plus. Vissez ensuite les poignées sur les côtés.

Chaise à trois pieds

Cette petite chaise s'inspire de modèles très anciens remontant au Moyen Âge. Entre autres particularités, elle dispose d'une assise qui permet de rendre les trois pieds solidaires. Celui de l'arrière, tenonné, se prolonge largement au-dessus de l'assise afin de faire office de dossier.

Fournitures

Sauf mention contraire, les pièces sont en hêtre.

- Pied arrière : 700 x 100 x 40
- Pieds avant : 850 x 40 x 40 (à retailler en deux)
- Traverse de dossier : 210 x 40 x 40
- Pièces latérales d'assise : 2 pièces de 330 x 135 x 40
- Pièce centrale d'assise : 390 x 60 x 40
- Gabarit : CTP de 5 d'épaisseur
- Colle à bois
- Chevilles plates
- 1 tourillon Ø 8

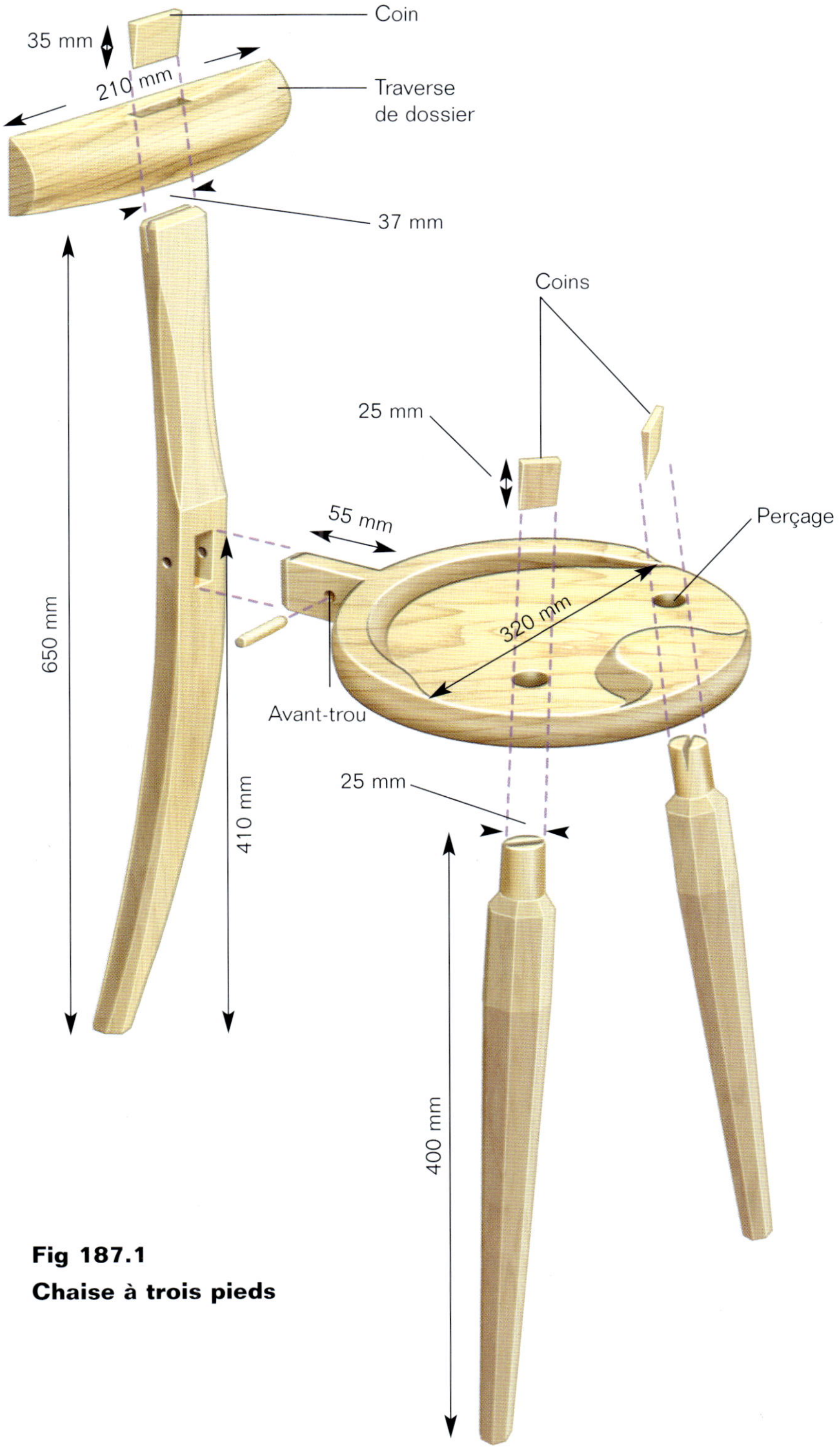

Fig 187.1
Chaise à trois pieds

Mise en œuvre

Ce siège fait appel à des assemblages très classiques par tenons et mortaises. Si deux d'entre eux sont ronds et renforcés par des coins, leur exécution n'est pas plus complexe.

1 L'assise est formée de 3 pièces juxtaposées dont la face et au moins un chant sont rabotés (dressés) avant toute découpe. Des chants perpendiculaires sont en effet essentiels pour obtenir une assise plane.

2 Recoupez ensuite les pièces aux dimensions et façonnez un tenon de 40 x 16 à l'extrémité de celle qui prendra place au centre. C'est ce tenon qui s'engagera dans la mortaise du pied arrière.

3 Repérez l'emplacement des chevilles plates et fraisez-en les logements. Encollez les pièces et assemblez-les. Utilisez des presses à panneaux (ou de grands serre-joints) pour maintenir l'assemblage pendant une nuit.

4 Réalisez un gabarit dans le CTP pour retailler le pied arrière. Puis reportez sa forme sur ce dernier, préalablement dressé. Façonnez la mortaise (voir fig. 187.1).

5 Découpez le pourtour du siège à la scie sauteuse. Percez les trous (Ø 25) des pieds : réalisez un gabarit de perçage incliné (voir p. 176) ou taillez une chute de CTP et positionnez-la près du perçage pour guider la perceuse à l'œil.

6 À l'aide d'un rabot, donnez un profil hexagonal à la pièce destinée au façonnage des pieds avant. Sa longueur doit tenir compte des coupes.

7 Rabotez les pieds avant afin que leur partie basse se termine en biseau et, dans un premier temps, en carré. Coupez la pièce pour obtenir 2 pieds.

8 Entaillez deux cales en V afin de maintenir solidement chaque pied pour lui donner son profil hexagonal définitif.

9 Effectuez à la scie à dos une coupe biaise tout autour du pied. L'angle de ce biais doit correspondre à celui du perçage de l'assise. Réduisez ensuite au ciseau la section de l'extrémité du pied tout en l'arrondissant.

10 Abattez les arêtes de la moitié haute du pied arrière avec un wastringue. En partie basse, le profil hexagonal du pied arrière va en s'affinant. Évitez d'entamer les surfaces situées autour de la mortaise.

11 Réalisez la mortaise dans la traverse du dossier (pour le pied arrière). Arrondissez la partie avant de la traverse au rabot de retouche tout en lui donnant une forme légèrement arquée dans le sens de la longueur.

12 Repérez au crayon le creux de l'assise et commencez à creuser avec une gouge étroite.

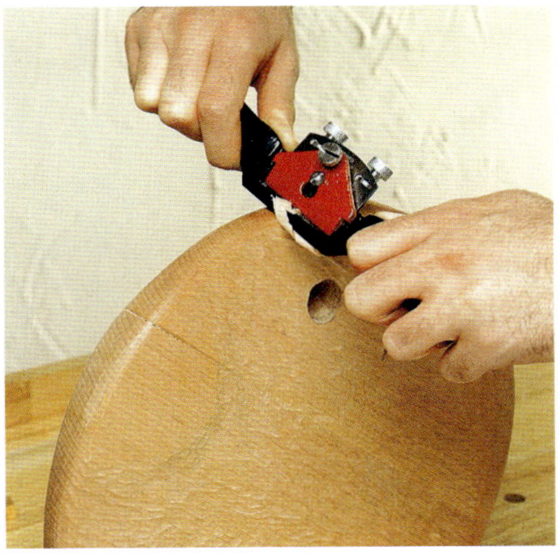

13 Continuez à donner sa forme à l'assise en évitant d'enlever trop de matière autour des logements des pieds. Arrondissez ensuite les arêtes du pourtour de l'assise au wastringue.

14 Percez un avant-trou à travers la mortaise du pied arrière. Emboîtez-y le tenon de l'assise et reportez l'emplacement du trou. Désassemblez et percez le trou à travers le tenon en l'excentrant légèrement vers l'avant. Réassemblez et enfoncez le tourillon qui maintient l'assemblage.

15 Effectuez une entaille en V en haut des pieds. Encollez les pieds avant puis assemblez-les avec l'assise. Orientez-les correctement puis enfoncez les clés (ou coins) dans les entailles préalablement encollées. Procédez de la même manière pour la traverse du dossier. Épongez l'excédent de colle. Après séchage, poncez ou grattez les ultimes traces de colle.

Vitrine à compartiments

Lorsqu'elle est faite sur mesure, une vitrine n'a pas son pareil pour mettre en valeur de petits objets, précieux ou non. Cette réalisation abrite un cloisonnement amovible, facile à retirer si l'on souhaite le nettoyer ; peint après son assemblage, ce dernier est fabriqué en médium afin d'opposer un contraste avec le veinage de la structure en pin.

Fournitures

- Structure : planche de pin de 205 x 25 et 3,80 m de long
- Supports d'angle : tasseau de 40 x 40 et 1 m de long
- Fond (médium de 10 d'épaisseur) : panneau de 1 037 x 770
- Cloisonnement (en médium de 10) : 1 750 x 1 250
- Portes (verre de 6 trempé et polyanglésé) : coupées aux dimensions (voir Fig. 192.1)
- Charnières (pour portes en verre percées) et aimants
- Colle à bois
- Chevilles plates
- Vis TF agglo Ø 4 x 50
- Pointes à tête d'homme

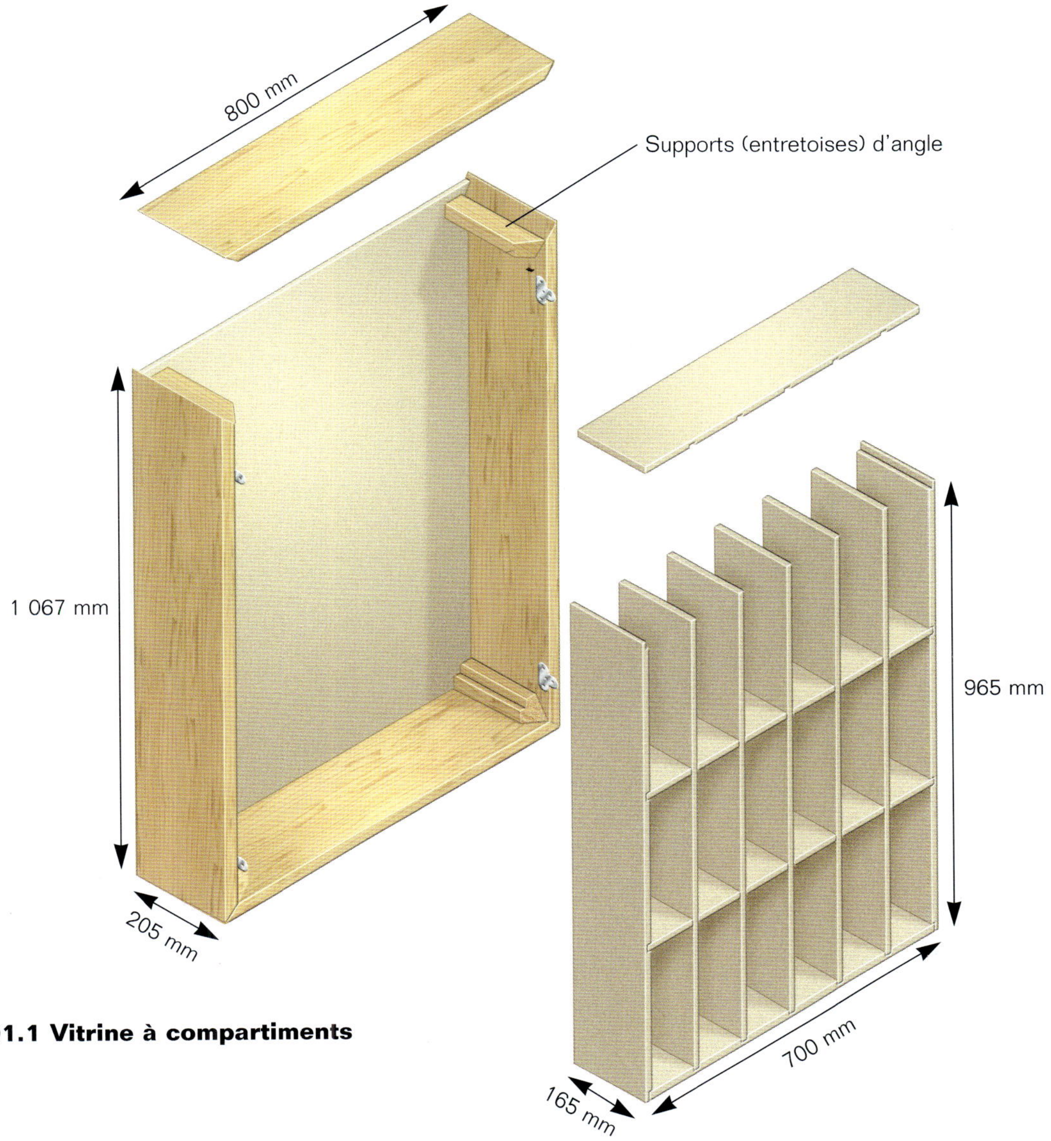

Fig. 191.1 Vitrine à compartiments

Mise en œuvre

Cette vitrine peut être conçue en n'importe quelles dimensions : soit afin d'occuper un emplacement existant, soit en fonction des objets qu'elle doit accueillir. Cette dernière option est la plus pratique, car il est plus facile de déterminer les dimensions de la structure en fonction de celles du cloisonnement.

Fig. 191.2 Réalisation du cloisonnement

Les côtés, dessus et dessous du cloisonnement sont rainurés sur 10 x 5 mm afin d'accueillir les extrémités des panneaux intérieurs. Des entailles de 10 mm de large sont par ailleurs pratiquées dans ces panneaux. Les côtés sont également feuillurés à mi-épaisseur en parties haute et basse afin de recevoir les dessus et dessous, qui sont ainsi de même longueur que les tablettes intermédiaires.

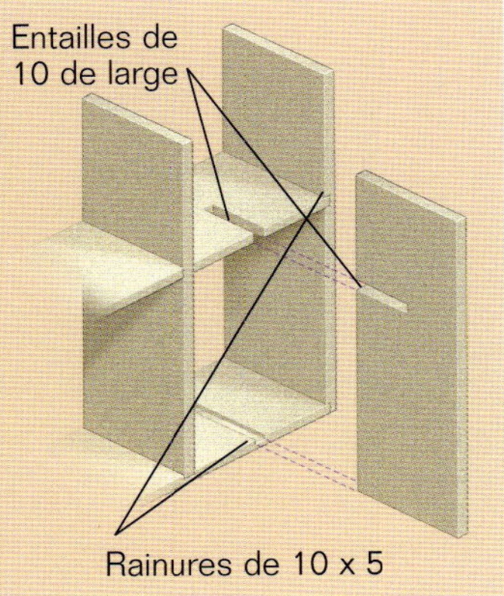

Fig. 192.1
Pour commander les portes

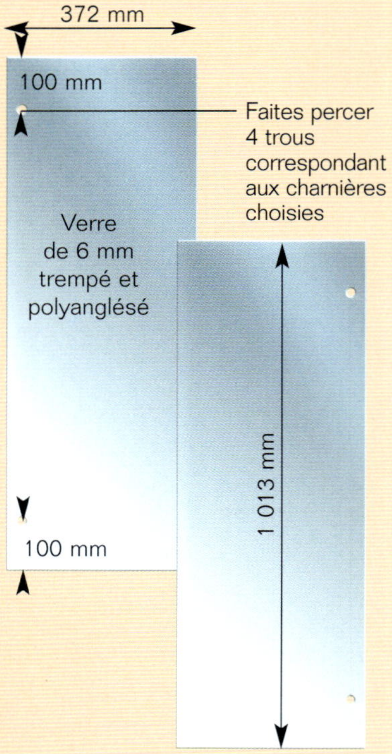

Mesurez les dimensions intérieures de la structure et déduisez 4 mm de la hauteur, 6 mm de la largeur. Ceci afin de disposer d'un jeu de 2 mm à la périphérie et entre les portes. Leurs charnières étant montées avec une vis, celle-ci nécessite un petit trou. Spécifiez-le lors de la commande du verre, et joignez le croquis ci-dessus.

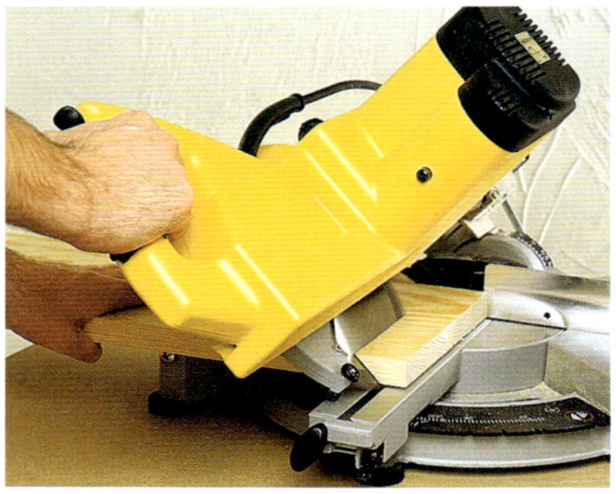

1 Chanfreinez directement les 4 côtés de la structure à l'aide d'une scie à onglets électrique ou à main. Au préalable, vérifiez que le support de la scie convient à une planche de cette largeur.

2 Si les côtés ont été parfaitement chanfreinés, il est inutile de rectifier leurs extrémités. Dans le cas contraire, placez chaque pièce sur une chute elle-même chanfreinée et utilisez un rabot de retouche.

3 Les côtés de la structure étant assemblés avec des chevilles plates tous les 20 cm, fraisez leurs logements à la lamelleuse. Pour cela, réglez son guide à 45°.

4 Feuillurez (10 x 10) les chants arrière des 4 côtés au rabot ou à la défonceuse. Cela permettra ensuite d'y encastrer complètement le fond.

5 Si les charnières doivent être encastrées partiellement dans les côtés, tracez leur forme d'après modèle et creusez leur logement à l'aide d'une gouge ou d'un ciseau à bois.

6 Taillez les 4 supports d'angle de 150 mm de long dans un tasseau de 40 x 40. Fraisez ensuite une feuillure de 15 x 15 sur chacun d'eux. Recoupez l'une de leurs extrémités en onglet (à 45°).

7 Encollez les chants des côtés de la structure, insérez les chevilles plates et assemblez le tout. Mettez sous presse à l'aide de presses d'angle, voire de grands serre-joints en protégeant les arêtes avec des cales.

8 Vérifiez l'équerrage de la structure, puis présentez le fond et clouez-le à sa place avec des pointes à tête d'homme. Le fond contribuera à rigidifier l'ensemble, au même titre que les supports d'angle.

9 Si vous utilisez des presses d'angle, laissez-les en place pendant que vous collez et vissez les supports. Chanfreiner leur partie avant les rend plus discrets et facilite l'introduction du cloisonnement.

10 Pour fabriquer le cloisonnement, découpez le médium en pièces de 165 mm de large, puis retaillez chacune à sa longueur. Tracez ensuite à l'équerre les entailles, rainures et feuillures là où elles sont nécessaires.

11 Réglez la butée de profondeur de la défonceuse afin de réaliser les feuillures et rainures de 10 x 5. Guidez l'outil en bridant un tasseau latéralement. Vous procéderez de la même manière pour fraiser les entailles.

12 Les entailles sont obtenues en fraisant d'abord à mi-épaisseur. Puis la pièce est retournée afin de terminer les fraisages. Rectifiez au ciseau l'extrémité intérieure des entailles.

13 Collez et clouez les côtés, dessus et dessous du cloisonnement. Vérifiez l'équerrage pour pouvoir glisser facilement séparations et tablettes intérieures (encollées). Épongez l'excès de colle et laissez sécher.

14 Avant de mettre en place le cloisonnement, vissez les charnières dans leurs logements. Traversant les portes, ces charnières présentent l'avantage de bien les maintenir.

15 Fermées par des aimants à ressort, les portes se libèrent en poussant dessus. Les poignées sont ainsi inutiles, mais pas les contreplaques, emboîtées en haut des portes.

16 Avant de peindre le cloisonnement, vérifiez qu'il s'engage librement entre les feuillures des supports d'angle. Puis ressortez-le et appliquez sa finition avant de monter les portes.

Table de chevet

Ce petit meuble est fabriqué en chêne d'Amérique, mais il pourrait également faire appel à une autre essence dont le veinage se prête à une finition cérusée et cirée. Le chêne offre toutefois l'avantage d'être aisément disponible sous forme de panneaux plaqués. Leurs chants sont ici habillés avec des tasseaux de même essence, eux aussi faciles à trouver.

Mise en œuvre

Plutôt classique, cette réalisation se distingue par ses découpes latérales en partie haute, ainsi qu'en partie basse où elles évoquent des pieds. Les chants de ces découpes, tout comme les chants avant et arrière des côtés, sont plaqués. Ce n'est pas le cas du dessus dont la moulure (en « L ») déborde légèrement vers le haut pour servir de rebord. La fabrication de l'ensemble s'effectue facilement à condition de disposer d'une défonceuse.

Fig. 195.2 Vue de profil

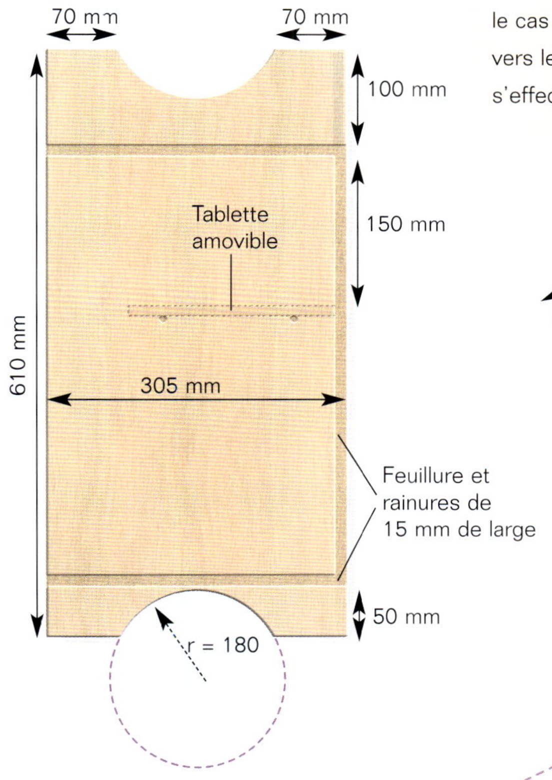

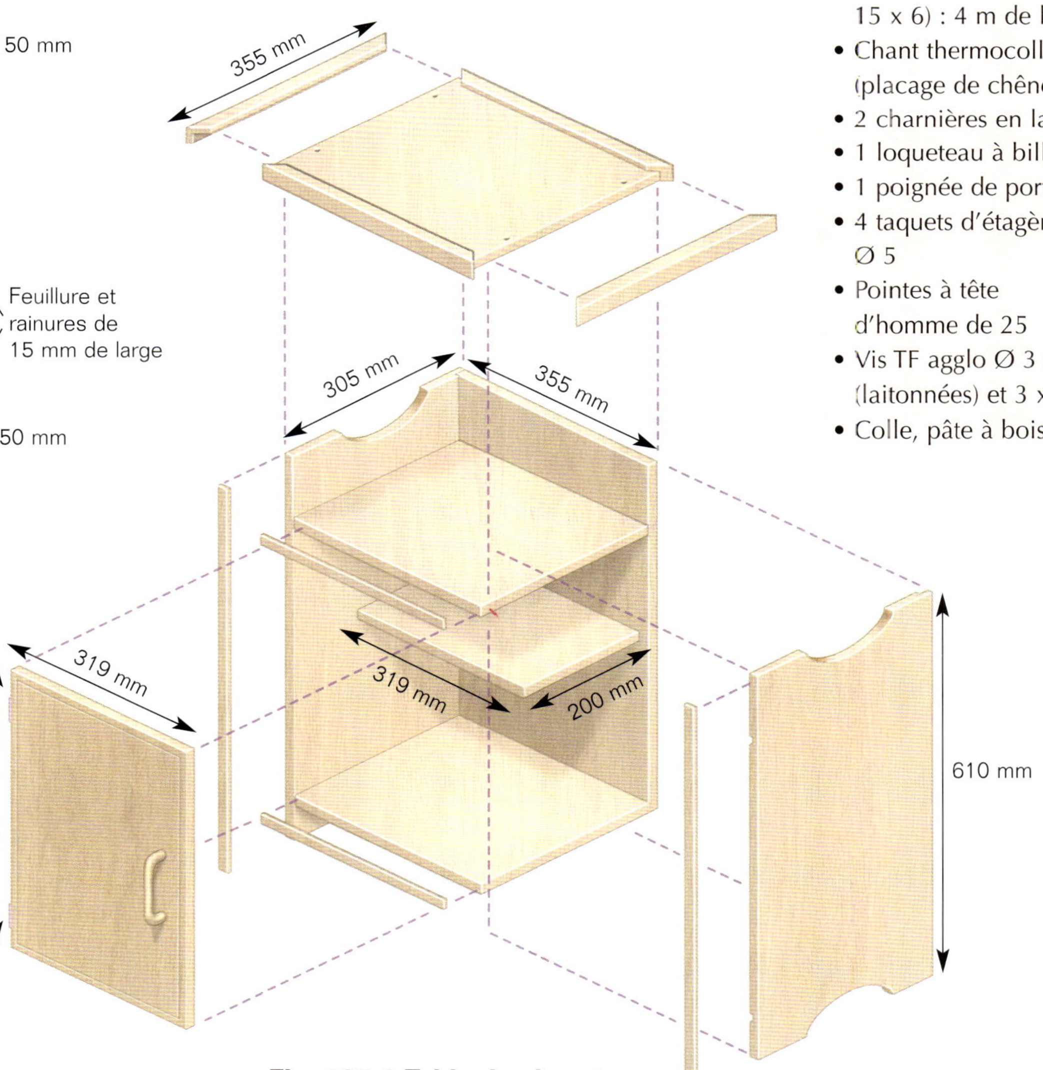

Fig. 195.1 Table de chevet

Fournitures

- Côtés, dessus, dessous, tablettes et porte (CTP de 15 plaqué de chêne sur les 2 faces) : panneau de 1,50 x 1 m
- Gabarit (CTP ordinaire de 5) : 305 x 305
- Moulures du dessus (tasseau de chêne de 20 x 20 feuilluré) : 1,60 m de long ou moulures d'encadrement
- Moulures des côtés, tablettes et porte (tasseau de chêne : 15 x 6) : 4 m de long
- Chant thermocollant (placage de chêne)
- 2 charnières en laiton
- 1 loqueteau à bille
- 1 poignée de porte
- 4 taquets d'étagère Ø 5
- Pointes à tête d'homme de 25
- Vis TF agglo Ø 3 x 12 (laitonnées) et 3 x 25
- Colle, pâte à bois

1 Découpez les panneaux des côtés à leurs dimensions. Fraisez les feuillures qui accueilleront le dos puis les rainures latérales correspondant à la tablette fixe et au dessous (voir Fig. 195.2). Découpez ensuite le dos et fraisez la rainure (arrière) destinée à la tablette fixe.

2 Fabriquez un gabarit dans le CTP de 5 et effectuez les découpes au rayon de 180 mm. Placez-le ensuite sur l'un des côtés, alignez les chants des panneaux et reportez les découpes arrondies. Effectuez les découpes à la scie sauteuse en progressant lentement pour ne pas contraindre la lame.

3 Le chant thermocollant exigeant une surface plane, rectifiez légèrement les arêtes des découpes (sans toutefois les arrondir !) avec une feuille d'abrasif à grain fin pliée sur elle-même (ou un tambour de ponçage).

4 Présentez la bande sans chercher à aligner ses bords avec ceux du chant et repassez-la avec l'extrémité d'un fer chaud (réglé sur lin). Maintenez le fer en mouvement afin de ne pas brûler la bande ni sa colle. Laissez refroidir 15 minutes au moins.

5 Arasez les bords du chant avec une longue lame bien plate ou, mieux, avec une lime tenue à 45° par rapport à l'arête. Cette dernière méthode est de loin la plus commode à utiliser, car la lime ne risque pas d'entamer l'arête du chant.

6 Sur la face intérieure des côtés, repérez à l'équerre les emplacements des 4 trous Ø 5 destinés aux taquets de la tablette amovible. Percez-les en équipant le foret d'un guide de profondeur ou d'un morceau d'adhésif.

7 Assemblez le meuble à plat, en présentant les côtés sur chant. Encollez les rainures et glissez la tablette fixe et le dessous. Puis mettez le dos en place.

8 Mettez sous presse et renforcez les assemblages avec quelques pointes. Vérifiez ensuite l'équerrage de l'ensemble ainsi que la planéité des chants avant. Épongez l'excès de colle.

9 Retaillez les moulures habillant les chants avant de la tablette et du dessous. Puis encollez-les et clouez-les à leur place. Ce faisant, évitez d'enfoncer vos pointes trop près des extrémités pour ne pas les fendre. Vous pouvez aussi percer de petits avant-trous pour plus de sécurité.

10 Retaillez en onglets les 4 moulures formant l'entourage du dessus. Collez et clouez les moulures avant et arrière comme précédemment. Centrez le dessus sur la structure et vissez-le dedans à l'aide de 4 vis qui disparaîtront sous les moulures latérales.

11 Collez et clouez les moulures latérales. Enfoncez toutes les têtes des pointes avec un chasse-pointes, puis masquez-les avec un peu de pâte à bois ou d'enduit gras. Poncez finement à la main toutes les surfaces, à l'exception des chants thermocollants.

12 Retaillez la porte aux dimensions. Elles doivent inclure un jeu de 6 mm correspondant aux moulures qui habillent les chants de ce panneau. Retaillez en onglets les extrémités des moulures et collez-les sur les chants. Poncez ensuite finement.

13 Des charnières de ce type sont suffisamment fines pour ne pas devoir être encastrées. Leur aile fixe se visse à l'intérieur du côté (droit ou gauche) et leur aile mobile, au dos de la porte avec des vis Ø 3 x 12.

14 Vissez la poignée de votre choix à travers la porte après avoir percé un avant-trou. Prévoyez de placer le loqueteau de fermeture non loin de la poignée. Cela permet une manœuvre agréable et évite des efforts aux charnières.

15 Vissez le loqueteau dans le côté du meuble. Placez sa contreplaque et encrez-en le dos afin qu'en fermant la porte, l'encre se dépose à l'endroit voulu au dos de la porte.

16 Habillez le chant avant de la tablette amovible avec une moulure. Mettez le tout en place sur les taquets. Déposez ensuite tablette et porte afin de céruser et de vernir le meuble.

iMac

Meuble informatique

Réalisé à l'aide de fournitures courantes, ce meuble est conçu pour accueillir l'écran, l'unité centrale et l'imprimante d'une configuration de base. Ses dimensions peuvent naturellement être adaptées à la taille de votre matériel (notamment l'écran) si elle diffère de l'exemple illustré ici.

Fig. 199.1 Tablette coulissante (détail)

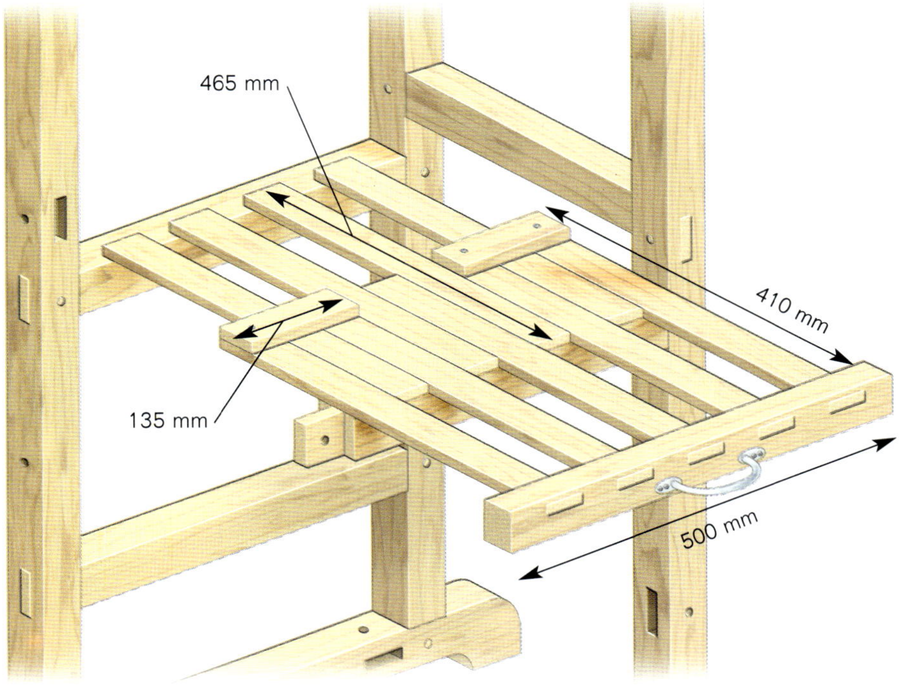

Mise en œuvre

Ce meuble s'assemble exclusivement par tenons et mortaises. Des chevilles améliorent la rigidité grâce à des perçages excentrés : les mortaises sont percées en premier et les trous des tenons, repérés après assemblage à blanc des traverses. Ces dernières sont retirées afin de percer les trous correspondants, décalés de 1 à 2 mm vers l'arasement (voir p. 189).

Fournitures

Sauf mention contraire, les pièces sont en pin raboté et les cotes, celles de chaque pièce.

- 2 grandes traverses basses (pieds) : 700 x 70 x 45
- 4 montants : 1 060 x 45 x 45
- 8 traverses (A) : 510 x 45 x 45
- 3 traverses (B) : 510 x 45 x 20
- 5 lames (mobiles) de tablette coulissante (C) : 455 x 45 x 20
- 4 lames (fixes) de tablette coulissante : 465 x 45 x 20
- 2 supports de tablette : 510 x 45 x 20
- Avant de tablette coulissante : 510 x 45 x 45
- 8 traverses-supports des remplissages latéraux, avant et arrière : 410 x 20 x 20
- 4 montants-supports des remplissages latéraux : 375 x 20 x 20
- 2 renforts de tablette : 135 x 45 x 20
- 1 renfort de tablette : 225 x 45 x 20
- 4 traverses de tablette latérales : 410 x 45 x 20
- 4 traverses de portes : 205 x 45 x 20
- 2 traverses de dessus : 600 x 90 x 20
- Chevilles de 10 x 10 : à tailler dans un tasseau carré de 3,20 m de long
- Remplissage des côtés, dessus, dos, avant, portes et tablettes latérales : 25 m de lames bouvetées de 90 x 15 (ou autre section)
- Quincaillerie galvanisée (pentures anglaises, poignées...) et vis adaptées
- Vis Ø 4 x 40
- Pointes à tête d'homme
- Roulettes pivotantes
- Colle à bois

Fig. 200.1 Meuble informatique

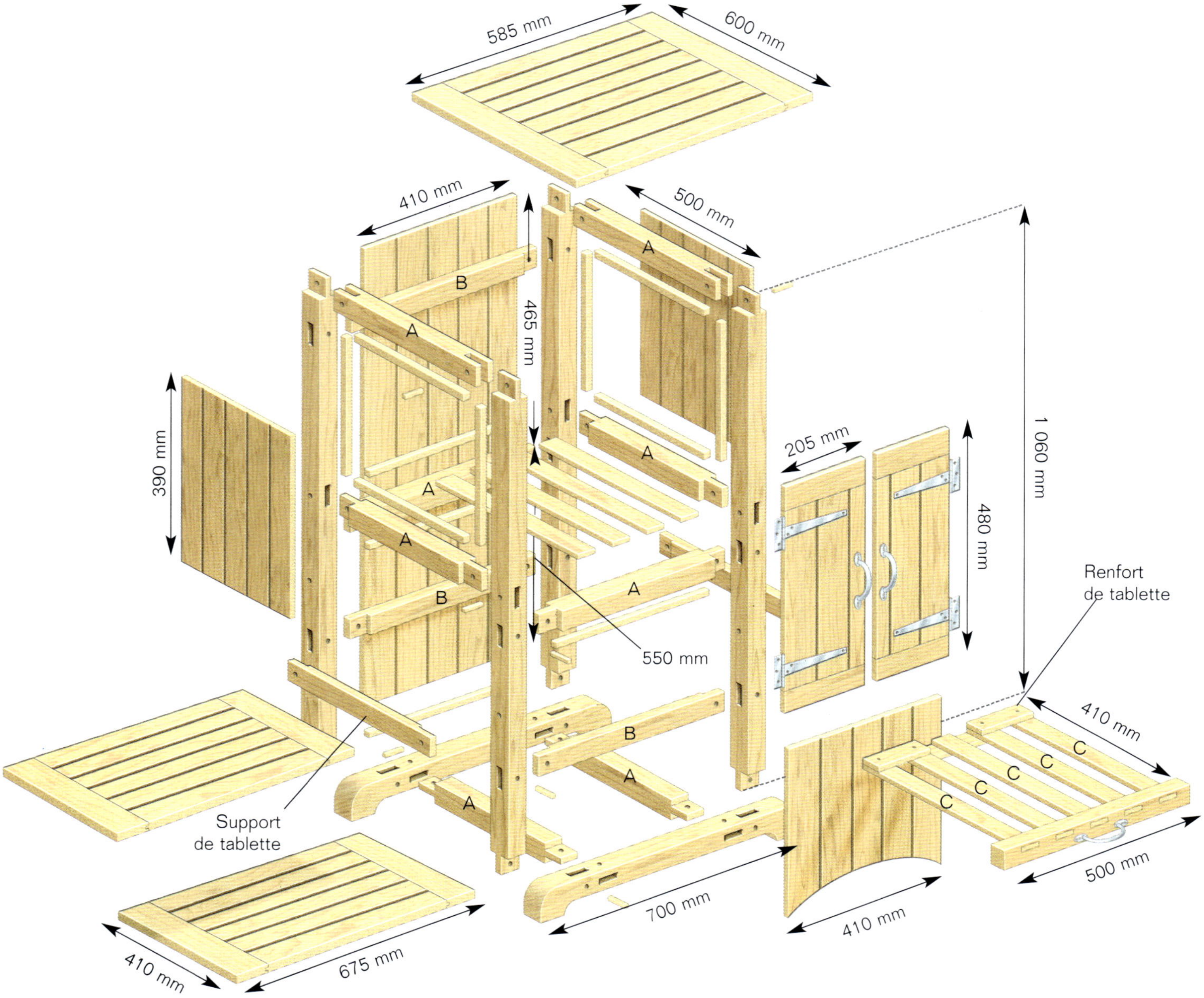

1 Retaillez les montants et les traverses aux longueurs voulues. Puis tracez tous les tenons et mortaises, ainsi que les coupes à effectuer sur les grandes traverses basses (pieds).

2 Taillez le profil des pieds à la scie sauteuse et arrondissez leurs arêtes avec un wastringue. Découpez ensuite les tenons et les mortaises traversantes.

3 Assemblez les traverses du piétement en encollant les tenons et mortaises. Assurez chacun des assemblages au moyen d'une cheville carrée enfoncée de part en part (voir encadré p. 199), puis épongez l'excès de colle.

4 Percez les trous des chevilles à travers les mortaises des montants. Ce faisant, placez la pièce sur une chute et vérifiez continuellement la perpendicularité de l'outil (ou utilisez un support vertical).

5 Assemblez les bâtis avant et arrière comme précédemment en respectant l'ordre des pièces, certaines traverses étant plus fines. Essuyez l'excès de colle et vérifiez l'équerrage en mesurant les diagonales.

6 Repérez les traverses latérales intermédiaires (A) et assemblez-les avec le bâti avant couché sur le côté ou, mieux, à plat. Renforcez l'assemblage avec des chevilles carrées, comme précédemment.

7 Posez le bâti avant à plat sur le sol ou sur l'établi si son plateau le permet. Présentez alors le bâti arrière et emboîtez ses montants sur les traverses latérales. Assemblez comme précédemment. Vérifiez l'équerrage de l'ensemble.

8 Présentez la structure sur son piétement et engagez les tenons dans les mortaises encollées. Enfoncez ensuite les chevilles dans leurs logements. Puis ajoutez les traverses latérales supérieures (A).

9 Là où les côtés et l'arrière du bâti doivent recevoir leurs lames de remplissage, clouez leurs tasseaux-supports (traverses et montants) sur les faces des traverses et des montants. Ces tasseaux doivent être décalés vers l'intérieur de la valeur de l'épaisseur des lames + 1 ou 2 mm.

10 Taillez les lames de remplissage en série et retaillez celles des extrémités pour équilibrer le remplissage. Encollez les supports et clouez les lames à l'aide de pointes à tête d'homme enfoncées en biais avec un chasse-pointes.

11 Retaillez les lames du remplissage avant et juxtaposez-les à plat pour tracer en partie basse leur découpe arrondie. Cette dernière vous permettra par la suite d'appuyer vos pieds sur le piétement.

12 Assemblez la tablette coulissante en emboîtant ses éléments directement dans des mortaises réalisées aux dimensions. Comme précédemment, chevillez, puis arasez les chevilles avec une scie à dos et rectifiez au ciseau.

13 Disposez les 4 lames fixes entre les précédentes afin de visser le renfort reliant les 3 lames coulissantes du milieu. Ces lames doivent impérativement coulisser entre elles sans problème.

14 Retournez la tablette et assemblez les lames restantes par paires à l'aide des renforts. Ce mode d'assemblage évite de les contraindre ou de les déformer. Pour finir, vissez les extrémités libres des lames fixes dans la traverse avant. Vérifiez une fois encore que la tablette se manœuvre sans difficulté.

15 Assemblez les lames qui constituent les tablettes, le dessus et les portes puis, à la défonceuse munie d'une fraise à bouveter, fraisez une languette (5 x 5) à leurs extrémités. Les lames pourront ainsi s'engager dans leurs traverses, elles-mêmes rainurées à la fraise plate. Encollez et mettez sous presse. Pour finir, repérez la position des poignées et des pentures sur les portes et vissez-les.

16 Chevillez le dessus en haut des traverses hautes de la structure. Montez les portes et ajoutez la tablette supportant l'écran : celle-ci est formée de 3 chutes de lames de remplissage vissées sur les traverses intermédiaires. Appliquez ensuite sa finition à l'ensemble : une lasure ou un vernis acrylique.

Billot de cuisine

Indispensable à toute cuisine digne de ce nom, cet accessoire est conçu pour faciliter les travaux de découpe et de hachage des aliments. Pour ce faire, il dispose d'un plateau en érable qui repose sur un piétement particulièrement solide. L'ensemble se complète d'un petit tiroir, bien pratique pour garder les couteaux et autres tranchoirs à portée de main.

Fournitures

- Plateau : tasseau d'érable de 50 x 35 et 7,50 m de long
- Pieds (en hêtre ou autre bois dur) : 75 x 75 et 3,60 m de long
- Traverses (en hêtre ou autre bois dur) : 75 x 38 et 3,80 m de long
- Tablette (remplissage) : lame bouvetée de 70 x 10 et 2,50 m de long
- Support de la tablette : tasseau de 20 x 20 et 1,60 m de long
- Supports et coulisses du tiroir : liteau de 25 x 12 (ou autre section) et 2,70 m de long
- Côtés du tiroir (en CTP) : 400 x 360 x 15
- Fond du tiroir (en CTP) : 335 x 410 x 5
- Façade du tiroir (lame de pin) : 350 x 125 x 25
- Colle à bois pour usage extérieur
- Pointes à tête d'homme de 38
- Tourillons Ø 6
- Vis agglo TF Ø 4 x 35
- Vis à bois TR Ø 3 x 25
- 4 renforts d'angle (ou équerres de chaise)
- 1 poignée de tiroir

Mise en œuvre

De forte section, les pieds sont réunis par des traverses tenonnées afin d'offrir une rigidité maximale. L'ensemble, à l'exception du plateau du dessus, recevra une peinture acrylique ou toute autre finition inoffensive (autorisant le contact alimentaire) après que les nœuds et autres défauts auront été rebouchés à la pâte à bois.

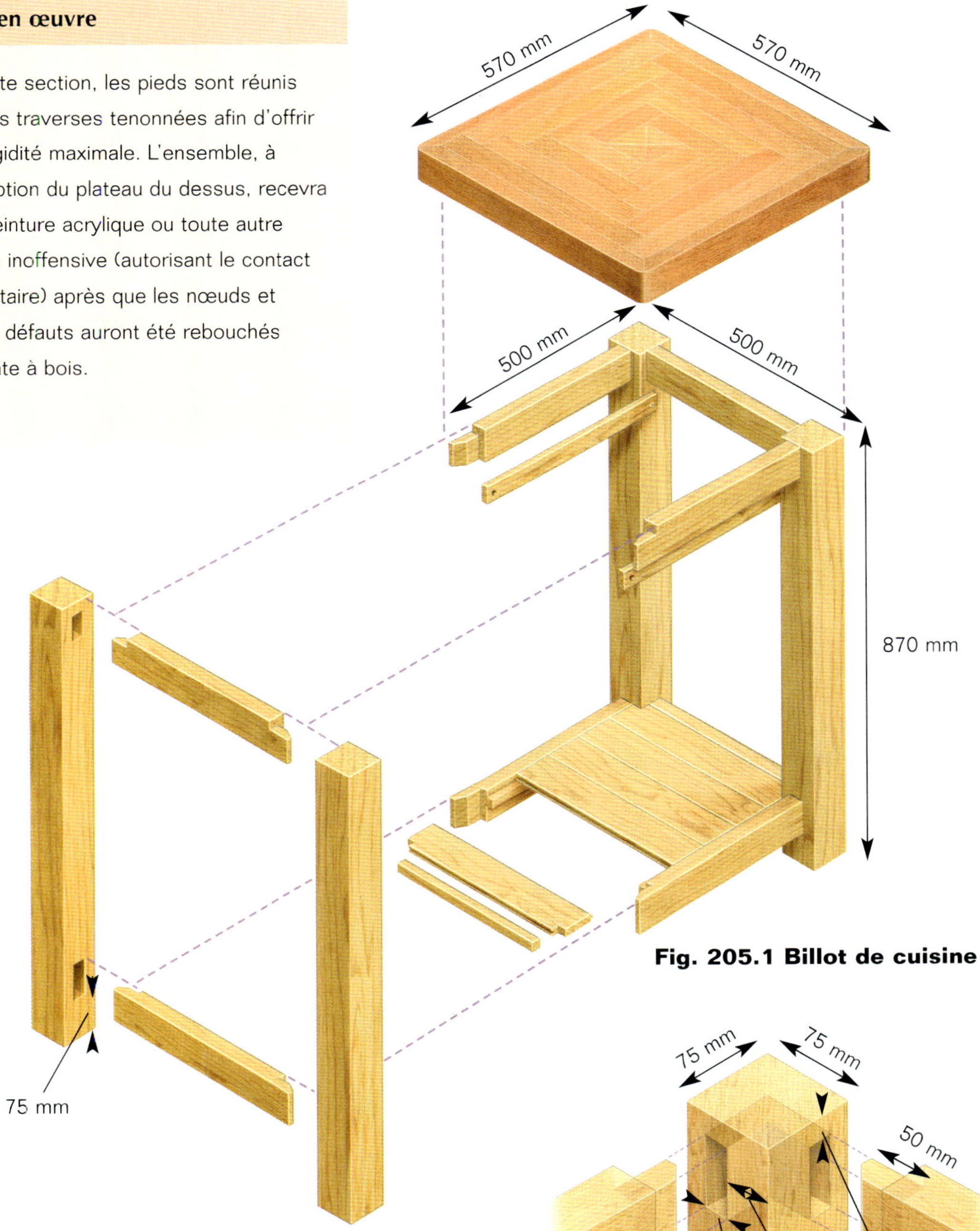

Fig. 205.1 Billot de cuisine

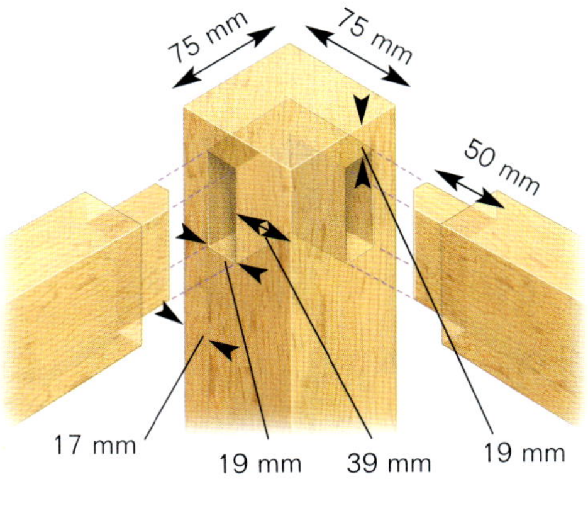

Fig. 205.2 Assemblage du piétement (détail)

Mise en œuvre

Les côtés, faces avant et arrière du tiroir sont simplement tourillonnés. Encollez les tourillons et enfoncez-les aux extrémités des côtés puis assemblez ceux-ci avec la face arrière. Glissez alors le fond du tiroir puis ajoutez sa face avant. Mettez sous presse et après séchage, vissez la façade par l'intérieur.

Fig. 206.1 Tiroir

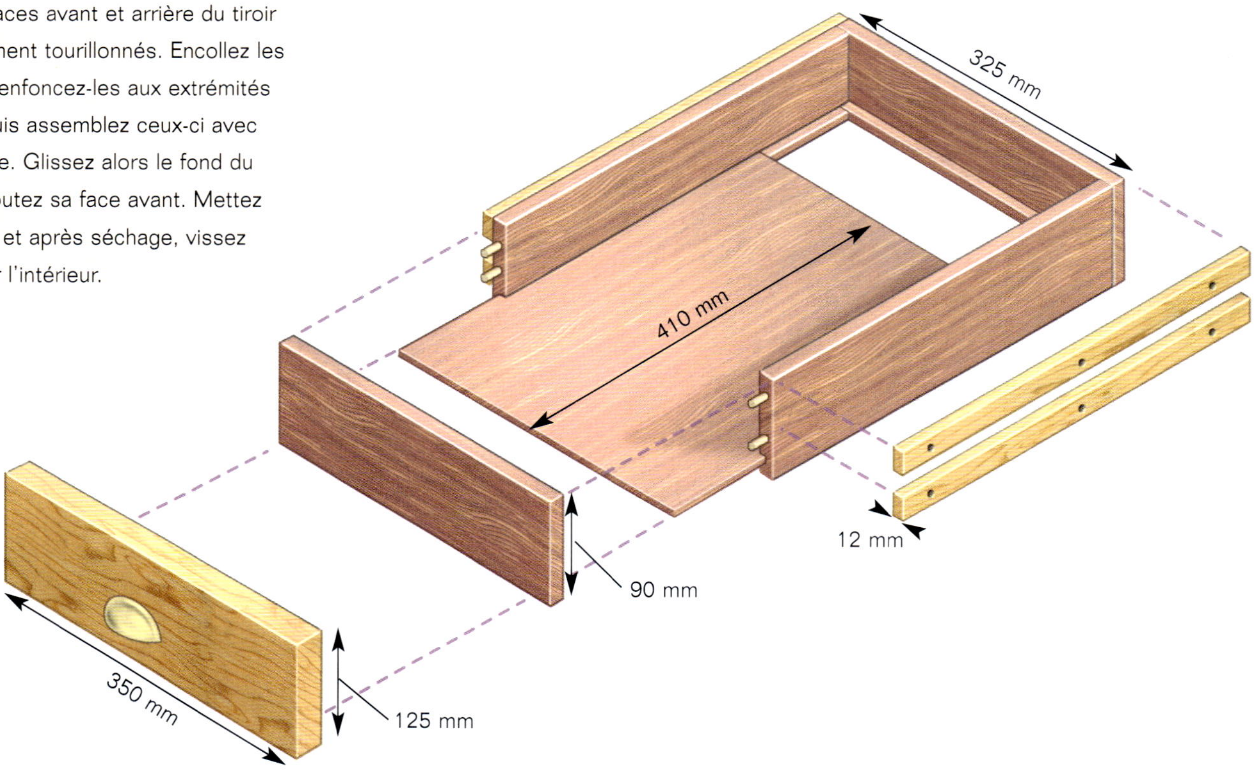

1 Retaillez les pieds et traverses aux longueurs requises et vérifiez que leurs extrémités sont rigoureusement perpendiculaires. Attention, la traverse supérieure avant peut être légèrement moins large que les autres (voir p. 204). Bridez les pieds par paires et tracez les mortaises destinées aux tenons des traverses (voir Fig. 205.2). Notez que ces mortaises se trouvent à 19 mm du haut des pieds.

2 Creusez les mortaises avec un foret ou une mèche plate de même largeur et rectifiez-les au ciseau. Ici, on devine que les mortaises (même non traversantes) se rejoignent au centre du pied. Faites en sorte qu'elles soient suffisamment profondes et parfaitement dégagées.

3 Asymétriques, les tenons correspondants sont dits « bâtards ». Du fait de leur position, ils permettent de décaler les traverses vers l'intérieur du bâti. Ce déport allège visuellement l'ensemble sans nuire à sa rigidité. Si la traverse supérieure avant est plus étroite, façonnez un tenon équivalant à la largeur finale de la traverse.

4 Chanfreinez les tenons, si possible avec une scie à onglets. Bridez les traverses par paires et rectifiez les coupes avec un rabot de retouche jusqu'à ce que les traverses s'assemblent parfaitement dans les pieds. Repérez ensuite chaque pièce pour retrouver son emplacement à coup sûr. Faites de même pour les traverses basses avec un déport identique.

5 Assemblez les pieds et leurs traverses latérales par paires, en encollant les mortaises et les tenons au préalable. Utilisez de grands serre-joints ou des presses à panneaux pour maintenir les assemblages et protégez les faces des pièces avec de petites cales.

6 Posez les deux sous-ensembles pieds-traverses verticalement et à l'envers (haut des pieds vers le bas) sur l'établi, puis assemblez-les à l'aide des traverses avant et arrière. Au préalable, n'oubliez pas d'encoller les extrémités chanfreinées des tenons.

7 Mettez ensuite sous presse avec des presses à panneaux. Maintenez également les assemblages avec des pointes à tête d'homme enfoncées en biais dans les faces internes des pieds. Chassez les têtes des pointes sous la surface des pièces. Vérifiez les équerrages, épongez l'excès de colle et laissez sécher 24 heures.

8 Taillez les 4 supports de la tablette basse dans un tasseau de 20 x 20. Bridez-les puis vissez-les contre les faces internes des traverses basses, à 10 mm de leur face supérieure : soit l'épaisseur des lames qui constituent la tablette.

9 Retaillez en série les lames bouvetées formant la tablette. Par découpe ou rabotage, rectifiez la première et la dernière lame de la série après avoir mesuré l'intervalle restant. Une encoche (correspondant aux pieds) est de toute façon à prévoir à chaque extrémité.

10 Mettez les lames en place l'une après l'autre en poussant à fond celles des extrémités. Placez celles du milieu en dernier, en les engageant en biais : leurs rainure et languette étant engagées, poussez les lames vers le bas.

11 Réalisez le tiroir. Découpez les faces et les côtés de 90 mm de large dans du CTP. Puis fraisez une rainure de 5 x 5 à 10 mm du chant inférieur de chaque pièce. Percez les logements des tourillons (Ø 6) dans les chants des côtés et reportez leur emplacement avec des centreurs sur les faces avant et arrière. Assemblez les côtés et la face arrière, glissez le fond et tourillonnez la face avant.

12 Couchez le piétement sur le côté et vissez les supports du tiroir en haut des pieds. Au préalable, percez les supports d'avant-trous fraisés (au diamètre des vis) afin qu'ils n'éclatent pas. Pour positionner les supports correctement, utilisez une petite cale (de 30 mm de large) comme entretoise.

13 Vissez la façade du tiroir par l'intérieur, ainsi que les coulisses supérieures en haut des côtés. Assurez-vous ensuite que le tiroir coulisse normalement dans le piétement. Si tel est le cas, sortez-le afin de visser les coulisses inférieures à 25 mm des précédentes (en vous servant d'une cale comme entretoise). L'ensemble est alors prêt à recevoir sa finition, et le tiroir sa poignée.

14 Les éléments du plateau (provenant d'un débit sur quartier – voir p. 15) sont collés suivant un motif en spirale. Pour ce faire, il faut d'abord réaliser un gabarit d'assemblage au moyen d'un panneau quelconque (en mélaminé ou stratifié), bien plat. Ce dernier est pourvu d'un cadre en tasseaux vissés à angle droit (voir p. 129).

15 Un assemblage parfait exige de tailler chacune des pièces au fur et à mesure. Taillez la première plus longue de 10 ou 20 mm, mettez-la en place le long d'un des bords du cadre, puis repérez sa coupe définitive à l'aide d'une chute de même section. Après découpe et mise en place, procédez de même pour les suivantes, toutes assemblées extrémité contre chant.

16 Lors de ce type de découpe, une scie à onglets électrique fait gagner beaucoup de temps. Mais un modèle à main permet aussi d'exécuter cette tâche sans problème. Quoi qu'il en soit, veillez à toujours placer la lame côté chute et déplacez la pièce jusqu'à ce que vous trouviez l'emplacement idéal.

17 Numérotez chaque pièces pour éviter toute confusion et posez les pièces à blanc, l'une après l'autre. Travailler de l'extérieur vers le centre permet d'éviter les décalages qui, en s'accumulant, peuvent faire déborder l'assemblage de son cadre ! Ce dernier garantit aussi la perpendicularité des assemblages.

18 Le centre du plateau est constitué de 4 pièces triangulaires. Pour plus de précision, repérez leurs coupes en onglets avec une fausse équerre et un cutter. La dernière des pièces doit être taillée avec une précision extrême afin de rentrer légèrement en force pour contraindre l'ensemble.

19 Pour plus de sécurité, bridez la pièce qui donnera naissance aux éléments centraux sur le support de la scie. Après la première coupe, faites-la pivoter de 90°. Rectifiez la position de la pièce et bridez-la à nouveau avant d'effectuer la seconde coupe.

20 Toutes les pièces étant numérotées, retirez-les du gabarit et assemblez en commençant toujours par la périphérie. Encollez au préalable chaque pièce de façon uniforme, mais sans excès.

21 Enfoncez la dernière pièce en tapant dessus avec un maillet ou une chute de bois tendre. Épongez immédiatement la colle qui reflue. Si des interstices subsistent, comblez-les avec de la colle et essuyez à nouveau.

22 Frappez toute la surface avec un maillet ou une cale. Puis, durant tout le temps du séchage, bridez un tasseau bien droit, sur chant, dans la diagonale de l'ouvrage. L'ensemble doit être disposé sur un support parfaitement plan.

23 Après 12 heures de séchage, démontez le gabarit et retirez le plateau. Retaillez en onglets les 4 tasseaux de l'encadrement et collez-les face contre les chants du plateau. Laissez sécher 12 heures, puis poncez la pièce (faces et chants) avec une ponceuse à bande et un abrasif moyen afin d'obtenir une surface plane et d'ôter la colle. Terminez avec une ponceuse vibrante équipée d'un abrasif fin.

24 Retournez le plateau (dessus vers le bas) et présentez le piétement, lui aussi retourné. Centrez bien le piétement et vissez les renforts dans chacun des angles, après avoir percé les avant-trous correspondants dans le plateau.

Bibliothèque en merisier

Ce meuble aux lignes nettes et classiques se distingue aussi par ses proportions équilibrées qui feront honneur à n'importe quel intérieur... Sa caisse est une simple boîte réalisée en panneaux de latté plaqué, soulignée par quelques éléments en bois massif. Il s'agit ici de merisier d'Amérique, laissé brut à l'intérieur, mais teinté et ciré à l'extérieur afin de faire ressortir son veinage marqué.

Fournitures

Sauf mention contraire, les pièces sont en bois massif.

- Caisse (côtés, dos, dessus, plateau supérieur et dessous) en latté plaqué de 15 : panneau de 2,30 x 1 m
- Tablettes en latté plaqué de 25 : panneau de 1 200 x 250
- Socle : lame de 100 x 25 et 2,10 m de long
- Moulures de socle : 50 x 19 et 2,10 m de long
- Moulures de dessus : 25 x 25 ou 30 x 30 et 2,10 m de long
- Montants décoratifs : 75 x 25 et 2 m de long
- Tasseaux verticaux (derrière les montants) : 20 x 20 et 1,80 m de long
- Moulures des tablettes : 25 x 10 et 1,20 m de long
- Crémaillère laitonnée : 2,45 m et taquets correspondants
- Vis TF agglo bichromatées ou dorées Ø 3 x 10 et Ø 3 x 20
- Chevilles plates
- Colle à bois

Mise en œuvre

Par sa polyvalence, une défonceuse s'avère ici précieuse, autant pour encastrer les crémaillères que pour feuillurer rapidement les côtés et moulures ou canneler les montants. Trois profils de fraises sont employés (voir ci-dessous), mais il est possible d'en choisir d'autres pour les ornementations.

Fig. 213.2 Fraises à bois

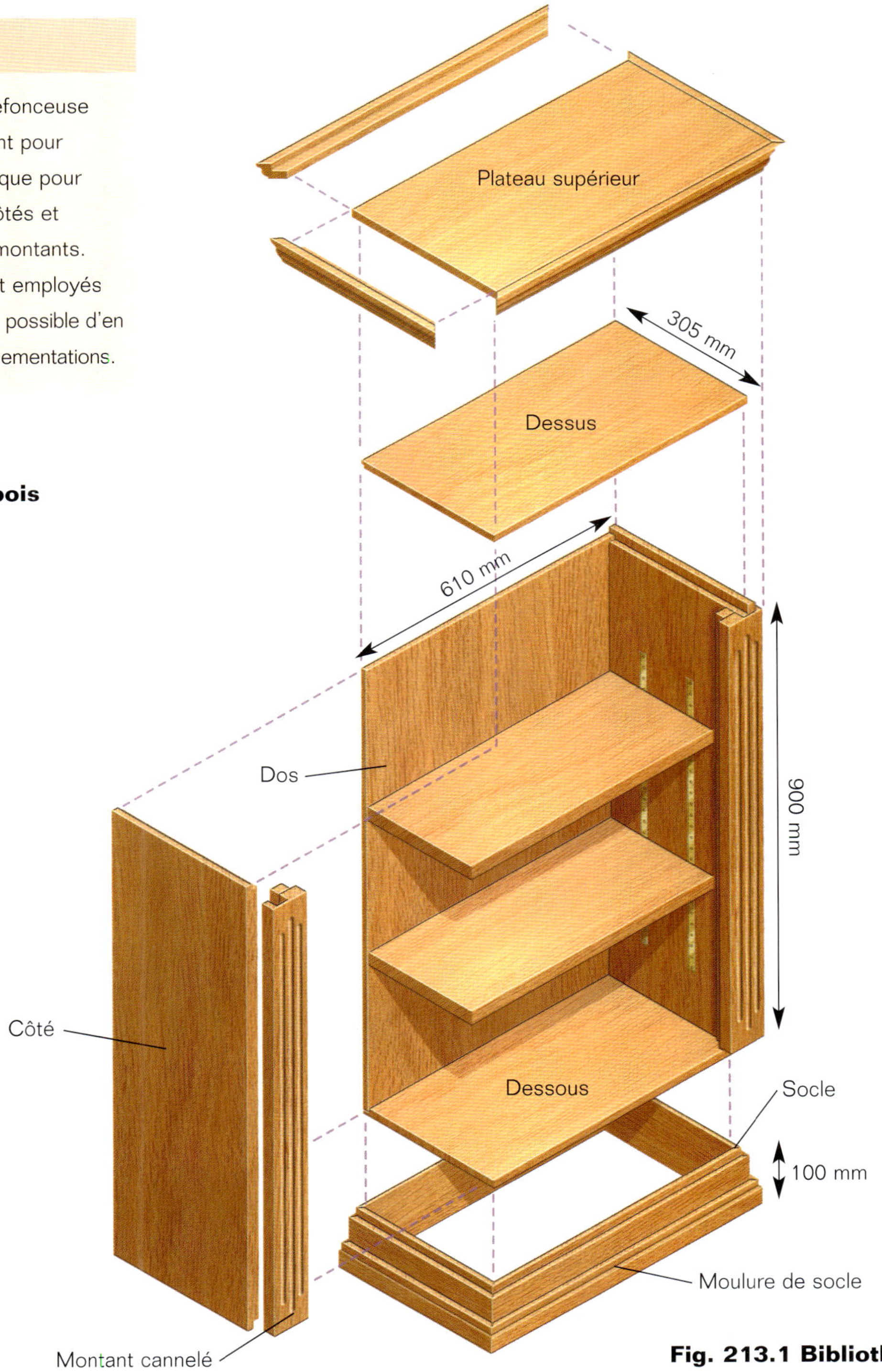

Fig. 213.1 Bibliothèque en merisier

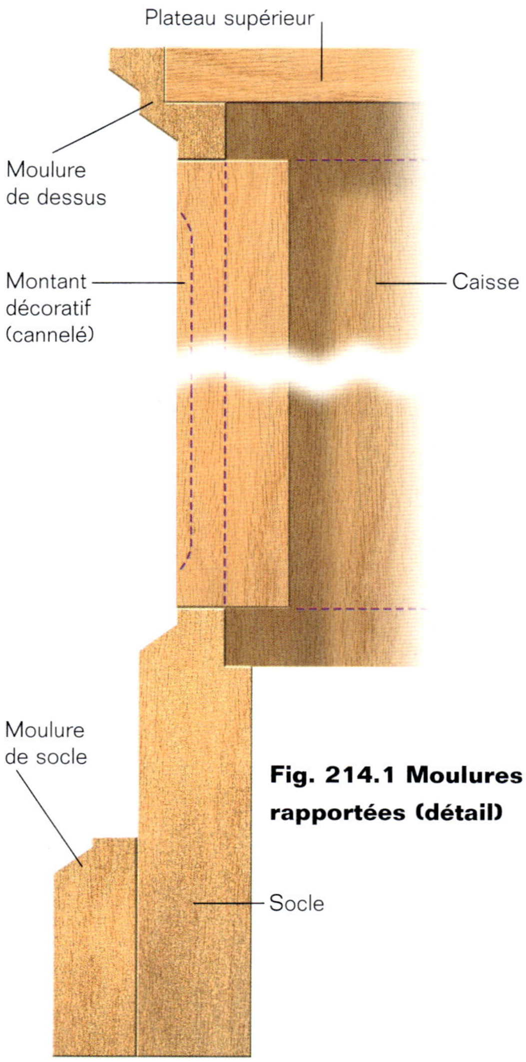

Fig. 214.1 Moulures rapportées (détail)

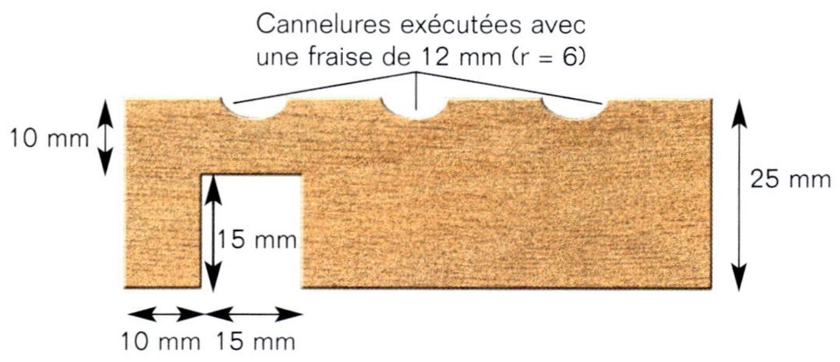

Fig. 214.2 Montants (détail)

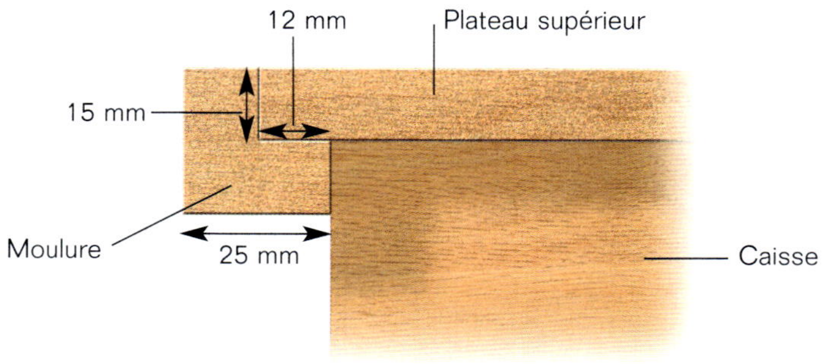

Fig. 214.3 Moulure de dessus (détail)

1 Découpez le panneau de latté plaqué pour obtenir les côtés, le dessus, le plateau supérieur, le dessous et le dos. Feuillurez (7 x 15) les chants arrière des côtés pour qu'ils accueillent le dos ainsi que leur chant supérieur (pour le plateau supérieur). Feuillurez aussi le chant arrière du dessous. Poncez légèrement à l'aide d'une cale.

2 Avant d'assembler la caisse, encastrez les crémaillères sur les faces internes des côtés. Coupez-les d'abord en vous assurant que leurs perforations coïncident, sinon les tablettes seront bancales. Le plus simple est d'utiliser la première crémaillère comme gabarit pour découper les suivantes. Repérez ensuite leur partie haute (ou basse).

3 Pour disposer d'une bonne stabilité, les tablettes doivent être soutenues assez près de leur chant avant et arrière, soit 35 à 40 mm au maximum. Tenez-en compte pour tracer (à l'équerre) les emplacements des crémaillères sur les faces intérieures des côtés. Il est inutile par ailleurs de prévoir des crémaillères qui se prolongent sur toute la hauteur.

4 Fraisez les rainures destinées aux crémaillères puis rectifiez les extrémités des fraisages au ciseau à bois. Les perfectionnistes peuvent ici utiliser une fraise multiprofils (voir Fig. 213.2) afin d'obtenir en une seule passe une rainure centrale et deux feuillures latérales à peine marquées, mais nécessaires aux ailes de certains taquets de tablettes.

5 Une fois les fraisages terminés, poncez les faces intérieures des côtés afin qu'ils soient prêts à recevoir leur finition. Encastrez ensuite les crémaillères en vérifiant que leur orientation est correcte, puis vissez leurs vis de fixation.

6 Assemblez les côtés par collage et vissage avec le dessus, le dessous et le dos. Ce faisant, assurez-vous que les têtes fraisées des vis pénètrent un peu au-dessous de la surface des panneaux. Ces vis seront ensuite masquées par les moulures.

7 Retaillez les 4 côtés du socle, puis fraisez une feuillure de 5 x 15 dans la longueur de chacun d'eux (voir Fig. 214.1) afin d'accueillir le dessous. Coupez ensuite les extrémités du socle en onglets. Fraisez les logements des chevilles plates. Assemblez ensuite le socle.

8 Renforcez les assemblages du socle à l'aide de petites cales collées et/ou vissées par l'intérieur. Épongez l'excès de colle. Notez que les dimensions de la feuillure réalisée sur tout le pourtour intérieur du socle doivent permettre à la caisse de s'y emboîter.

9 Après séchage du socle, présentez-le sur la caisse retournée. Assemblez les 2 éléments à l'aide de petites cales, similaires aux précédentes, mais uniquement vissées. Cela permettra par la suite de démonter le socle afin d'ajouter les moulures basses. Pour l'instant, la présence du socle est indispensable à l'ajustement des montants cannelés.

10 Façonnez les montants d'après la Fig. 214.2. Puis fraisez une rainure de 15 x 15 au dos de chacun d'eux afin qu'ils puissent accueillir les chants avant des côtés. Fraisez ensuite les trois cannelures sur la face avant des montants. Avec un morceau de papier abrasif fin roulé sur lui-même, effacez éventuellement les marques d'usinage laissées par la fraise à canneler.

11 Vissez un tasseau de 20 x 20 au dos des montants et au ras de la rainure. Ce tasseau permettra de visser par l'intérieur les montants sur les côtés.

12 Encollez les rainures des montants et présentez-les sur le meuble. Coupés avec précision, ils doivent s'emboîter lorsqu'on les frappe avec le plat de la main ou à l'aide d'un maillet et d'une petite cale. En renforçant la structure à l'avant des côtés, ils permettent aussi d'équilibrer l'ensemble.

13 Découpez le plateau supérieur et ajoutez les moulures qui l'entourent. Elles sont feuillurées afin de s'adapter au panneau (voir Fig. 214.3). Taillez leurs extrémités en onglets et mettez sous presse en vérifiant que les chants supérieurs des moulures affleurent la face supérieure du plateau.

14 Vérifiez que le plateau s'assemble sans problème sur la caisse et que ses moulures dissimulent les vis de fixation du dessus, vissées en haut des côtés. Si tel est bien le cas, déposez le plateau et chanfreinez ses moulures en deux fois pour obtenir le profil requis (voir Fig. 214.1). Chanfreinez également le haut du socle et de ses moulures. Poncez ensuite le plateau et appliquez-lui sa finition avant de le mettre en place sur la caisse et de le visser par l'intérieur.

15 L'épaisseur des tablettes (25) leur permet de résister à la flexion. Elles doivent être légèrement plus courtes (2 mm) que la largeur intérieure afin qu'il soit possible de les placer en biais pour les introduire ou faire varier leur hauteur. Habillez leur chant avant avec une petite moulure plate collée, et clouée aux extrémités et au centre.

16 Pour finir, placez les taquets dans les crémaillères et présentez les tablettes.

Conseil pratique

Pour ne pas devoir acheter spécialement un petit morceau de panneau plaqué plus épais que le reste du meuble (25 au moins), contrecollez deux chutes de 15 pour fabriquer les tablettes.

Armoire d'angle

Ce petit meuble en hêtre cérusé trouvera naturellement sa place dans une salle de bains. Il pourra ainsi accueillir divers objets de toilette, tout en modifiant la perspective d'un angle de murs ne pouvant accepter un meuble plus vaste. D'allure traditionnelle, l'ensemble se distingue cependant par des portes en verre dépoli orné d'un motif décoratif.

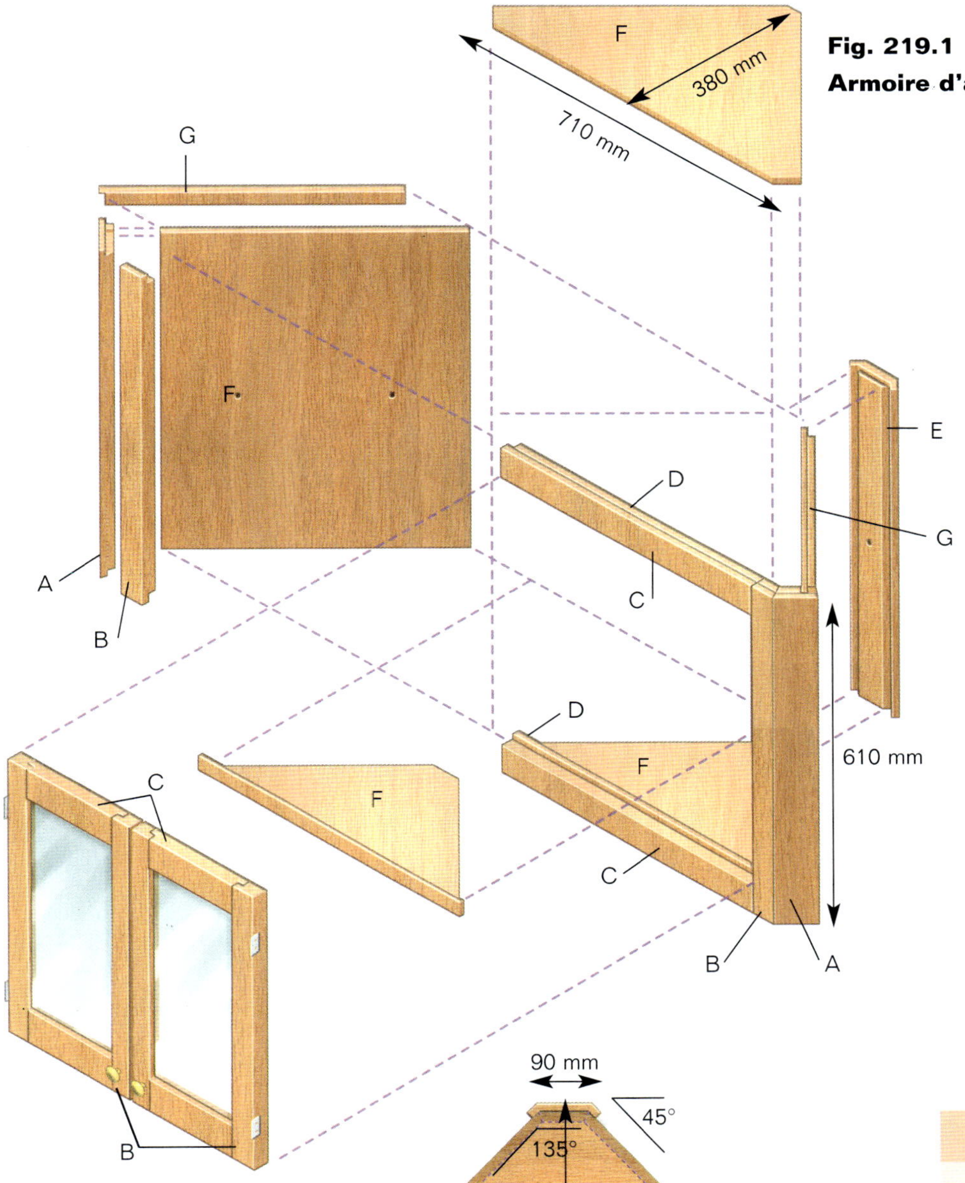

Fig. 219.1
Armoire d'angle

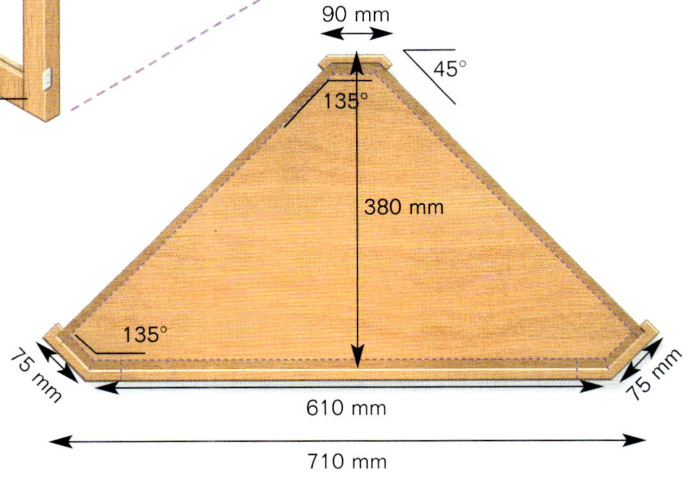

Fig. 219.2
Vue de dessus

Fournitures

Sauf mention contraire, les pièces sont en hêtre massif.

- Montants extérieurs avant (A) : 75 x 25 et 1,30 m de long
- Montants intérieurs avant et montants de portes (B) : 38 x 25 et 3,40 m de long
- Traverses avant et de portes (C) : 50 x 25 et 2,30 m de long
- Renforts d'assemblage (D) : 50 x 10 et 1,25 m de long
- Montant arrière (E) : 90 x 25 et 610 de long
- Côtés, dessus, dessous et tablette (F) : panneau en latté plaqué de 15 de 1,25 x 1,25 m
- Tasseaux de fixation (G) : 15 x 50 x 2 m
- 3 m de moulure à vitres de 12 x 12
- Moulure de tablette : chanplat de 20 x 5 x 710
- Chevilles plates
- Colle à bois
- Vis TF agglo Ø 3 x 25 et 4 x 40
- Pointes à tête d'homme de 25
- Verre dépoli
- Taquets de tablette Ø 5
- 4 charnières en laiton
- 2 aimants
- 2 boutons de portes

Mise en œuvre

Moins complexe qu'elle n'en a l'air, cette réalisation comporte 3 montants disposés autour de panneaux triangulaires. La caisse est entièrement en latté plaqué de 15, à l'exception de ses montants et des cadres formant les portes (en bois massif). Le verre des portes (si possible en verre trempé) est quant à lui acheté sur mesure.

Fig. 220.1
Montants avant (détail)

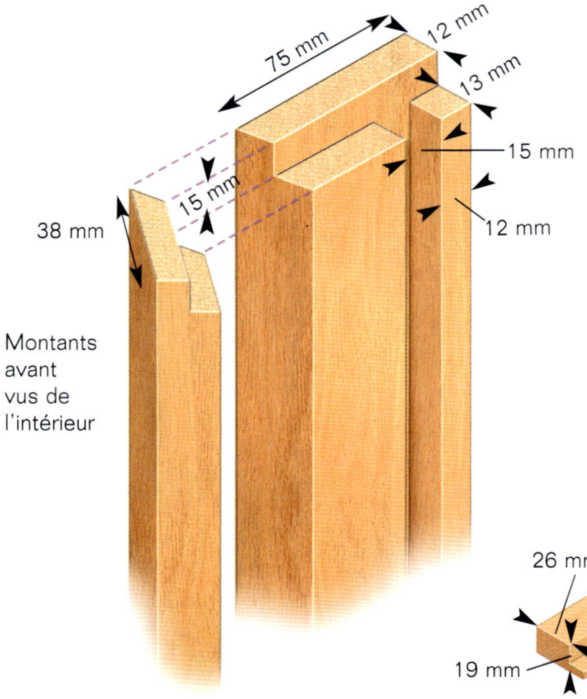

Fig. 220.2 Fixations du meuble (détail)

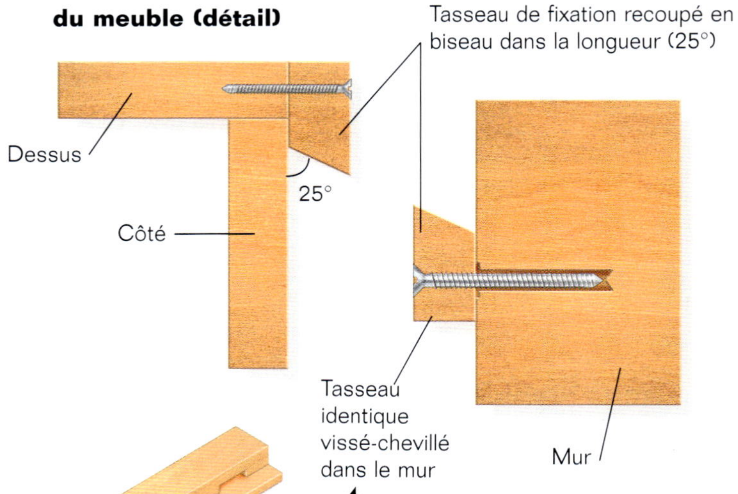

Fig 220.3 Portes (détail)

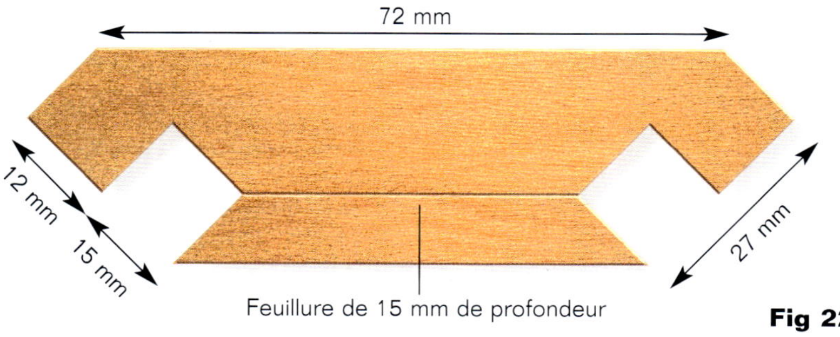

Fig 220.4 Montant arrière (détail)

1 Dans une chute, découpez un gabarit correspondant à la géométrie du meuble (voir Fig. 219.2). Les dimensions périphériques des dessus et dessous sont inférieures de 12 mm aux cotes hors tout du meuble. Clouez le gabarit sur le panneau et découpez chaque pièce à la scie sauteuse, un peu plus grande que nécessaire.

2 Rectifiez ensuite les contours des panneaux à la défonceuse munie d'une fraise de copiage. Pour un résultat plus réussi, veillez à ce que le fil du placage se suive d'un côté du meuble à l'autre. Les trous des pointes seront par la suite masqués à la pâte à bois.

3 Découpez les éléments verticaux. Puis, au rabot ou à la scie circulaire, biseautez l'un des chants des montants avant (voir Fig. 219.2) et l'un des chants des côtés à 67,5°. Chanfreinez les chants du montant arrière (voir Fig. 220.4). Une fois assemblés les deux montants avant, ainsi que le montant arrière et l'un des côtés, formeront un angle de 135°.

4 Tous les éléments verticaux (montants et côtés) sont feuillurés aux deux extrémités afin de permettre l'encastrement des dessus et dessous. Rainurez également les montants dans le sens de la longueur afin d'y encastrer les côtés du meuble (voir Fig. 220.1).

5 Les montants avant (intérieurs et extérieurs) s'assemblent avec des chevilles plates. Celles-ci garantissent l'alignement des arêtes des pièces et empêchent également ces dernières de glisser lors de leur mise sous presse. Le fraisage de leurs logements implique d'incliner le guide de la lamelleuse à 67,5°.

6 Servez-vous du dessous du meuble comme guide pour assembler les montants avant (intérieurs et extérieurs). Notez que la rainure destinée au côté du meuble s'aligne avec l'arête latérale du dessous. Encollez les logements des chevilles, insérez-les puis assemblez les 2 pièces.

7 Découpez les traverses avant et feuillurez-les afin qu'elles s'assemblent respectivement avec les dessus et dessous. Encollez chaque traverse. Bridez ensuite son renfort d'assemblage de 10 mm d'épaisseur et vissez-le par l'intérieur, à la fois dans la traverse et dans les montants avant (en haut et en bas).

8 Glissez l'un des côtés du meuble dans la rainure d'un des montants avant. Alignez ensuite l'arrière du dessous avec le chant arrière du côté. Enfoncez quelques pointes pour maintenir temporairement les faces des panneaux parfaitement d'équerre.

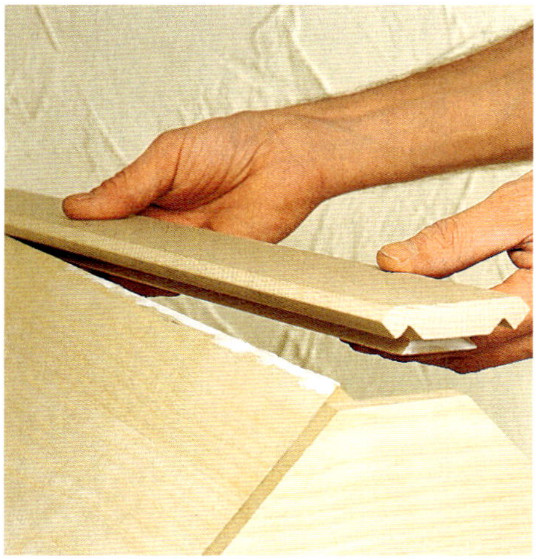

9 Encollez le chant arrière du côté et présentez le montant arrière, rainuré et feuilluré au préalable (voir Fig. 220.4). Glissez ensuite le second côté du meuble dans les rainures correspondantes des montants arrière et avant. Puis présentez le dessus.

10 L'assemblage de la caisse étant terminé, mettez sous presse à l'aide d'une presse à sangle. N'hésitez pas à enfoncer quelques pointes supplémentaires pour maintenir les dessus et dessous. Vérifiez également l'équerrage.

11 Collez des tasseaux (encochés aux extrémités) le long des chants haut et bas des côtés (voir Fig. 220.2). Les tasseaux hauts sont également biseautés en deux moitiés dans leur longueur afin d'assurer une fixation discrète, mais solide, de l'ensemble. À chaque demi-tasseau (vissé côté meuble) correspond l'autre moitié de même profil, vissée-chevillée côté mur.

12 Sur la face intérieure des côtés, repérez à l'équerre les emplacements des cinq trous Ø 5 destinés aux taquets de la tablette. À l'aide d'un gabarit en L, percez-les en équipant le foret d'un guide de profondeur ou d'un morceau d'adhésif. Découpez la tablette dans la chute de latté plaqué. Afin de faciliter sa mise en place, réduisez sa profondeur de 5 cm par rapport à celle du meuble. Collez et clouez la moulure pour habiller son chant avant.

13 Taillez les montants des portes dans des chutes de 38 x 25, et leurs traverses dans des chutes de 50 x 25. Tracez et exécutez les mortaises (traversantes) de 26 x 10 (voir Fig. 220.3). Puis réalisez une feuillure de 19 x 12 sur l'une des longueur de chaque montant afin de monter les vitres et leurs moulures. Cette feuillure sera côté intérieur du meuble ; veillez donc à bien identifier les pièces au préalable pour feuillurer le bon côté.

14 Tracez et découpez les tenons aux extrémités des traverses des portes. Notez que les tenons, de 26 mm, disposent d'arasements asymétriques pour correspondre aux feuillures des montants (voir Fig. 220.3). Si cela est nécessaire, rectifiez les tenons au ciseau. Repérez l'emplacement futur des traverses et feuillurez leur longueur intérieure (19 x 12).

15 Encollez et assemblez les montants et les traverses des portes. Si ces assemblages sont sans jeu, ils n'ont en principe pas besoin d'être mis sous presse. Après séchage, arasez l'extrémité des tenons à la scie à dos, si cela est nécessaire.

16 Faites couper les vitres en minorant leurs dimensions de 2 mm par rapport aux cotes intérieures des portes. Si les vitres comportent des motifs, spécifiez que ceux-ci doivent être symétriques. Ne fixez pas encore les vitres, mais taillez les moulures correspondantes.

17 Tracez les emplacements des charnières sur les chants extérieurs des portes, puis vissez les charnières (si elles se passent d'encastrement).

Conseil pratique

Une finition cérusée met en valeur le veinage du hêtre tout en préservant sa tonalité. Elle protège également le bois de l'humidité d'une salle de bains.

18 Présentez les portes afin de reporter la position des charnières le long des montants intérieurs avant. Vissez les charnières sur le meuble, puis percez les logements des aimants verticalement dans la traverse inférieure avant. Clouez les contreplaques sous les traverses des portes.

19 Percez les avant-trous traversants des vis de fixation des boutons (ou des poignées) en bas des portes. Vissez ensuite les boutons par l'intérieur. Déposez les portes, mettez les vitres en place et fixez-les en clouant les moulures correspondantes.

Table rustique

Assez massif par sa forme, ce meuble n'en possède pas moins une certaine élégance, laquelle tient en partie au contraste des veinages : rustique pour le plateau en orme, plus discret et plus linéaire pour le piétement en teck. Ces deux essences s'expriment pleinement grâce à une finition à base de cire de carnauba.

Fournitures

- Plateau : panneau de 230 x 25 et 4,50 m de long
- Pieds : 75 x 75 et 3,30 m de long
- Traverses du piétement : 75 x 25 et 2,20 m de long
- Supports du plateau : 50 x 25 et 4 m de long
- Fausses languettes
- Gabarit : médium de 5 ou 10 d'épaisseur

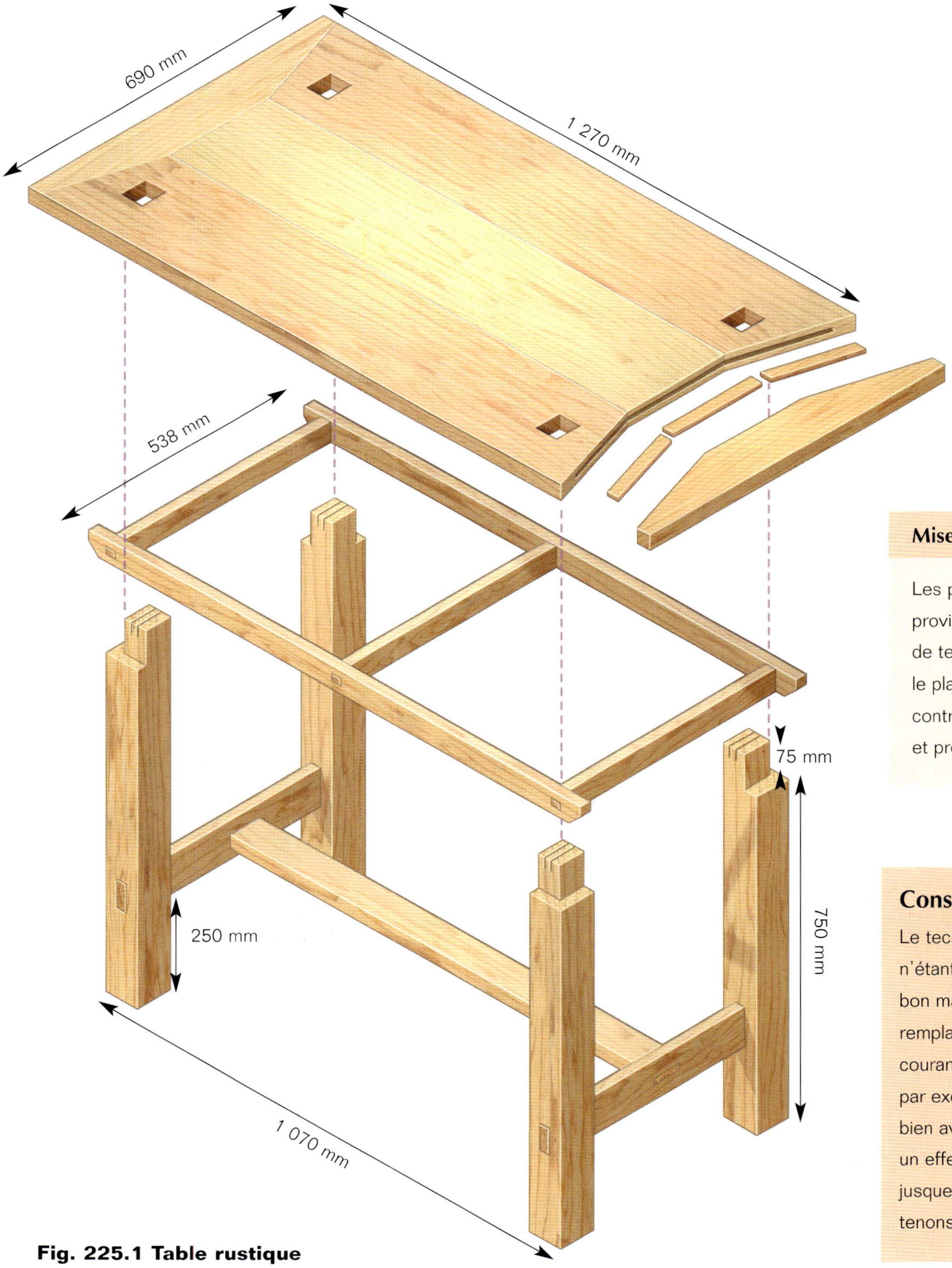

Fig. 225.1 Table rustique

Mise en œuvre

Les pièces formant le plateau proviennent ici de deux panneaux de teintes différentes. Traversant le plateau, les tenons des pieds contribuent à la solidité du meuble et produisent un effet esthétique.

Conseil pratique

Le teck (utilisé ici pour le piétement) n'étant pas facilement disponible ni bon marché, il peut bien sûr être remplacé par une essence plus courante comme le chêne foncé, par exemple. Ce dernier se marie bien avec l'orme et assure lui aussi un effet de contraste qui s'observe jusque dans la partie visible des tenons.

Fig. 226.1 Plateau (détail)

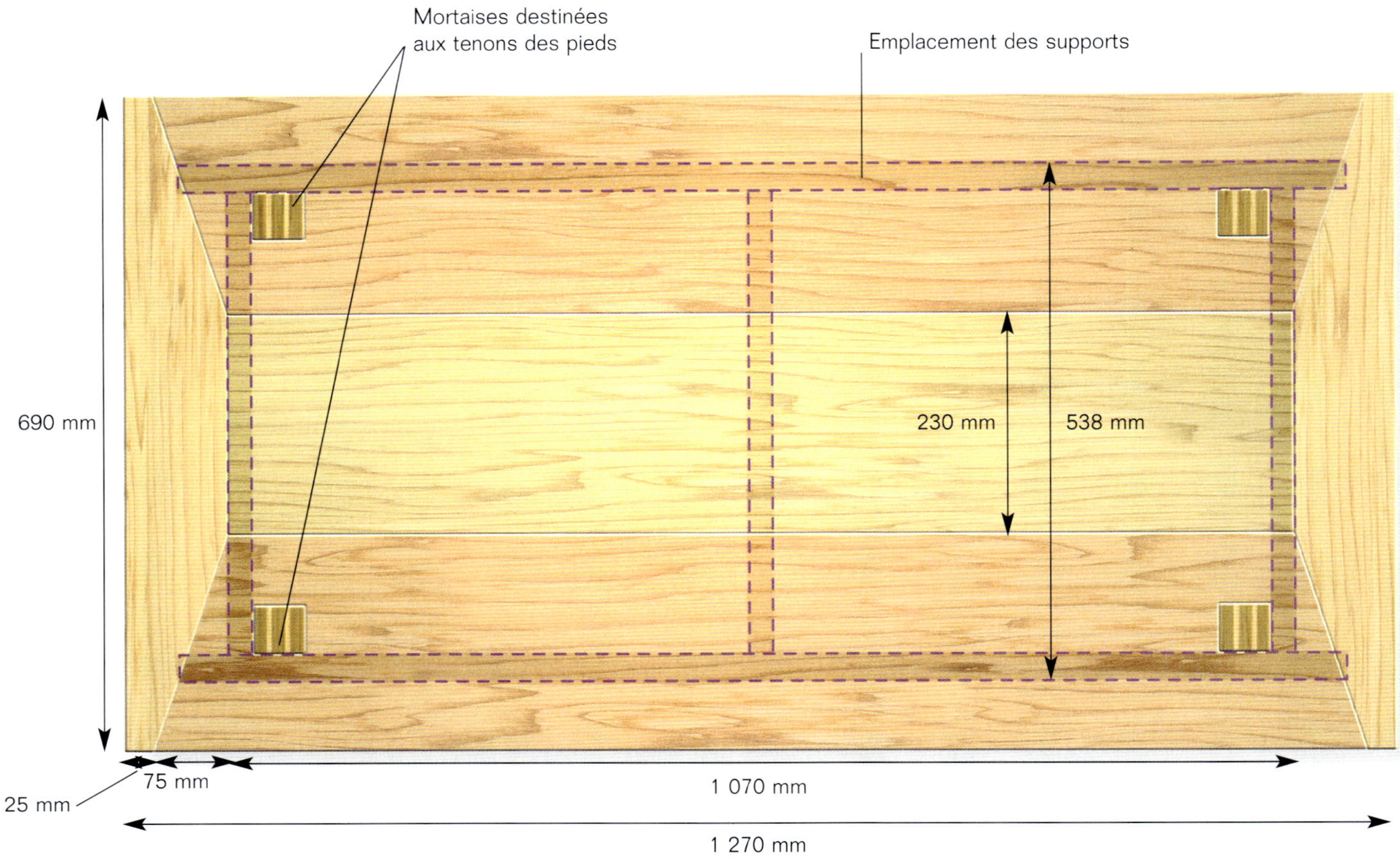

1 Outre sa vocation décorative, la forme des extrémités du plateau sert également à le stabiliser en empêchant la déformation de ses 3 éléments principaux. Taillés d'après le schéma ci-dessus, ils s'assemblent à l'aide de fausses languettes.

2 Fraisez les chants et les extrémités des éléments du plateau sur toute leur longueur (hormis les chants extérieurs des côtés extérieurs).
Puis assemblez le plateau en deux temps : à l'aide des fausses languettes, commencez par coller les éléments longitudinaux, en vérifiant l'exactitude de leur positionnement avant de les brider à l'aide de presses à panneaux.

3 Fabriquez un gabarit à la forme des futures extrémités, afin de pouvoir découper celles-ci avec une précision maximale. Si nécessaire, rectifiez ensuite les chants de la pièce au rabot. Positionnez le gabarit sur le panneau à découper en choisissant la zone du veinage qui vous paraît la plus attrayante. Tracez les pièces et découpez-les à la scie circulaire.

4 Rabotez éventuellement les chants des pièces afin qu'ils soient parfaitement droits et s'assemblent sans défaut avec les autres éléments du plateau. Fraisez ensuite les rainures correspondant aux fausses languettes, en vous arrêtant à 25 mm des extrémités de la pièce.

5 Encollez les rainures, insérez les fausses languettes (côté plateau) et présentez les pièces d'extrémité. Mettez sous presse et laissez sécher pendant que vous réalisez le piètement. Au préalable, déplacez le plateau et entreposez-le contre un mur avec l'aide d'une autre personne.

6 Fabriquez les pieds par paires, chacune prenant place à une extrémité. Bridez les pieds par deux afin de tracer et réaliser les mortaises correspondant aux traverses latérales du piètement. Ces mortaises mesurent 69 x 19 mm, soit 6 mm de moins que la section des traverses qui disposeront ainsi d'un petit épaulement.

7 Rectifiez chaque mortaise (côté extérieur) afin de pouvoir enfoncer les coins (ou clés) qui bloqueront les tenons des traverses. Les coins ayant aussi une vocation décorative, n'hésitez pas à les prévoir assez épais, donc à élargir la mortaise de 6 mm à chaque extrémité.

8 Rectifiez les tenons des traverses afin qu'ils s'engagent légèrement en force puis assemblez à blanc les pieds et traverses latérales en vérifiant que leurs arasements se plaquent contre les faces des pieds. Repérez ensuite l'emplacement des mortaises correspondant à la traverse centrale.

9 Les mortaises accueillant les tenons de la traverse centrale sont identiques aux précédentes. Elles doivent être exécutées avec la même précision afin de garantir la parfaite rigidité du piètement.

10 Passez ensuite au façonnage du bâti supportant le plateau. Repérez chacune des pièces afin d'éviter toute confusion lors de l'assemblage. Chaque pied correspond notamment à un emplacement précis du plateau.

11 Exécutez les tenons et mortaises (ordinaires) qui permettront d'assembler le bâti supportant le plateau. Effectuez un assemblage à blanc afin de vérifier la parfaite planéité du bâti.

12 Les grands côtés du bâti (retaillés en biais) dépassent latéralement de quelques centimètres afin de soutenir également les extrémités du plateau. Encollez les tenons du bâti, assemblez et mettez sous presse en vérifiant l'équerrage.

13 Les tenons prévus en partie haute des pieds mesurent 50 x 50. Deux de leurs faces sont sur le même plan que celles des pieds. Situés à l'opposé, les arasements correspondants accueilleront le bâti supportant le plateau. La longueur des tenons est égale à l'épaisseur du bâti plus celle du plateau, soit 75 mm.

14 Retournez le plateau, centrez le bâti et fixez-le par ses angles avec quelques vis après avoir percé des avant-trous traversants à un diamètre inférieur. Présentez ensuite chacun des pieds afin de repérer l'emplacement des mortaises correspondantes. Tracez également l'emplacement du bâti avant de le déposer.

15 Reportez à l'équerre l'emplacement des mortaises sur la face supérieure du plateau. Utilisez ensuite une mèche plate (ou à spirale unique) pour creuser la majeure partie de chaque mortaise. Puis rectifiez ses côtés au ciseau jusqu'à ce que le tenon s'y engage parfaitement.

16 Serrez chaque pied à la verticale dans l'établi afin de découper à la scie à dos les deux entailles en « V » nécessaires aux coins (ou clés). La profondeur de ces entailles ne doit pas dépasser 25 mm (soit l'épaisseur du plateau) afin de ne pas trop affaiblir les tenons.

17 Découpez à la scie circulaire ou à la scie à ruban et dans le sens du fil, une chute du plateau en forme de coin très effilé. Retaillez ensuite la pièce en 8 éléments de 50 mm de large avec une scie à dos.

18 Assemblez les pieds et les traverses latérales après encollage et laissez sécher. Fabriquez de la même façon que précédemment 12 coins plus petits, correspondant aux mortaises du piétement. Assemblez ensuite les pieds par paires à l'aide de leurs traverses latérales. Encollez, vérifiez l'équerrage des pièces et bridez-les avant d'enfoncer les coins.

19 Encollez la traverse centrale et les traverses latérales. Posez les paires de pieds debout sur un support plan. Réunissez-les au moyen de la traverse centrale. Emboîtez par-dessus le bâti-support du plateau, puis présentez le plateau. Vérifiez l'équerrage des pieds par rapport au plateau puis enfoncez les coins dans les tenons de la traverse centrale. Laissez sécher avant d'araser.

20 Retirez le plateau, encollez les tenons des pieds et reposez le plateau. Enfoncez alors les coins à l'aide d'un marteau ou d'un maillet et d'une cale. Notez que les coins ont été prévus en travers du fil pour éviter les risques de déformation. Après séchage, arasez les chevilles et poncez le chant des tenons ainsi que leur périphérie. Revissez le bâti pour garantir à l'ensemble une parfaite rigidité.

BANC EN CHÂTAIGNIER

PARFAIT DANS UNE ENTRÉE, CE PETIT BANC peut également figurer dans un séjour, comme siège d'appoint. Par sa conception, et notamment ses tenons traversants à cheville de blocage, il fait référence aux origines de la menuiserie – ce qui ne l'empêche pas de faire état de lignes arrondies, typiques de ce genre de réalisation sans prétention. Celle-ci fait appel à des planches de châtaignier, une essence souvent confondue avec le chêne, mais dont le veinage présente un dessin et une teinte spécifiques.

Fournitures

Sauf mention contraire, les pièces sont en châtaignier.

- Côtés : plateau de 300 x 25 et 3,50 m de long
- Assise : plateau de 155 x 25 et 3,40 m de long
- Accoudoirs et dossier : planche de 125 x 25 et 4,90 m de long
- Renforts d'assise : tasseau de 50 x 25 et 1 m de long
- Fausses languettes
- Gabarit (CTP de 5 d'épaisseur) : panneau de 1 100 x 610
- Colle à bois
- Tourillons Ø 8

Conseil pratique

Positionnez l'assise plus bas si vous prévoyez d'ajouter des coussins, la partie supérieure de ces derniers devant arriver à environ 46 cm du sol.

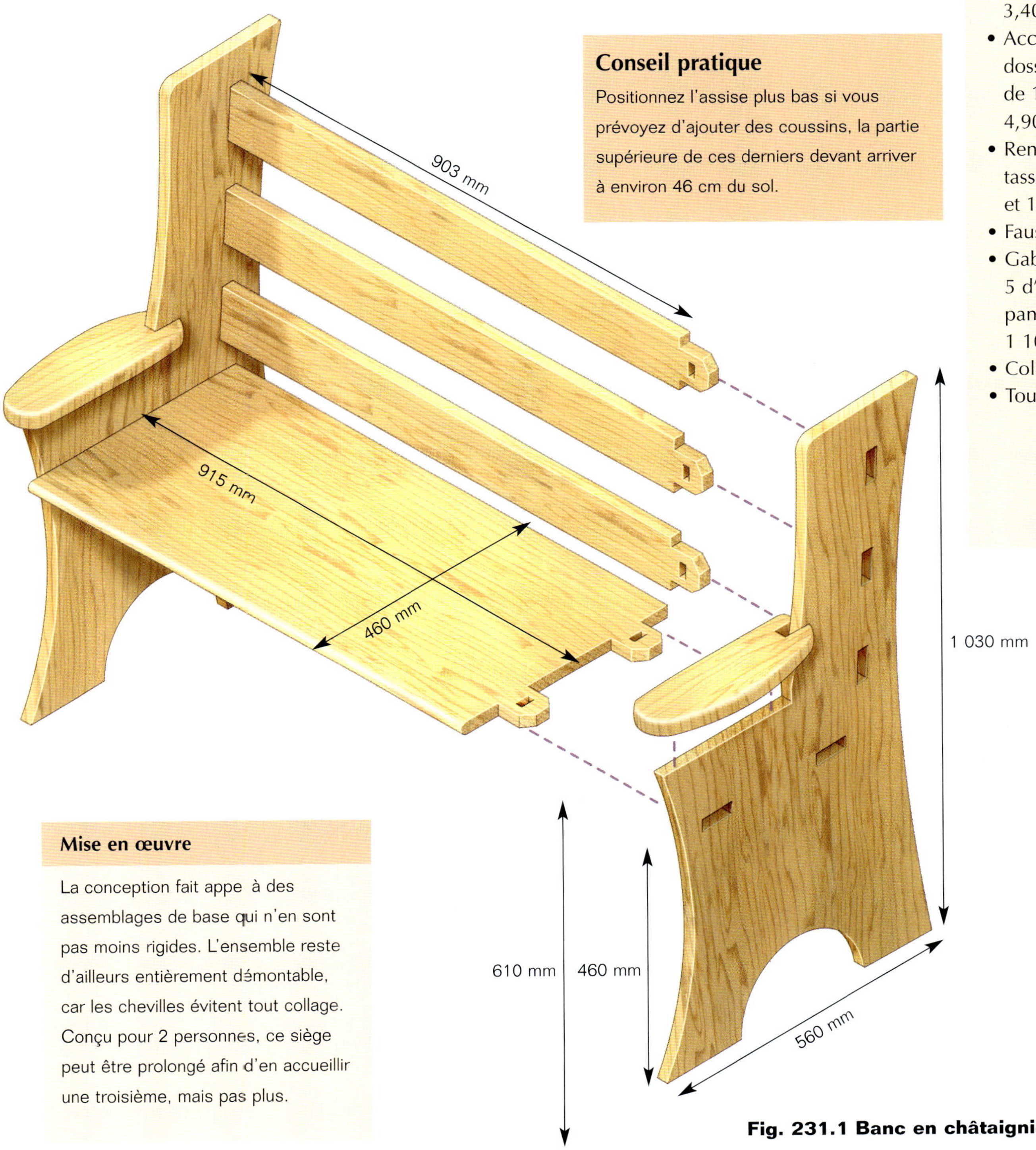

Mise en œuvre

La conception fait appe à des assemblages de base qui n'en sont pas moins rigides. L'ensemble reste d'ailleurs entièrement démontable, car les chevilles évitent tout collage. Conçu pour 2 personnes, ce siège peut être prolongé afin d'en accueillir une troisième, mais pas plus.

Fig. 231.1 Banc en châtaignier

Fig. 232.1
Vue de profil

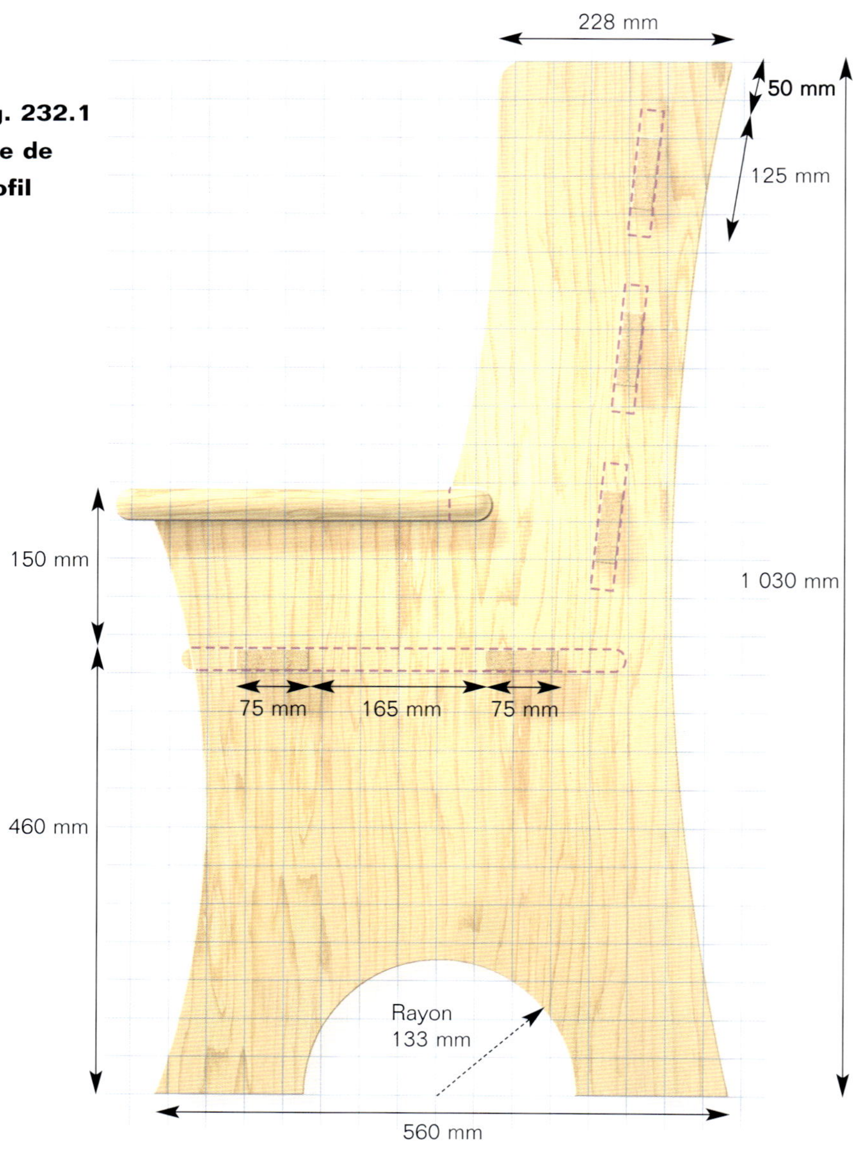

Fig. 232.2
Tenons et chevilles

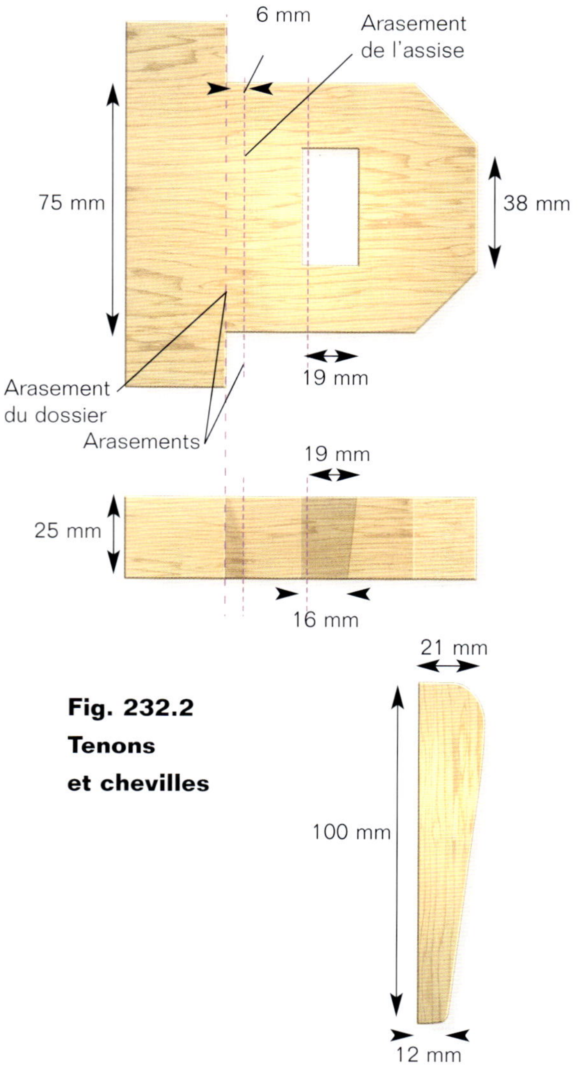

1 Réalisez un gabarit en CTP correspondant aux côtés : reportez leur forme ainsi que l'emplacement des mortaises à l'aide de la Fig. 232.1. Vérifiez les cotes, coupez à la scie sauteuse (mortaises comprises) et poncez.

2 Découpez les 3 éléments de l'assise et fraisez de part et d'autre une rainure sur toute leur longueur (sauf les chants extérieurs) afin de les assembler avec des fausses languettes. Encollez et mettez sous presse, en bridant un tasseau par-dessus pour garantir la planéité de l'assemblage.

3 Chaque accoudoir est formé de 2 pièces superposées. Découpez un gabarit de la forme souhaitée et réalisez une entaille de 50 x 25 dans son extrémité arrière. Reportez ensuite le contour du gabarit pour découper les 4 moitiés d'accoudoirs à la scie sauteuse.

4 Encollez les moitiés d'accoudoirs et assemblez-les par paires. Une petite cale garantira leur alignement. Épongez l'excès de colle. Après séchage, rectifiez le chant extérieur des pièces et arrondissez leurs arêtes à la fraise quart-de-rond (r = 6 ou 8).

5 Découpez les côtés en majorant leurs dimensions. Vous les rectifierez ensuite à la fraise de copiage. Clouez le gabarit par-dessus et reportez les emplacements des mortaises à travers. Procédez ainsi sur les 2 pièces, afin qu'elles soient identiques.

6 Rectifiez le pourtour des côtés à la défonceuse équipée d'une fraise de copiage. Pour ce faire, bridez le gabarit sous la pièce afin que le roulement de la fraise se trouve au contact de celui-ci.

7 Percez un trou Ø 10 à l'extrémité de chaque mortaise des côtés, puis découpez-la grossièrement à la scie sauteuse en maintenant sa lame côté chute. Rectifiez ensuite la mortaise à la défonceuse, guidée par le gabarit.

8 Rectifiez les extrémités des mortaises au ciseau, puis à l'abrasif enroulé sur une cale afin qu'elles s'adaptent exactement aux tenons correspondants.

9 Pour plus de solidité, les extrémités de l'assise s'engagent dans une rainure de 25 mm de largeur et 6 mm de profondeur exécutée à la défonceuse sur les faces internes des côtés et réunissant les mortaises correspondantes. Pour ce faire, guidez la machine contre un tasseau bridé.

10 Fraisez de la même façon une rainure de 25 x 6 sur toute la sous-face des accoudoirs. Arrêtez-la avant d'atteindre leur extrémité avant. Rectifiez l'extrémité de la rainure au ciseau. Poncez ensuite finement les pièces et notamment leurs arêtes arrondies précédemment.

11 Percez deux trous Ø 8 dans le chant supérieur des côtés, à l'emplacement des accoudoirs. Introduisez les centreurs, présentez l'accoudoir et appuyez dessus pour que les centreurs laissent une marque. Avec un guide de profondeur, percez les accoudoirs à l'endroit des repères.

12 Fabriquez un gabarit spécial pour les tenons (voir Fig. 232.2). Les deux repères transversaux correspondent respectivement aux tenons du dossier et à ceux de l'assise, ces derniers étant plus courts de 6 mm à cause de la rainure correspondante.

13 Tracez les tenons aux extrémités des lattes du dossier ainsi que les logements des chevilles. D'une extrémité à l'autre, les arasements des tenons sont distants de 903 mm. Découpez les tenons à la scie sauteuse (ou égoïne), retaillez ensuite leurs angles et poncez finement les pièces.

14 Utilisez le même gabarit pour tracer les tenons aux extrémités de l'assise. Attention ! Ils sont plus courts de 6 mm que ceux du dossier. Répétez ensuite les opérations précédentes.

15 Percez les logements des chevilles de part en part. Côté face, leur largeur (16 mm) est légèrement augmentée (voir Fig. 232.2). Pour ce faire, exécutez un léger biseau à l'aide d'un ciseau et en vous guidant sur un repère tracé sur le côté des tenons.

16 Les 10 chevilles sont taillées dans des chutes (voir Fig. 232.2). Leur profil doit correspondre exactement au biseau réalisé dans leur logement. Pour ce faire, fignolez la première pièce et servez-vous-en comme modèle pour tracer les suivantes.

17 Avant l'assemblage final, vissez les tasseaux de renfort (biseautés à chaque extrémité) en travers de la sous-face de l'assise. Ils empêcheront toute déformation transversale de celle-ci. Ces tasseaux sont plus courts de 50 mm que la largeur de l'assise.

18 Commencez à assembler le banc avec l'aide d'une autre personne. Introduisez chacun des tenons de l'assise dans l'un des côtés et enfoncez les chevilles juste assez pour immobiliser les pièces temporairement.

19 Ajoutez chacune des lames du dossier en veillant à les orienter correctement (biseau des logements vers l'avant). Puis introduisez leurs chevilles. Présentez le second côté et répétez les opérations précédentes. Enfoncez ensuite toutes les chevilles à fond afin de rigidifier tous les assemblages.

20 Pour finir, encollez les emplacements des accoudoirs et présentez ceux-ci sur leurs tourillons. Emboîtez les accoudoirs en les frappant si cela est nécessaire avec le manche d'un marteau, sans oublier de protéger leur surface avec une cale épaisse.

Banquette

Parfaitement à sa place dans une véranda ou un jardin d'hiver, ce meuble peut également figurer dans un séjour ou prendre le soleil sur une terrasse... Tels sont en effet les avantages de sa structure « aérée » : aussi discrète lorsque le jardin est à l'arrière-plan que facile à manipuler. Ce bâti n'en est pas moins suffisamment solide pour accueillir 3 personnes ou même, grâce à sa longueur, servir de couchage d'appoint. Entièrement réalisé en iroko, il accepte sans problème un usage extérieur.

Fournitures

Sauf mention contraire, les pièces sont en iroko.

- Pieds : 50 x 50 et 3 m de long
- Traverses de dossier, d'assise et d'accoudoirs : 75 x 22 et 11,50 m de long
- Barreaux larges de dossier et d'accoudoirs : 65 x 19 et 2,30 m de long
- Barreaux étroits de dossier et d'accoudoirs : 20 x 20 et 14 m de long
- Tasseaux de fixation d'assise : 38 x 25 et 4 m de long
- Lames d'assise (découpées dans un panneau de CTP CTB-X de 15) : 1 400 x 950
- 8 ferrures pour formes multiples M6 x 100 (écrous et vis d'assemblage correspondantes)
- Vis TF agglo Ø 3 x 25 et Ø 4 x 40
- Tourillons Ø 8

Fig. 237.1 Banquette

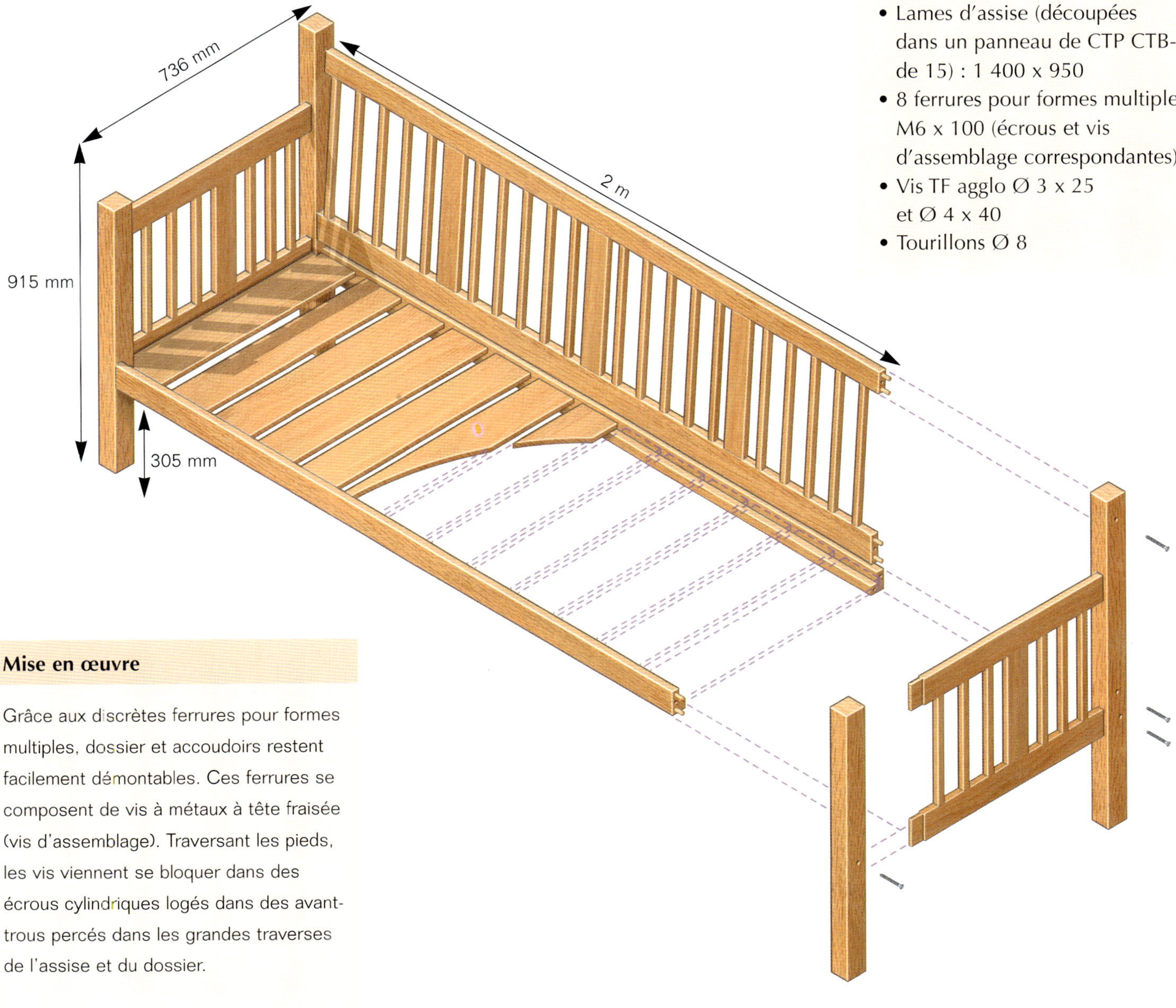

Mise en œuvre

Grâce aux discrètes ferrures pour formes multiples, dossier et accoudoirs restent facilement démontables. Ces ferrures se composent de vis à métaux à tête fraisée (vis d'assemblage). Traversant les pieds, les vis viennent se bloquer dans des écrous cylindriques logés dans des avant-trous percés dans les grandes traverses de l'assise et du dossier.

Fig. 238.1 Banquette (vue de profil)

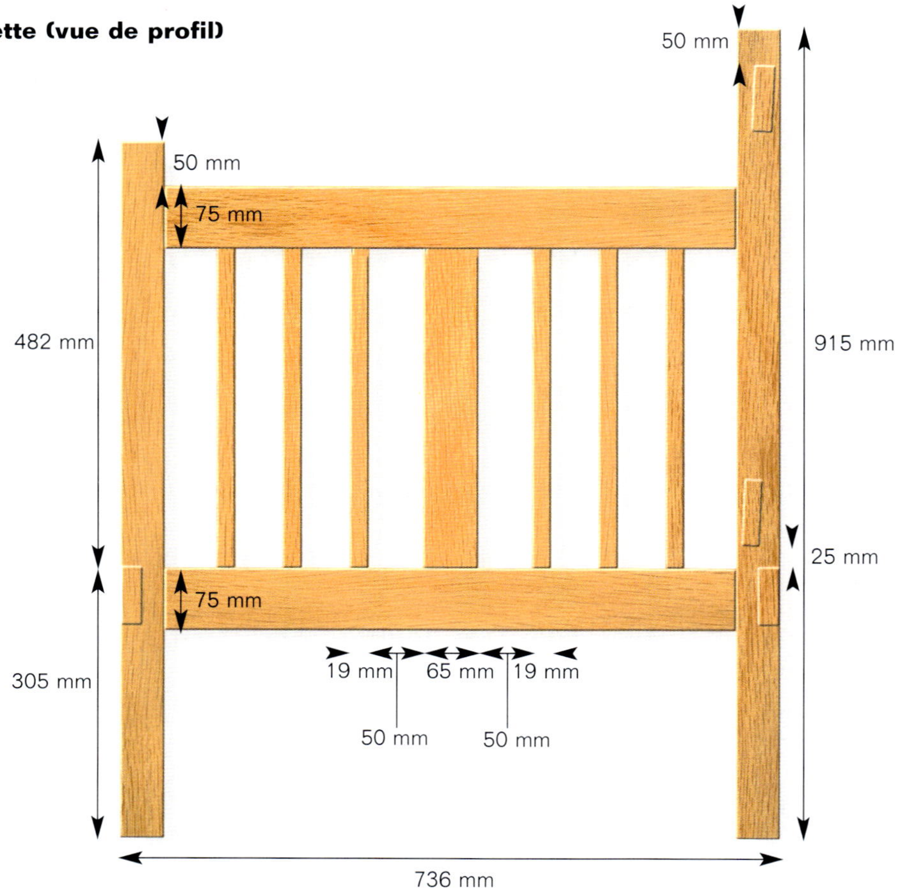

1 Commencez par fabriquer les accoudoirs, c'est-à-dire en fait les côtés du meuble. Retaillez les pieds à la longueur requise et tracez au trusquin les emplacements des mortaises de 12 mm de large (voir Fig. 238.1). Pour ce faire, bridez les pieds par paires (gauche et droite) en alignant leurs extrémités basses.

2 La profondeur des mortaises ne dépasse pas 32 mm afin de laisser suffisamment de matière autour des avant-trous des vis d'assemblage (voir Fig. 237.1). Rectifiez soigneusement au ciseau les faces des mortaises, ainsi que leur fond.

3 Juxtaposez les traverses des côtés, alignez leurs extrémités et bridez-les afin de tracer les mortaises qui accueilleront leurs barreaux. Tracez d'abord celle du large barreau central puis divisez les longueurs restantes en intervalles réguliers.

4 Rectifiez les tenons des traverses de côté au rabot afin qu'ils s'assemblent sans jeu dans les mortaises des pieds. Les arasements se trouvant uniquement sur deux faces des tenons, la longueur de leurs mortaises correspond donc à la largeur des traverses.

5 Exécutez en série les mortaises des traverses de dossier et d'accoudoirs. Pour ce faire, vous pouvez soit percer d'abord à main levée (prof. : 32) puis rectifier au ciseau, soit utiliser une mortaiseuse. Cette dernière garantit gain de temps et précision.

6 Tracez à l'équerre les tenons qui terminent chaque extrémité des barreaux. Puis réalisez-les au rabot, en série, tout en maintenant les pièces alignées. Cette méthode garantit des cotes identiques et donc, un assemblage facile.

7 Avant d'assembler les pièces, poncez toutes leurs surfaces car cela s'avérera plus difficile ultérieurement.

Conseil pratique

Cette réalisation se décomposant en sous-ensembles, il est facile et recommandé de leur appliquer leur finition individuellement avant l'assemblage final.

8 Encollez les tenons de tous les barreaux des côtés et assemblez-les aux traverses hautes et basses des accoudoirs, puis assemblez celles-ci avec les pieds avant et arrière.

9 Mettez les assemblages sous presse à l'aide de presses à panneaux disposées sur une surface plane. Épongez l'excès de colle, vérifiez l'équerrage ainsi que les dimensions hors tout des bâtis. Puis pendant leur séchage, réalisez le dossier.

10 Si tous les barreaux ont été réalisés avec précision, ils doivent être interchangeables (sauf les larges avec les étroits !). Vérifiez tout de même qu'ils s'assemblent sans problème, à blanc, avec la traverse inférieure du dossier serrée dans l'établi. Puis encollez leurs tenons inférieurs et assemblez-les définitivement.

11 Présentez la traverse supérieure du dossier en l'engageant à une extrémité, puis en emboîtant les tenons des barreaux l'un après l'autre à l'aide d'un maillet en caoutchouc. À cette étape, n'hésitez pas à vous faire aider. Vérifiez ensuite l'équerrage de l'ensemble avant de mettre sous presse.

12 Pour être plus confortable, le dossier est incliné vers l'arrière d'environ 3° au-delà de la verticale, ce qui est possible compte tenu de la section des pieds (50 x 50). Utilisez une fausse équerre pour repérer les emplacements des avant-trous correspondant aux tourillons et aux vis d'assemblage sur les faces intérieures des pieds.

13 Les traverses d'assise et de dossier s'assemblent à chaque extrémité avec deux tourillons qui les empêchent de tourner lors du serrage de la vis d'assemblage. Les avant-trous (vis et tourillons) sont percés à un diamètre inférieur après repérage avec un centreur : bridez le côté perpendiculairement à l'établi et guidez la traverse le long d'un tasseau, également bridé.

14 Bridez les traverses à l'horizontale. Percez les logements des tourillons et des vis (50 mm de profondeur). Percez, sur chant, un trou à 25 mm des extrémités afin que les écrous des vis se trouvent au-delà des tourillons. Demandez à un aide, placé sur le côté, de vérifier l'horizontalité de l'outil en cours de perçage.

15 Percez les logements des écrous cylindriques dans le chant inférieur de la traverse, perpendiculairement aux perçages précédents. La fente de l'écrou permet d'aligner son taraudage avec l'avant-trou de la vis correspondante.

16 Côté extérieur des pieds, fraisez les avant-trous des vis afin que leurs têtes descendent légèrement au-dessous de la surface. Présentez ensuite le dossier et les traverses d'assise puis assemblez-les avec les côtés. Introduisez les vis d'assemblage et bloquez-les avec une clé hexagonale.

17 Retaillez les tasseaux de fixation (38 x 25) à la même longueur que les traverses d'assise et vissez-les dans ces dernières, en alignant leurs chants inférieurs. Ces tasseaux supporteront les lames de l'assise, taillées dans le CTP.

18 Recoupez en série les lames de l'assise à la longueur. Notez que celles des extrémités de l'assise doivent présenter une encoche à chaque bout, correspondant aux pieds. Arrondissez les arêtes supérieures des lames (à la fraise quart-de-rond, r = 8) afin d'éliminer les échardes. Poncez ensuite finement leur face supérieure.

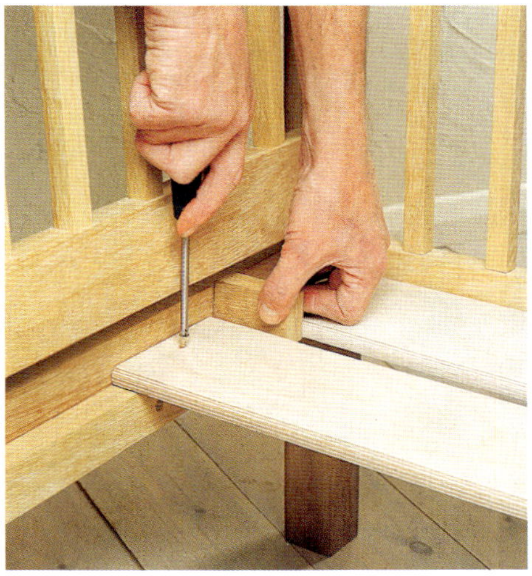

19 Vissez les lames d'assise dans les tasseaux-supports en les espaçant à l'aide d'une entretoise (chute de 25 mm d'épaisseur) afin d'obtenir un intervalle régulier. Enfoncez suffisamment les têtes fraisées des vis afin qu'elles n'aient pas tendance à accrocher le tissu des coussins.

Élément de cuisine

De dimensions standard, les meubles de cuisine se présentent sous la forme de caissons interchangeables, à personnaliser suivant le type de porte ou de façade qui leur est ajouté. Vendus en kit, ils se composent généralement de panneaux en aggloméré qui vieillissent assez mal, d'où l'intérêt de cette réalisation. Elle est principalement fabriquée en pin massif (avec petits nœuds) puis vernie pour simplifier son entretien.

Fournitures

Sauf mention contraire, les pièces sont en pin massif.

- Montants et traverses de porte et façade du tiroir : lame de 75 x 25 et 3,80 m de long
- Remplissages (lames bouvetées de 90 x 10) : 3 m (porte) + 5,30 m (côtés du meuble)
- Côtés du tiroir : lame de 100 x 25 et 2,20 m de long
- Socle : lame de 100 x 25 et 2,50 m de long
- Traverses supérieures avant et arrière : 50 x 25 et 1,25 m de long
- Fond du tiroir (CTP de 5 d'épaisseur) : 482 x 507
- Montants et traverses des côtés du meuble : lame de 75 x 25 et 5,50 m de long
- Traverse inférieure avant : 50 x 19 et 560 de long
- Dessous (médium ou aggloméré de 19 d'épaisseur) : 560 x 490
- Dos (CTP de 5 d'épaisseur) : 756 x 570
- 8 ferrures pour formes multiples M6 x 75 (écrous et vis d'assemblage correspondantes)
- Tourillons Ø 6
- Chevilles plates
- 2 coulisses de tiroir
- 2 poignées ou boutons
- 2 charnières invisibles
- Colle à bois
- Pointes à tête d'homme
- Taquets d'assemblage en bois ou plastique (ou équerres de chaise)

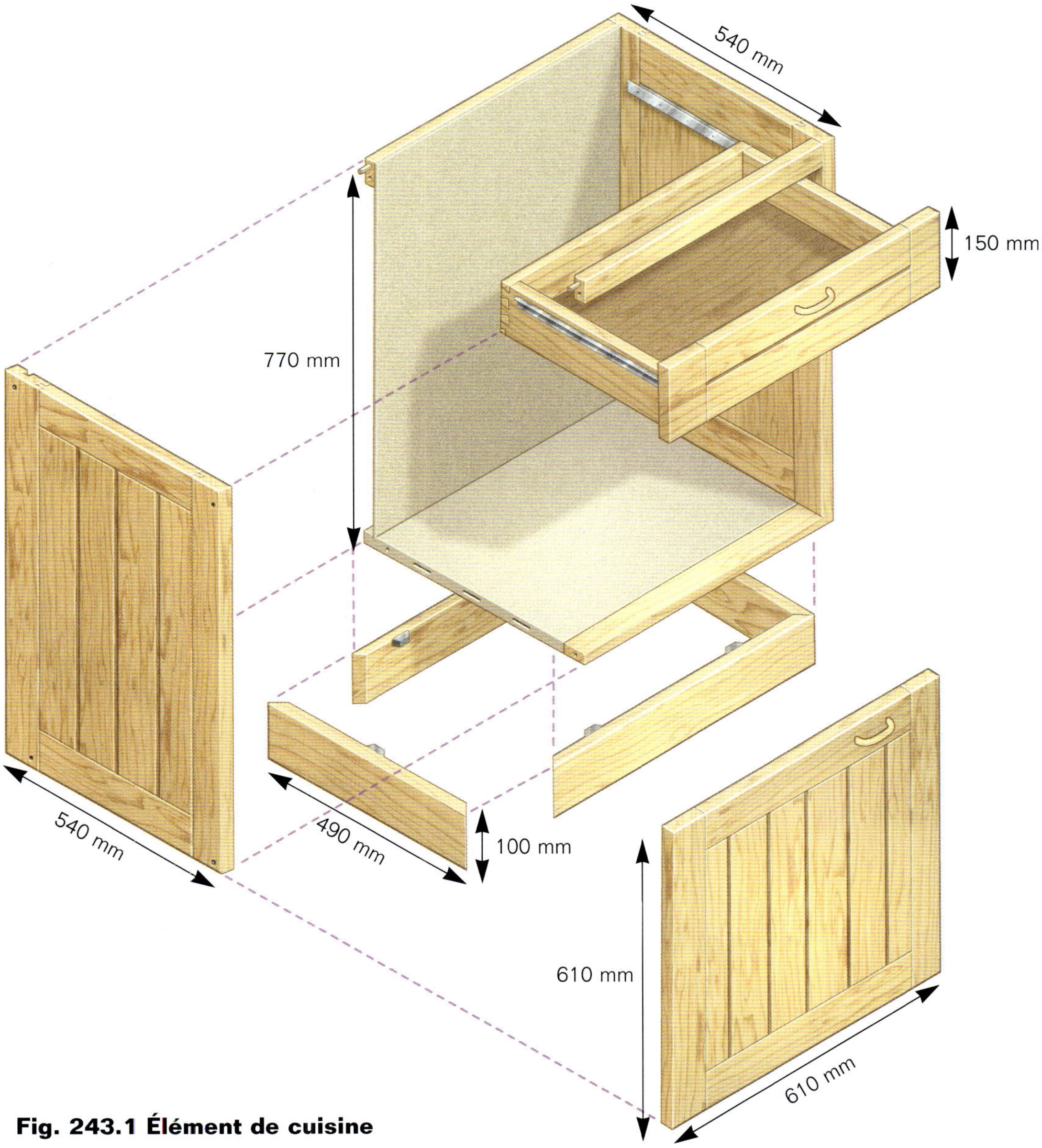

Fig. 243.1 Élément de cuisine

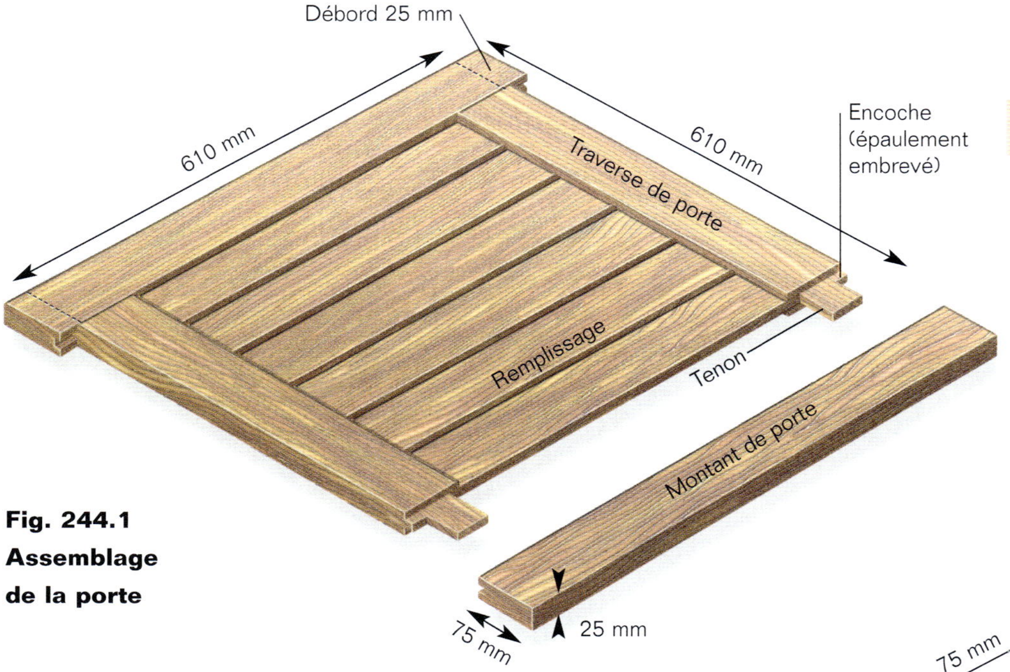

Fig. 244.1 Assemblage de la porte

Mise en œuvre

Voici un bon exemple de l'emploi des tenons et mortaises. Le remplissage fait appel à des lames bouvetées (achetées toutes faites) de même épaisseur que les tenons façonnés aux extrémités des traverses.
Les lames peuvent ainsi prendre place directement dans les rainures fraisées le long des traverses et des montants.

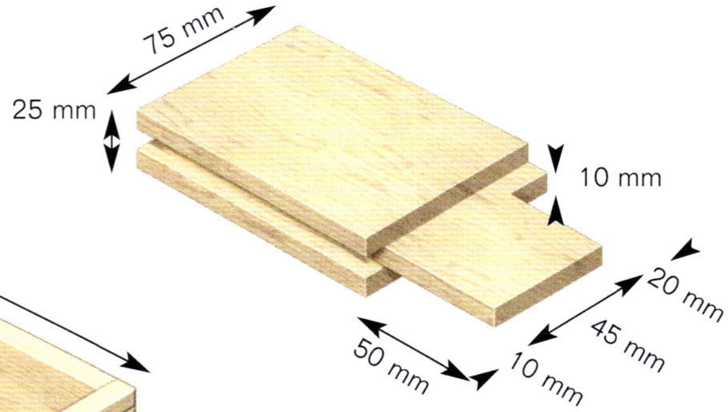

Fig. 244.2 Tenons des traverses (détail)

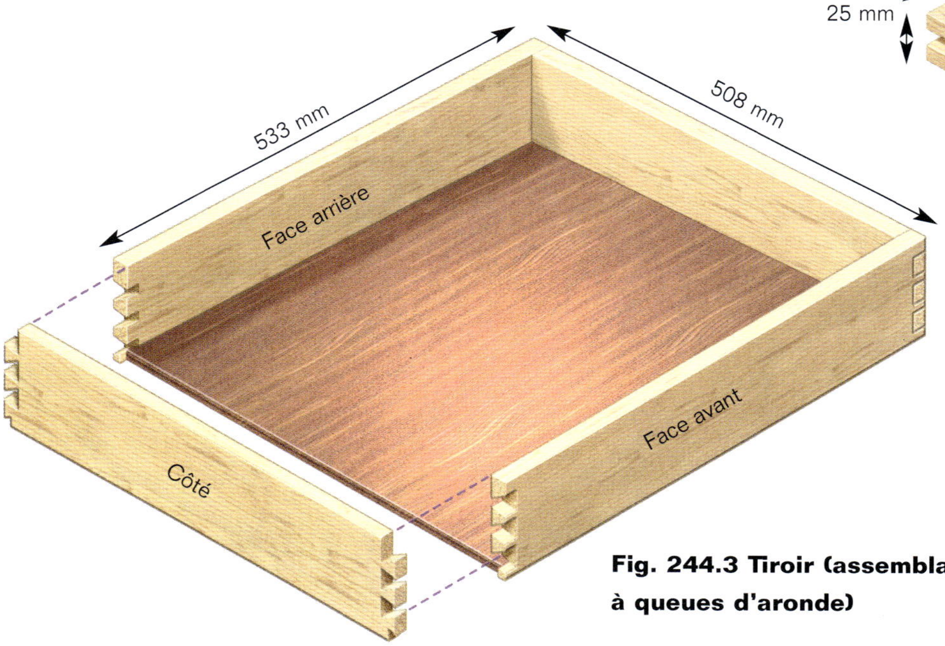

Fig. 244.3 Tiroir (assemblage à queues d'aronde)

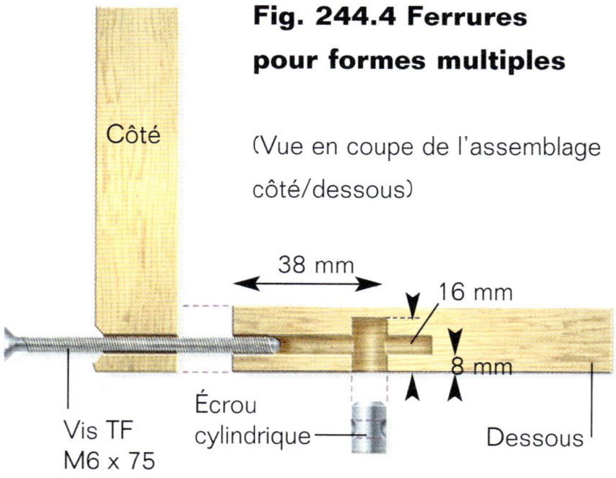

Fig. 244.4 Ferrures pour formes multiples

(Vue en coupe de l'assemblage côté/dessous)

Mise en œuvre

Les côtés du meuble s'assemblent avec les traverses supérieures avant et arrière, ainsi qu'avec le dessous et la traverse inférieure avant, au moyen de ferrures pour formes multiples (voir encadré p. 237). Démontables, ces dernières pourraient être remplacées par des vis et excentriques de blocage.

Fig. 244.5 Traverse supérieure (détail)

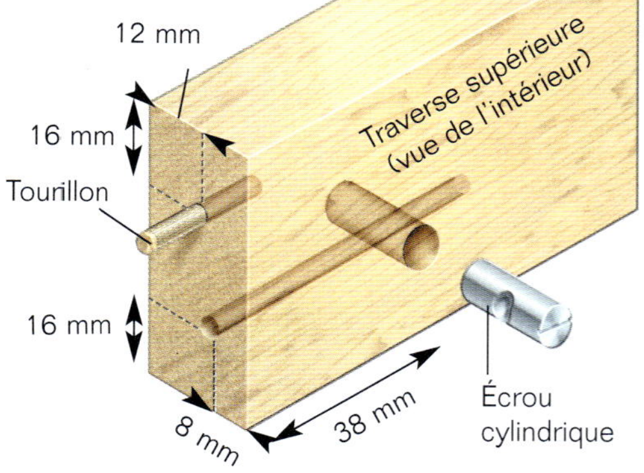

La réalisation de la porte

1 Tracez à l'équerre les emplacements des mortaises sur les chants des 2 montants de la porte, juxtaposés, alignés et bridés ensemble. Notez que les montants débordent de 25 mm à chaque extrémité.

2 Réglez le trusquin d'après l'épaisseur du remplissage (ici, 10 mm). Puis tracez les tenons et rainures à fraiser sur les chants des traverses ; tracez aussi les mortaises et rainures sur les montants.

3 Mortaisez les montants puis rainurez-les soit avec un rabot à combinaisons, soit à la défonceuse équipée d'une fraise droite. Vérifiez ensuite l'adéquation des rainures avec le remplissage.

4 Tenonnez les extrémités des traverses et encochez-les comme indiqué sur la Fig. 244.2. La hauteur de l'épaulement embrevé doit correspondre à la profondeur des rainures des montants (ici, 10 mm).

5 Rainurez les traverses comme les montants. Rectifiez les tenons afin qu'ils s'assemblent sans jeu avec les montants. Assemblez le tout à blanc.

6 Découpez les lames du remplissage, assemblez-les entre elles et alignez leurs extrémités. Si nécessaire, rectifiez celles-ci au rabot. Puis numérotez l'ensemble.

7 Pour ajuster la largeur du remplissage à l'écart des montants (+ 10 mm pour chaque rainure), rectifiez à l'identique les lames d'extrémité. Le remplissage adoptera ainsi une présentation symétrique.

8 En dessous de 10 mm, effectuez cette rectification au rabot. Au-delà, utilisez une scie circulaire. Mais dans les deux cas, rectifiez les deux lames simultanément.

9 Encollez les mortaises et rainure d'un des montants. Présentez les traverses, puis les lames du remplissage. Celles-ci ne sont pas collées, afin de pouvoir se dilater et rétracter sans contraindre le bâti.

10 Emboîtez le second montant à l'aide d'un maillet. Mettez le tout sous presse sur une surface plane. Après séchage, recoupez les débords des extrémités des montants.

La réalisation du tiroir

1 Dans un bois tendre, mieux vaut limiter l'angle des queues d'aronde à 10° afin de ne pas affaiblir les tenons. Pour les tracer, réglez une fausse équerre d'après un repère effectué sur une chute quelconque.

2 Repérez le haut des côtés et des faces du tiroir, et tracez les queues d'aronde à la fausse équerre. La dernière queue (en bas) tient compte de la feuillure accueillant le fond. L'épaulement de 10 mm ainsi obtenu arrivera en butée contre la face avant.

3 Découpez les tenons des côtés à la scie puis rectifiez leurs arasements avec un ciseau étroit. Tracez ensuite les feuillures de 12 x 5 au bas des côtés (à 5 mm du chant inférieur), et sur leur chant inférieur.

4 Déposez de la craie sur les chants latéraux des faces avant et arrière afin de reporter l'emplacement des tenons des queues des côtés, en présentant ceux-ci perpendiculairement (voir p. 115). Tracez la rectification du tenon inférieur (voir photo 5).

5 Découpez les tenons des faces avant et arrière et rectifiez le dernier (en bas) d'après la section de la feuillure.

6 À 5 mm du bas des faces et des côtés, réalisez les feuillures avec un rabot à combinaisons ou fraisez-les à la défonceuse.

7 Encollez les tenons des queues d'aronde et assemblez les côtés et les faces en les frappant avec un maillet en caoutchouc pour ne pas les marquer.

8 Mettez sous presse en protégeant les pièces avec de petites cales. Épongez l'excès de colle et vérifiez l'équerrage.

9 Après séchage, retournez le tiroir et présentez son fond en CTP dans les feuillures correspondantes. Clouez-le avec des pointes à tête d'homme.

10 Rectifiez au rabot les chants des tenons des queues d'aronde et terminez par un ponçage fin. Vous ne fixerez la façade décorative qu'après mise en place du tiroir dans le meuble.

La réalisation de la caisse

1 Réalisez les côtés de la même façon que la porte. Repérez et réalisez les mortaises dans les montants. Pour être certain d'obtenir un assemblage parfaitement plan, les côtés des mortaises doivent être rectifiés avec précision.

2 Les tenons à épaulement embrevé ne sont pas traversants. C'est pourquoi il faut abattre leurs angles afin qu'ils n'empêchent pas de les engager à fond dans les mortaises. L'épaulement embrevé apporte plus de rigidité à l'ensemble.

3 Pour plus de simplicité et d'esthétique (si le meuble reste visible latéralement), mieux vaut choisir les mêmes lames pour les côtés et la porte. Découpez les lames et rectifiez-les en série, puis glissez-les dans le bâti du côté comme vous l'avez fait pour la porte. Mettez sous presse en vérifiant l'équerrage.

4 Tracez au poinçon la coupe des montants puis effectuez celle-ci à la scie à dos. Rectifiez ensuite le chant des montants au rabot, puis poncez les faces des côtés en vue de leur assemblage.

5 Fraisez une rainure de 5 x 5 destinée au dos (en CTP de 5) sur les faces internes des montants arrière. Cette rainure doit se trouver en retrait de 25 mm (soit l'épaisseur de la traverse supérieure) par rapport au chant arrière des montants.

6 Découpez le dessous aux dimensions et fraisez une rainure de 5 x 5 à 25 mm de son chant arrière. Le panneau est réduit de 50 mm en profondeur afin de pouvoir recevoir la traverse qui habille son chant avant. Celle-ci s'assemble avec des chevilles plates qui garantissent le parfait alignement des faces des pièces. Fraisez les logements des chevilles dans le chant avant du dessous et le chant arrière de la traverse inférieure. Encollez, assemblez et mettez ensuite sous presse.

Conseil pratique

La réalisation d'un tiroir offre l'occasion idéale de s'entraîner au façonnage des queues d'aronde. Celles-ci résistent parfaitement aux contraintes mécaniques (tractions) subies par un tiroir.

7 Les chevilles plates sont également mises à contribution pour assembler le bas des côtés avec le panneau formant le dessous. Fraisez leurs logements en bas de la traverse inférieure des côtés, mais suffisamment loin des extrémités. Fraisez ensuite des logements symétriques dans les chants latéraux du dessous.

8 Assemblez temporairement les côtés et dessous et bridez-les pendant que vous percez les avant-trous nécessaires aux vis d'assemblage. Repérez ensuite les perçages à réaliser (sous la traverse du dessous) pour les écrous cylindriques (voir Fig. 244.4).

9 Désassemblez les côtés et dessous afin de percer les avant-trous borgnes destinés aux écrous. L'adhésif enroulé autour du foret sert de guide de profondeur pour éviter de traverser la pièce.

10 Outre les vis d'assemblage, les traverses supérieures s'assemblent avec les côtés grâce à des tourillons Ø 6 (voir Fig. 244.5). Ces derniers leur évitent de tourner lors du serrage des vis. Percez d'abord les chants des traverses puis utilisez des centreurs pour reporter l'emplacement des tourillons sur les faces internes des côtés.

11 Avant l'assemblage final, repérez les emplacements des platines des charnières sur la face intérieure d'un des côtés (d'après les instructions du fabricant). Puis vissez celles-ci. Cela permettra par la suite de fixer la porte très facilement, équipée de l'autre partie des charnières (voir photo 17).

12 À ce stade, il est facile de visser les coulisses du tiroir… qui ne sont pas réversibles ! Pour que le tiroir coulisse sans problème, elles doivent en outre être parfaitement perpendiculaires aux chants verticaux des côtés et fixées à la même hauteur.

13 Assemblez les côtés avec le panneau du dessous et les traverses hautes. Introduisez les écrous cylindriques des vis d'assemblage. Orientez les écrous (grâce à leur fente) dans l'axe des vis, puis serrez celles-ci. On voit ici nettement comment le dispositif fonctionne.

14 Glissez ensuite le dos dans les rainures des côtés et clouez-le en haut dans la traverse arrière. À ce stade, vous pouvez poncer le meuble avant de l'assembler avec son socle et d'ajouter porte et tiroir.

15 Découpez les 4 côtés du socle et chanfreinez leurs extrémités. Fraisez le logement d'une cheville plate à chaque extrémité (voir p. 119), puis encollez et mettez sous presse. Renforcez les assemblages avec quelques pointes et vérifiez l'équerrage.

16 Le socle se prolonge sur toute la largeur du meuble, mais il se situe un peu en retrait de sa façade. Pour assembler les deux, retournez le meuble et fixez le socle à l'aide de petits taquets vissés perpendiculairement dans le dessous.

17 Au dos des portes, tracez les emplacements des boîtiers des charnières d'après les instructions de leur fabricant. Puis réalisez ces logements avec une perceuse montée dans un support vertical et équipée d'une fraise à encastrer Ø 35. Encastrez les charnières, vissez-les au dos de la porte. Puis présentez celle-ci sur le meuble et vissez les charnières sur leurs platines.

Conseil pratique

Pour une présentation moins rustique, vous pouvez remplacer les lames de remplissage des côtés et portes par des panneaux de médium. Mieux vaut alors protéger leurs chants avec du mastic aux silicones.

GLOSSAIRE

Vous trouverez ci-dessous la définition de nombreux termes relatifs à la menuiserie et aux assemblages. Toutefois, pour en savoir plus, reportez-vous aux chapitres consacrés aux bois, outils et techniques.

Arasement Surface délimitant l'extrémité d'une traverse et donnant naissance à un tenon. L'arasement a pour but d'assurer la perpendicularité de l'assemblage et de renforcer sa rigidité en créant une surface d'appui supplémentaire.

Avant-trou Trou percé dans une pièce (avant son assemblage avec une autre), au diamètre d'une vis, afin d'accueillir cette dernière sans contrainte. L'avant-trou peut également être percé un peu plus petit afin que la vis prenne dans le bois, mais sans le faire éclater.

Bague de copiage Accessoire circulaire monté sur une défonceuse (autour de la fraise) afin de reproduire la forme d'un gabarit courbe sur lequel il prend appui.

Biseau Inclinaison résultant de la rectification d'une pièce (en travers du fil ou sur le chant) suivant un angle variable, généralement après traçage à la fausse équerre. À ne pas confondre avec le chanfrein, qui est toujours exécuté à 45° et sur le chant.

Bois d'été Partie interne, donc la plus dure, du cœur d'un tronc.

Bois de bout Surface obtenue par une coupe perpendiculaire au fil du bois.

Bois de fil Surface obtenue par une coupe parallèle au fil du bois.

Bois de printemps Partie la plus récente du cœur d'un tronc et donc, la moins dure.

Bois dur Bois généralement issu de feuillus, dont les fibres sont plus denses que celles des conifères. En ébénisterie, les bois durs conviennent aux assemblages complexes et aux réalisations de qualité.

Bois tendre Bois économique (généralement résineux), mais peu résistant mécaniquement et moyennement durable.

Brider Maintenir avec un serre-joint.

Caisse Structure d'un meuble généralement fermé par des portes. Elle comprend tous les éléments inamovibles.

Cannelure Rainure à profil concave ou en demi-cercle, présente le long des moulures ou des fûts de colonnes.

Cerne de croissance Cercle, uniquement visible après abattage d'un arbre, représentant une année de croissance.

Céruse Finition spéciale blanche utilisée pour souligner le veinage d'un bois.

Chanfreiner Abattre une arête le long d'un pièce afin d'obtenir un chant à 45°.

Cheville Voir Tourillon.

Cheville plate Petite pièce ovale permettant divers types d'assemblages perpendiculaires.

Clé Petite pièce taillée en forme de coin (syn. : en sifflet).

Contre-fil Bois dont la direction des fibres n'est pas parallèle au grand axe de la pièce.

Corroyer Voir Dresser.

CT Carbure de tungstène. Alliage hautement résistant utilisé pour fabriquer les dents de certaines lames de scie circulaires, pointes de forets, lames de rabots électriques…

Densité Rapport entre la masse d'un corps et la masse d'eau occupant le même volume, à une température de 4 °C.

Dosse Tranche externe du débit d'une grume, comportant ou non son écorce. Les dosses sont inutilisables en menuiserie.

Dresser Rectifier les chants et les faces d'une pièce afin qu'ils soient tous d'équerre les uns par rapport aux autres.

Entretoise Pièce de dimensions variables, généralement placée entre deux éléments (d'un bâti, par exemple) afin de maintenir leur écartement.

Épaulement embrevé Encoche réalisée sur un tenon afin d'augmenter la rigidité de l'assemblage.

Ferrure pour formes multiples Ferrure composée d'une vis à métaux venant s'engager dans une petite pièce métallique cylindrique, taraudée perpendiculairement.

Feuillure Fraisage à profil carré ou rectangulaire exécuté sur le chant d'une pièce.

Fil Disposition générale des fibres du bois.

Fraisage d'avant-trou Évasement exécuté avec une fraise spéciale (conique), après avoir percé un avant-trou dans un bois dur, afin de noyer la tête fraisée d'une vis.

Fraise à profiler ou à moulurer Fraise permettant, grâce à son profil spécial (de plusieurs types), de moulurer une pièce ou un assemblage afin de lui donner un aspect décoratif.

Gabarit Il est à la menuiserie ce que le patron est à la couture. Grâce à lui, il est possible de reproduire les formes à découper ou l'emplacement des perçages dans une pièce, voire de maintenir leur positionnement pendant leur assemblage.

Lamellé-collé Matériau obtenu en collant des pièces superposées de faible épaisseur afin de réaliser des éléments galbés et/ou de forte section.

Mandrin Pièce cylindrique montée au bout de l'arbre d'une machine (perceuse, par exemple) et destinée à accueillir les forets et autres accessoires entraînés par celle-ci. Dans le cas d'un tour à bois, c'est la pièce qui est bridée sur le mandrin.

Martyr Pièce de bois destinée à protéger les pièces lors d'un serrage ou d'une frappe.

Médium, MDF Dérivé du bois économique, à texture très fine. Dépourvu de fil, il peut être travaillé dans n'importe quel sens.

Montant Élément vertical d'un bâti ou d'un assemblage.

Morfil Petite bavure de métal.

Mortaise Logement rectangulaire destiné à accueillir un tenon. Une mortaise classique est borgne, c'est-à-dire non traversante.

Moulure Pièce rapportée, assez fine, à vocation ornementale. Une moulure peut également être façonnée à la main (ou par fraisage) directement sur une pièce ou un assemblage.

Mouvements S'agissant du bois, phénomènes de dilatation et retrait causés par le taux d'humidité ambiante.

Onglet Extrémité de pièce retaillée en travers à 45° afin de réaliser un assemblage perpendiculaire avec une autre pièce retaillée de la même façon. Une coupe qui n'est pas faite à 45° s'appelle une fausse coupe ou une fausse coupe en onglet.

Placage Bois plus ou moins précieux découpé en feuilles très fines afin d'être collé sur un support moins noble et/ou plus résistant.

Rainure Fraisage à profil rectangulaire ou carré, exécuté sur toute la longueur d'une face ou d'un chant de pièce et destiné à accueillir la languette, la feuillure ou le chant d'une autre pièce.

Ronce Défaut du bois apprécié pour sa valeur décorative, mais qui n'apparaît qu'après son tranchage (contrairement à la loupe).

Séchage artificiel Séchage effectué par étuvage ou par ventilation afin d'abaisser le taux d'humidité du bois à 10 % environ.

Semelle Base d'un rabot, lisse et plane, souvent métallique, placée directement au contact de la pièce à rectifier.

Socle Partie inférieure d'un meuble, généralement en saillie par rapport à la façade.

Support Montage « maison », pourvu ou non d'une butée, réalisé à l'aide de quelques chutes et qui permet de maintenir une petite pièce plus confortablement lors de son façonnage ou de sa rectification.

Tasseau Pièce de section carrée ou rectangulaire dont le côté est compris entre 15 et 50 mm.

Taux d'humidité Il se calcule en pourcentage par rapport au poids du bois sec. Plus un bois est sec (avant d'être travaillé), moins il est ensuite sensible au retrait.

Tenon Partie mâle d'un assemblage à tenon et mortaise ou à queues d'aronde.

Tenon asymétrique Tenon présentant un arasement d'un seul côté.

Tourillon Pièce cylindrique en bois et de diamètre variable destinée à assembler des pièces perpendiculairement. Si la pièce est invisible après assemblage, c'est un tourillon. Si elle traverse les faces de l'assemblage, c'est une cheville.

Traverse Élément horizontal d'un bâti, d'une porte…

Veinage Dessins formés par des éléments colorés de la structure du bois qui lui confèrent un effet décoratif recherché.

Voie Écartement des dents alternatif et de chaque côté d'une scie pour en faciliter le passage dans le bois.

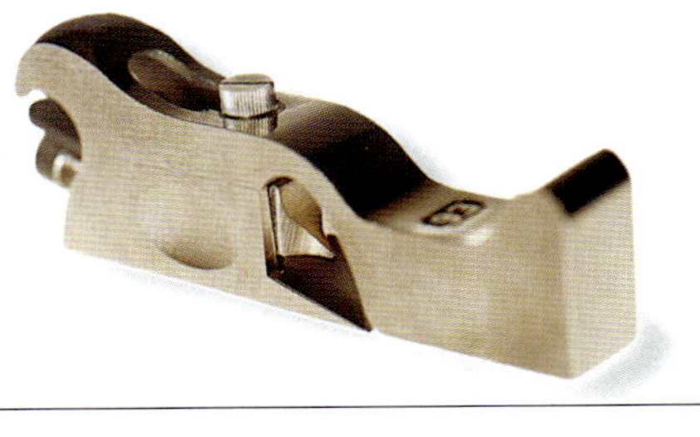

Outils à main

Bahco – Sandvik
4, av. Buffon
BP 6137
45100 Orléans-La Source Cedex 2
Tél. : 02 38 41 41 41
www.bahco.com

EGA Bost
BP 47
39602 Arbois Cedex
Tél. : 03 84 66 30 70
et 03 84 66 14 34
www.bost-tools.com

Facom
BP 99
91423 Morangis Cedex
Tél. : 01 64 54 45 45

SAM
BP 528
42007 Saint-Étienne Cedex 1
Tél. : 04 77 92 13 13

Stanley Mabo Goldenberg
BP 1579
25009 Besançon Cedex
Tél. : 03 81 66 36 36

Outils (sculpture, tournage et lutherie)

Gaignard-Millon
24, rue Jules-Vallès
75011 Paris
Tél. : 01 43 71 28 96

Outils électroportatifs

AEG (Atlas Copco)
2, av. Éguillette
95310 Saint-Ouen-l'Aumône
Tél. : 01 39 09 30 00

Black & Decker – Molly
BP 21
69571 Dardilly Cedex
Tél. : 04 72 20 39 48
et 04 72 20 39 20

Bosch
BP 67
93402 Saint-Ouen Cedex
Tél. : 01 49 45 47 00
et 0800 05 50 51
www.bosch.fr ou
www.bosch-outillage.com

Dremel – Skil
BP 7 – ZI Angers Beaucouzé
49071 Beaucouzé Cedex
Tél. : 02 41 73 44 50
et 0800 395 395
www.skil.fr

Festo
5, rue Montgolfier
93116 Rosny-sous-Bois Cedex
Tél. : 01 49 35 23 23
www.festo.com

Makita
BP 119
93162 Noisy-le-Grand Cedex
Tél. : 01 49 32 62 00

Metabo
ZAC – 2, av. des Ormeaux
78180 Montigny-le-Bretonneux
Tél. : 01 30 64 55 30
www.metabo.com

Ryobi
BP 50012
95945 Roissy-CDG Cedex
Tél. : 01 49 90 14 14
www.ryobi-europe.com

Location d'outils

Kiloutou
70, av. de Flandre
59700 Marcq-en-Barœul
Tél. : 03 20 89 55 00
www.kiloutou.fr

Peintures et produits pour le bois

Astral – Lefranc – Levis (Akzo Nobel Coatings)
ZI Les Bas Prés
BP 70113
60761 Montataire Cedex
Tél. : 03 44 64 91 91

Corona – Olympic
Centre d'affaires Objectif
2, rue Louis-Armand
92607 Asnières Cedex
Tél. : 01 46 88 30 00

Dulux Valentine
Service Conseil
Tour Objectif
92607 Asnières Cedex
Tél. : 01 46 88 30 00
Service consommateurs :
01 46 88 32 32
www.duluxvalentine.com

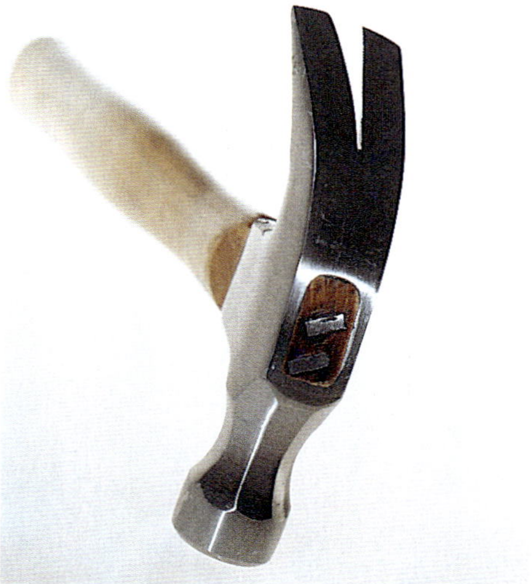

Dyrup
7-11, bd P.E.-Victor
92521 Neuilly-sur-Seine Cedex
Tél. : 01 47 15 83 00
et 01 47 15 83 15
www.dyrup.com

Novémail (Sigma Coatings)
10, rue Henri-Sainte-Claire-Deville
92565 Rueil-Malmaison Cedex
Tél. : 01 41 35 53 53
www.sigmakalon.com

Sikkens (Akzo Nobel Coatings)
ZI Les Bas Prés
BP 70113
60761 Montataire Cedex
Tél. : 03 44 64 91 00

Syntilor (Blanchon)
BP 105
69192 Saint-Fons Cedex
Tél. : 04 72 89 06 06
et 0802 044 678
www.blanchon.com

V33 – Extrabois – Plastor – Xylor
BP 1
39210 Domblans
Tél. : 03 84 35 00 33
Service consommateurs :
03 84 35 00 00
www.v33.com

Xyladécor – Polyfilla
Centre d'affaires Objectif
2, rue Louis-Armand
92607 Asnières Cedex
Tél. : 01 46 88 30 00

Produits d'ébénisterie et objets en bois

Société PMSB
Les Produits d'Antan
10, rue Saint-Bernard
75011 Paris
Tél. : 01 43 71 82 85

Points de vente

BHV
52, rue de Rivoli
75004 Paris
Tél. : 01 42 74 90 00
www.bhv.fr

Big Mat Promofrance
Immeuble Les Thiers
4, rue Piroux
54048 Nancy Cedex
Tél. : 03 83 30 57 17

Bricorama
21, av. du Maréchal-de-Tassigny
94120 Fontenay-sous-Bois
Tél. : 01 45 14 72 00
www.bricorama.fr

Castorama
ZI, 59175 Templemars
Tél. : 03 20 16 75 75
et 03 20 16 72 72
www.castorama.fr

Lapeyre
BP 149
93304 Aubervilliers Cedex
Tél. : 01 48 11 74 00
et www.lapeyre.fr

Leroy Merlin
Rue Chanzy
59712 Lille Cedex 9
Tél. : 03 28 80 80 80
et 0810 634 634
www.leroymerlin.fr

Point P
Services Centraux
BP 325
92003 Nanterre Cedex
Tél. : 01 47 25 93 63

Point P Développement
(siège national)
21-23, rue des Ardennes
75019 Paris
Tél. : 01 40 03 32 00

Point P Île-de-France
(siège régional)
25, av. des Guilleraies
92000 Nanterre
Tél. : 01 37 25 93 63

Spécialistes et marchands de bois

Marotte
47, rue Eugène-Berthoud
BP 87
93402 Saint-Ouen Cedex
Tél. : 01 49 48 13 60
www.marotte.fr

Dumoulin Bois
313, av. du Général-de-Gaulle
94500 Champigny-sur-Marne
Tél. : 01 47 06 14 72

INDEX

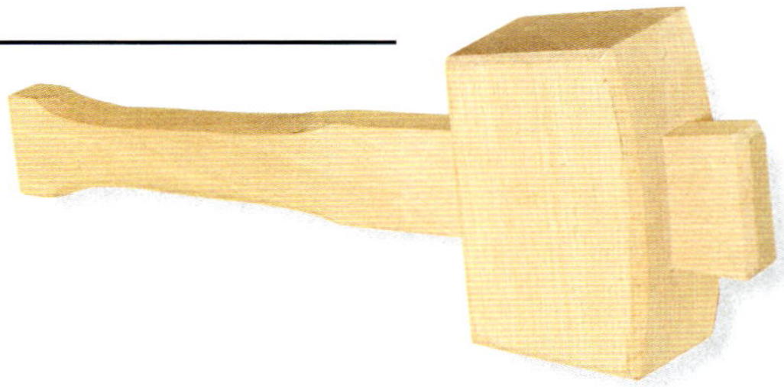

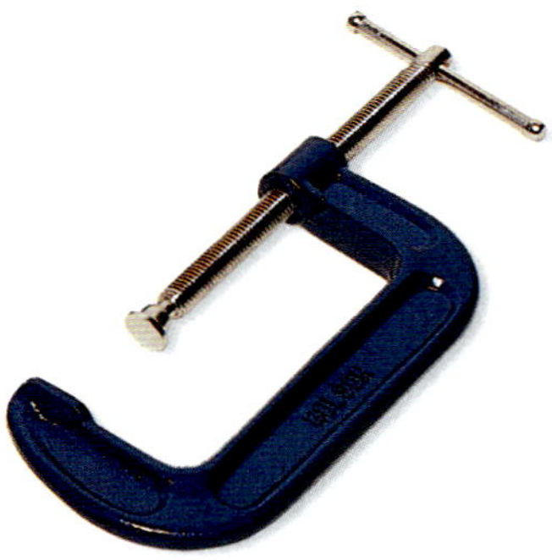

Remerciements

L'auteur et l'éditeur remercient les personnes et sociétés citées ci-dessous pour l'aide qu'ils ont apportée à la réalisation de cet ouvrage.

Bob Cleveland pour le prêt du cheval à bascule (p. 137) et la démonstration de tournage ; Andrew Gillmore pour la réalisation de la chaise à trois pieds et du meuble informatique ; John Bruch, Woodfit, pour le prêt de la quincaillerie ; Stanley UK Tools Ltd pour le prêt des outils à main ; Spear & Jackson pour le prêt des scies ; Dewalt pour le prêt des outils électroportatifs ; Marcus Jervis Hughes, Y Goldburg & Sons (importateurs de bois) ; Volume pour le prêt des tables basses (pp. 186 et 236) ; Fothergills pour le prêt des objets (p. 230) ; Farbo Nairn Ltd. pour le prêt du revêtement de sol (p. 242) ; Chromacolor by Perstorp pour le prêt du plan de travail (p. 204) ; The Old Tool Chest pour le prêt des outils figurant au dos de la couverture ; James Latham pour le prêt du bois figurant en 4e de couverture ; Grahams Hi Fi pour le prêt du matériel hi-fi (p. 158) ; Egg pour le prêt des plats et poteries (pp. 178 et 190) ; Gill Wing Cookshop pour le prêt des ustensiles de cuisine ; Alan Stiles, Axminster Power Tool centre pour le prêt des outils et photos correspondantes ; Mr Wright, Blumsom Timber Centre pour son aide lors des prises de vues ; Liz Boddy, John Boddy's Wood and Tool Store pour le prêt de certaines illustrations ; Justin Browne, Winther Browne & Co, Fine Wood Carvings & Mouldings pour le prêt des moulures ; Paul Machin, Machin Bros. Ltd. pour le prêt des placages ; Suzanna Tabor, FR Shadbolt & Sons pour le prêt des placages ; Vin Vara pour le prêt des outils ; Glyn Storey, William Marples, Record Tools. Ltd. pour le prêt des ciseaux à bois ; Drew Geldart, Spear & Jackson Neill Tools Ltd. pour le prêt des outils.

Crédits photographiques

DIY Photo Library : pp. 28 en bas, 29, 132 en bas, 134 ;
Forest Life Picture Library : pp. 6, 10, 11, 21 ; Imagebank : p. 14 en bas ;
Liz et John Boddy : pp. 14 en haut, 15 en haut et en bas, 18 au centre ;
Ian Durrant : pp. 133, 135 en bas à droite.

L'éditeur remercie également :

Ian Durrant pour son aide lors des prises de vues de tournage et son autorisation de reproduire les photos des pp. 133 et 135 ; Tony McMullen pour son autorisation de reproduire les photos de la p. 133 (en haut à droite) ; Anthony Bryant pour son autorisation de reproduire les photos des pp. 132 (en haut) et 135 (en haut à droite et en bas à gauche) ; Kenneth Wilson pour son autorisation de reproduire la photo de la p. 136 (en bas à gauche).

Dépôt légal : octobre 2002
N° d'édition : 93391
ISBN : 2-215-07188-5

Imprimé et relié à Singapour.